Annette Spratte

DIE TOCHTER DER HUNGERGRÄFIN

Annette Spratte

Die Tochter der Hungergräfin

Francke

Über die Autorin:
Annette Spratte lebt mit ihrem Mann und ihren zwei Kindern im Westerwald bei Altenkirchen. Aus einer tiefen Liebe zum geschriebenen Wort heraus arbeitet sie als Autorin und Übersetzerin. Ihre im Westerwald angesiedelten historischen Romane erfreuen sich großer Beliebtheit. Daneben hat sie auch in anderen Genres veröffentlicht, u. a. die Kinderbuchreihe Jabando.

www.annettespratte.org
autorinannettespratte
Annette Spratte

MIX
Papier | Fördert gute Waldnutzung
FSC® C083411
FSC www.fsc.org

Bibliografische Information der Deutschen Nationalbibliothek
Die Deutsche Nationalbibliothek verzeichnet diese Publikation in der Deutschen Nationalbibliografie; detaillierte bibliografische Daten sind im Internet über https://dnb.de abrufbar.

2. Auflage 2025
ISBN 978-3-96362-282-3

35037 Marburg an der Lahn
Umschlagbilder: © Stockphoto.com / Grape_vein
Pixabay / ChaminaGallery
Umschlaggestaltung: Francke-Buch GmbH
Innenillustrationen: Annette Spratte
Satz: Francke-Buch GmbH
Druck und Bindung: CPI books GmbH, Leck

www.francke-buch.de
info@francke-buch.de

Inhalt

Prolog

»Mutter? Warum kommt Ihr nicht zum Essen, Mutter?« Ich schob die schwere Holztür zu ihrem Gemach auf. Die Stille, die mir entgegenschlug, schnürte mir die Kehle zu und es kostete mich große Überwindung, den Raum zu betreten. Gänsehaut lief mir über die Arme, und das nicht nur, weil es hier drinnen so kalt war.

Sie wirkte wie eine geschnitzte Marienfigur, wie sie da saß, blass und schön in ihrem weißen Leinennachthemd, das unter dem dunkelgrünen Morgenmantel hervorleuchtete wie ein Rest Schnee in einem Moosbett. Die langen Tressen ihrer blonden Haare lagen lose auf ihren Schultern und in ihrem Arm hielt sie den Knaben, dessen dunkles Haar sich stark von seinen bleichen Wangen abhob. Beide waren vollkommen reglos.

»Mutter?«, flüsterte ich, unfähig, meiner Stimme mehr Kraft zu verleihen.

Sie drehte den Kopf zu mir, langsam, als wäre die Zeit eingefroren. Nur kurz streifte mich ihr leerer Blick, dann wanderte er wieder zum offenen Fenster. Die eisige Kälte fuhr mir wie ein Blitzschlag in die Glieder. Mein Bruder rührte sich noch immer nicht. Die Wangen, die die letzten Tage vom Fieber rot geglüht hatten, wirkten wächsern. Keine Schweißperle stand mehr auf seiner Stirn.

Ich floh aus dem Zimmer und rannte durch die Flure der Burg zurück in den Speisesaal, wo ich mich meiner Kinderfrau in die Arme warf. »Ist er tot?«, schrie ich verzweifelt, obwohl ich die Antwort kannte. Deswegen hatte sie mich aufhalten wollen. Sie hatte mir diesen Anblick ersparen wollen und ich hatte nicht gehört, hatte wieder einmal nicht auf sie gehört und war einfach losgelaufen.

Sie drückte mich fest an sich, während meine Tränen wie eine Flutwelle aus mir herausströmten. Mein Bruder war tot. Der Erbgraf, auf den alle ihre Hoffnungen gesetzt hatten, hatte uns im Alter von nur sieben Jahren verlassen und jetzt waren wir den Mächtigen dieser Welt hilflos ausgeliefert.

Das Grafenhaus zu Sayn bestand nur noch aus Frauen.

Teil 1

Juli 1636 – August 1637

Freusburg

Verrat

Ich saß eng an Marlene gepresst und hielt ihren Arm umklammert. Auf ihrem Schoß saß meine kleine Schwester Johannette und starrte mich aus riesigen Augen an, den Daumen im Mund. Sie hatte die ganze Zeit gewimmert, bis unsere Mutter mit Ludwig eingestiegen war, dicht gefolgt von ihrer Zofe. Mit ihren vier Jahren verstand Nanni noch viel weniger als ich, warum wir mitten in der Nacht die sichere Freusburg verlassen und nach Hachenburg fahren mussten. Unsere Kinderfrau strich ihr mit immer der gleichen Bewegung über das blonde Haar, beinahe, als würde sie es selbst gar nicht bemerken.

Es war dunkel in der Kutsche. Die Vorhänge waren zugezogen und nur ab und zu fiel ein Strahl Mondlicht ins Innere, wenn der Wagen schwankte. Mein Blick war genauso reglos auf meine Mutter und meinen toten Bruder gerichtet wie der meiner Schwester auf mich. Die Zofe sah ich nur als Schatten in der Ecke der Kutsche und Ludwig wirkte wie eine lebensgroße Puppe in den Armen meiner Mutter, die die Augen geschlossen hatte und sich nicht bewegte.

Den ganzen Tag über hatte man versucht, ihr den Knaben abzunehmen, hatte auf sie eingeredet, sie zu überzeugen versucht. Es hatte nichts genützt. Allein, um sich anzukleiden, hatte sie ihn losgelassen. Sobald die Zofe ihr das Mieder geschnürt hatte, hatte sie ihn schon wieder in die Arme geschlossen und nicht einmal ihr Vertrauter Korporal Quast, der Befehlshaber ihrer Leibgarde, hatte sie davon abbringen können. Ihr Sohn würde noch lange genug im Sarg liegen, hatte sie gesagt.

Über das Hufgetrappel und das Knarzen der Räder hinweg war nichts zu hören als das leise Schmatzen von Nanni, die an ihrem Daumen saugte.

Da! Wieder rumpelten wir über eine Bodenunebenheit und schwaches Mondlicht berührte kurz das Gesicht meiner Mutter. Auf ihrer Wange funkelte ein glitzerndes Band silbern auf, dann herrschte erneut Dunkelheit. Waren das Tränen? Weinte meine Mutter etwa?

Ich spürte, wie mein Magen sich zusammenkrampfte, und auf einmal fiel mir das Atmen schwer. Ich hatte meine Mutter noch nie weinen sehen, nicht einmal nach dem Tod meines Vaters. Damals war ich sechs gewesen, Ludwig vier und Nanni noch gar nicht geboren und wir hatten viel Zeit mit Marlene verbracht. Meine Mutter hatte ich meist nur von Weitem bewundert: die schöne, starke Gräfin Louise Juliane von Sayn und Wittgenstein, die sich gegen alle machtgierigen Verwandten gestellt hatte, um Ludwigs Erbanspruch auf die Grafschaft zu verteidigen. So viel hatte ich verstanden. All diese wichtig aussehenden Männer in ihrer prunkvollen Kleidung waren gekommen, um uns zu nehmen, was uns rechtmäßig zustand.

Aber Mutter hatte nicht klein beigegeben. Sie hatte noch nie klein beigegeben. Sie jetzt so stumm und weinend mir gegenüber sitzen zu sehen, machte mir Angst. Hatte sie etwa aufgegeben, weil Ludwig tot war? Was wurde jetzt aus uns? Warum fuhren wir nach Hachenburg? War das nicht noch von den Schweden besetzt?

»Werden wir jetzt alle sterben?«, platzte es aus mir heraus. Ich fing an zu schluchzen und drückte mein Gesicht an Marlenes Arm. Plötzlich konnte ich den Anblick meiner Mutter nicht mehr ertragen.

»So ein Unfug«, hörte ich Marlene leise sagen. »Wie kommst du nur auf so etwas?«

»Die Schweden in Hachenburg werden uns umbringen!«

»Die Schweden sind schon vor ein paar Monaten abgezogen. Niemand wird uns umbringen.« Die Stimme meiner Mutter klang hölzern und wenig überzeugend. Erst dachte ich, sie würde wieder in Schweigen verfallen, aber sie redete weiter: »Wir werden deinen Bruder neben seinen geliebten Vater zur Ruhe betten. Und dann bleiben wir erst einmal in unserem Schloss.«

In unserem Schloss. Ich konnte mich kaum noch an das Schloss Hachenburg erinnern, so lange wohnten wir jetzt schon in der uralten Freusburg mit ihren dicken Steinmauern und kalten Räumen. Aber eins wusste ich noch: Ich hatte mich im Schloss viel wohler gefühlt. An diesem Gedanken klammerte ich mich genauso fest wie an Marlenes Arm.

Nachdem das erste Stück des Weges aus der Burg heraus steil bergab geführt hatte und wir durch das ständige Bremsen des Kutschers kräftig durchgeschüttelt worden waren, verlief die Strecke jetzt in sanften Windungen an der Sieg entlang. Das trockene Juliwetter hatte die Fahrspur der Straße festgebacken, sodass wir in der gut gefederten Kutsche sacht hin und her gewiegt wurden. Nach der ganzen Aufregung des Tages spürte ich, wie mein Kopf immer schwerer wog und meine Augenlider zuklappten.

Ein kühler Luftstoß weckte mich. Verwirrt rieb ich mir die Augen. Die Tür der Kutsche stand offen und Korporal Quast zog gerade seinen Kopf heraus, um hastig wieder auf sein Pferd zu steigen. Draußen erstrahlte der Himmel in kräftigem Morgenrot und aus den Bäumen ringsum erhob sich ein wahres Konzert aus Vogelstimmen. Sie konnten die sich nähernden Hufschläge jedoch nicht übertönen. Meine Mutter hielt Ludwigs leblosen Körper eng an sich gepresst. Über seinem bleichen Gesicht sah ich die Ader an ihrem Hals pulsieren. Die Zofe hatte die Hände auf den Mund gelegt und blickte zitternd auf die Türöffnung.

Von draußen erklangen Rufe und die Hufschläge verstummten. Wer auch immer dort angekommen war, es musste eine größere Gruppe von Reitern sein, denn ich hörte das unruhige Schnauben der Pferde und das leise Klirren und Krachen von Waffen und Zaumzeug. Ich erstarrte vor Angst. Wenn es nun doch die Schweden waren? Sie kannten keine Gnade.

»Still.« Der eisige Befehl meiner Mutter schnitt mein panisches Weinen ab, noch bevor es meinen Mund verließ. Ich musste mehrmals schlucken, wagte es aber nicht, auch nur einen Ton von mir zu geben. Neben mir hielt Marlene Nanni den Mund zu, obwohl diese schlief. Wir schienen alle die Luft anzuhalten, bis ein fremder Soldat auftauchte und in die Kutsche schaute. Sein Blick streifte kurz alle Insassen und blieb dann voll zufriedener Gewissheit an meiner Mutter hängen.

»Erlauchtigste Gräfin«, sagte der Mann, nahm seinen Hut vom Kopf und deutete eine Verbeugung an. »Der Kurfürst von Köln lässt Euch sein Beileid ausrichten.«

»Wie auch immer der Kurfürst davon erfahren hat«, sagte meine Mutter kaum hörbar und fügte dann lauter hinzu: »Wollt Ihr uns aufhalten und uns hindern, meinen Sohn in der Familiengruft zu bestatten?«

»Nichts dergleichen, Euer Gnaden. Wir sind nur Teil der kurkölnischen Reiterei auf Patrouille. Ihr habt von uns nichts zu befürchten.« Er neigte den Kopf zum Abschied, setzte den Hut wieder auf und ging zurück zu seinem Pferd.

An den zusammengekniffenen Lippen meiner Mutter konnte ich ablesen, dass dieser Soldat es an der nötigen Ehrerbietung hatte mangeln lassen.

Kurz darauf erschollen Befehle, die Reitergruppe zog an der Kutsche vorbei und galoppierte davon.

Korporal Quast erschien wieder an der Tür. »Bedauerlicherweise wurden wir verraten, Gnädigste. Wenn der Kurfürst es jetzt schon weiß, wird die Kunde vom Tod des Erbgrafen bis zum Abend die gesamte Grafschaft erreicht haben.«

»Ich weiß.« Meine Mutter schloss die Augen und stieß einen tiefen Seufzer aus. »Es ist nicht zu ändern«, sagte sie dann und sah den Korporal an. »Es war ohnehin ein wirrer Wunschtraum, seinen Tod vertuschen zu können. Setzt die Reise in größtmöglicher Eile fort. Vielleicht können wir ihn wenigstens unbehelligt bestatten.«

Der Korporal verbeugte sich und schloss die Tür, während meine Mutter die kalte Stirn meines Bruders küsste. Von den Tränen der Nacht war nichts mehr zu sehen.

⚜ ⚜ ⚜

Es dauerte nicht mehr lange, bis wir vor uns die Mauern Hachenburgs aufragen sahen. Seit der Begegnung mit den kurfürstlichen Reitern hatten wir die Vorhänge geöffnet, was mich sehr erleichterte. Das frühe Sonnenlicht erhellte die bedrückende Atmosphäre. Die wächserne Leblosigkeit meines Bruders war dadurch zwar deutlicher, wirkte aber längst nicht mehr so unheimlich wie in der Nacht. Er lag in den Armen meiner Mutter, als würde er schlafen, und sah dabei so friedlich aus, dass auch ich den Wunsch verspürte, ihn zu berühren.

Mein Bruder. Wie würde mein Leben ohne ihn sein? Sicherlich deutlich langweiliger. Er hatte immer viele Dummheiten im Kopf gehabt, die ich nur zu gern mitgemacht hatte, auch wenn ich meistens die Schelte kassiert hatte, weil ich die Ältere war. Andererseits war es mir immer ein Dorn im Auge gewesen, dass er von allen so verhätschelt worden war, nur weil er ein Junge war. Der Erbgraf. Der Hoffnungsträger. Das war nun vorbei. Wenn es jetzt noch etwas zu erben gab, dann war ich die Nächste in der Reihe. Nachdenklich betrachtete ich sein regloses Gesicht. War es mir das wert?

Nein, dachte ich und schaute wieder aus dem Fenster. Die Grafschaft konnte mir gestohlen bleiben. Lieber wollte ich meinen Bruder behalten. Doch das war ein Ding der Unmöglichkeit.

Ich war noch ganz in stiller Trauer gefangen, als wir durch das obere Stadttor rollten und an der Schlossmauer entlang zur Zugbrücke fuhren.

Hochrufe aus der Bevölkerung begleiteten unsere Weiterfahrt.

Ich hatte erwartet, dass die Menschen in Stille die Mützen vom Kopf ziehen würden, aber anscheinend hatte sich der Tod des Erbgrafen noch nicht bis zu den einfachen Leuten herumgesprochen, und da wir nicht mit einem Trauerzug angekommen waren, bejubelten die Hachenburger die Rückkehr ihrer geliebten Gräfin.

Vor uns ragte der Turm der Stadtkirche empor. Das Schloss zur Rechten war aus diesem Blickwinkel hinter der hohen Mauer verborgen.

Die beschlagenen Hufe der Pferde hallten in der Straße wider und wurden besonders laut, als wir in den Schatten des Torbogens eintauchten. Kurz darauf verwandelte sich der metallische Klang in dumpfe Schläge auf dem Holz der Brücke, um dann dem Knirschen der Räder auf Kies zu weichen. Die Kutsche hielt an und in aller Eile wurden wir ins Schloss gebracht, sodass ich kaum Gelegenheit hatte, mich umzusehen. Ich hatte nur einen kurzen Eindruck von runden Wehrtürmen in der Schlossmauer und einem zweiflügeligen Gebäude, das in den oberen Stockwerken sicherlich einen wunderbaren Blick über die Stadt bot. Hoffentlich bekam ich ein Zimmer ganz oben.

Die Freusburg lag genau wie dieses Schloss oben auf einem Berg, der aber von weiteren Bergen umringt war, wodurch alles eng und zerfurcht wirkte. Um Hachenburg herum fiel das Land in alle Richtungen ab und man konnte sehr weit sehen. Nicht umsonst war diese Stadt schon seit vielen Jahrhunderten ein wichtiger Knotenpunkt und Handelsplatz. Was leider auch der Grund war, warum die Schweden sich hier einquartiert hatten und alle Mächtigen der Gegend sich darum rissen.

In einem Raum im Erdgeschoss stand bereits eine Bahre für Ludwig bereit und endlich war meine Mutter in der Lage, meinen Bruder loszulassen. Sie legte ihn so behutsam auf die weichen Polster, als wäre es eine Wiege, strich ihm noch einmal über die Wange und legte ihre Stirn an seine. So verweilte sie einen Moment. Als sie sich aufrichtete, seufzte sie tief und winkte uns heran. Sie trat einen Schritt zurück und gab mir und Marlene Gelegenheit, uns ebenfalls von Ludwig zu verabschieden.

Ich folgte meinem früheren Impuls und beugte mich über ihn, schreckte aber im letzten Moment vor der Berührung zurück. In der Nähe wurde mir schlagartig bewusst, dass er nicht mehr da war und dass ich meinen kleinen Bruder nie mehr wiedersehen würde, nie mehr seine Albernheiten und sein Lachen hören würde. Nie mehr mit ihm zanken würde. Weg. Ausgelöscht. Einfach so.

Ich stolperte rückwärts und spürte die Hände meiner Mutter auf den Schultern, die mich zu sich umdrehte und an sich drückte. Gleichzeitig verzweifelt und erleichtert schmiegte ich mich so eng an sie, wie unsere Röcke es erlaubten.

Sie hatte mich nicht vergessen, meine Mutter. Gott sei Dank hatte sie mich in ihrer Trauer nicht vergessen.

Marlene weinte still vor sich hin, während sie eine Hand auf Ludwigs kalte Brust legte. An der anderen Hand hing Nanni und versuchte, die Kinderfrau von der Bahre wegzuziehen. Offensichtlich war ihr das alles unheimlich. Ich löste mich von meiner Mutter und hob stattdessen meine kleine Schwester hoch. Sie schlang sofort ihre Arme um meinen Hals und drückte so fest zu, dass ich kaum noch Luft bekam. Trotzdem tröstete es mich, ihren kleinen, warmen, überaus lebendigen Körper festzuhalten.

Korporal Quast stand etwas abseits, die Hände hinter dem Rücken, und wartete. Er war kein stattlicher Mann, aber größer als alle anwesenden Frauen, und strahlte eine gewissenhafte Ruhe aus. Ich wusste, dass er ein einfacher Mann aus dem Volk war, der meiner Mutter seit Jahren treu diente wie schon sein Vater vor ihm. Es gab kaum jemanden sonst, dem sie so blind vertraute. Jetzt hob er den Kopf, räusperte sich und näherte sich meiner Mutter. Er sagte nichts, doch auf ihr Nicken hin machte er auf dem Absatz kehrt und holte von draußen vier Soldaten, die mit ernster Miene die Bahre umringten und sie auf ihre Schultern hoben.

Der Korporal ging voraus, die Träger folgten und dann kam meine Mutter mit festen, aber schweren Schritten. Die Zofe, Marlene und ich mit Nanni auf dem Arm liefen hinterdrein quer über den Schlosshof zu einer Tür neben einem der Wehrtürme. Diese Tür öffnete sich in einen Bogengang, der über die Straße direkt in die Kirche führte. Dort stiegen wir eine ganze Reihe von Treppen hinunter, bis wir in einem kalten, aber hell erleuchteten Kellergewölbe ankamen. Ich fröstelte und Nanni fing leise an zu weinen.

Während die Soldaten die Bahre auf einem Steinsockel absetzten und sich zurückzogen, griff Marlene über meine Schulter und nahm mir meine Schwester ab, worüber ich froh war. Bei der Kinderfrau beruhigte sie sich sofort und lutschte wieder am Daumen, sodass Marlene auch einen Arm um mich legen konnte. Ich schluckte mehrmals und beobachtete mit großen Augen das Geschehen. An der niedrigen Decke tanzten Schatten und ringsum waren mehrere Särge aus Stein aufgestellt. Mir wurde plötzlich bewusst, dass mein Vater in einem dieser Särge liegen musste, und mir entschlüpfte ein leises Stöhnen, das schaurig von den Wänden zurückgeworfen wurde. Ich klammerte mich an Marlene.

Hinter der Bahre stand ein Pfarrer, der jetzt zu beten begann. Er sprach so leise, dass ich nichts verstand, als wären seine Worte nur für die Ohren meiner Mutter bestimmt. Sie stand vor der Bahre und fing nach kurzer Zeit so stark an zu schwanken, dass Korporal Quast an ihre Seite eilte und sie stützte.

Ich sah, dass sie fortwährend langsam den Kopf schüttelte, bis mir klar wurde, dass sie zwischen dem kleinen Körper meines Bruders und dem großen Steinsarg meines Vaters hin und her schaute. Da ich hinter ihr stand, konnte ich ihr Gesicht nicht sehen. Ich erschrak furchtbar, als sie plötzlich laut zu weinen anfing. Ihr schienen die Beine wegzusacken, denn der Korporal umfing sie mit beiden Armen und hielt sie fest an sich gedrückt, während sie völlig die Fassung verlor.

Marlene packte meine Hand und zog mich aus der Gruft hinaus die Treppe hinauf. Einer der Soldaten begleitete uns zurück ins Schloss. Er brachte uns in einen anderen Raum als den, wo die Bahre gestanden hatte. Er befand sich auch im Erdgeschoss, war aber kleiner und bequem eingerichtet mit einem Tisch und gepolsterten Stühlen, einer schönen Kommode und fein gestickten Wandbehängen. Im Kamin brannte ein Feuer, was mir nach der Kälte in der Gruft sehr willkommen war. Ich stellte mich davor und wärmte mir die Hände. Durch die Fenster konnte man in den Schlossgarten blicken, der mit seinen fröhlich-bunten Blumenbeeten sofort meine Stimmung hob. Ich war gern bereit, die gruselige Gruft umgehend zu vergessen.

Eine Magd brachte uns etwas zu essen, was sowohl Nanni als auch mich von allem Erlebten ablenkte. Wir aßen beide mit großem Appetit, während Marlene nur an einer Brotscheibe knabberte.

Nach einiger Zeit wurde meine Mutter von Korporal Quast in den Raum geführt. Er begleitete sie bis zu einem der Sessel am Fenster und half ihr, sich zu setzen. Dann bewegte sie sich nicht mehr und der Korporal stand etwas hilflos neben ihr.

Ich kaute langsam weiter und beobachtete meine Mutter. Zum Glück hatte sie aufgehört zu weinen, aber sie war entsetzlich blass. Unter ihren rot geränderten Augen hatten sich tiefe Ringe gebildet und die Wangen unter ihrem starren Blick wirkten eingefallen. Nur das langsame Heben und Senken ihrer Brust verriet, dass noch Leben in ihr war.

Da sie nichts weiter befahl oder verlangte, verbeugte Korporal Quast sich schließlich und verließ das Zimmer. Eine Weile war nichts zu hören außer Nannis Schmatzen und das Knistern des Feuers. Dann erklangen von draußen Hufschläge und Stimmen. Männerstimmen. Sie verlagerten sich in die Eingangshalle. Jemand verlangte energisch, bei der Gräfin vorzusprechen. Ich erkannte die Stimme von Korporal Quast, der ebenso energisch ablehnte, sich jedoch offensichtlich nicht durchsetzen konnte, denn kurz darauf flog die Tür auf und ein stattlicher Mann stürmte in Begleitung von zwei Soldaten ins Zimmer.

Nanni fing sofort an zu weinen. Marlene sprang auf und riss das Kind an sich. Mit der freien Hand packte sie meinen Arm und wollte mich ebenfalls mit sich hinausziehen, doch ich wand mich aus ihrem Griff. Ich wollte unbedingt wissen, wer dieser Mann war und was er wollte. Marlene wartete nicht, sondern eilte mit eingezogenem Kopf nach draußen, als hätte sie Angst, die Soldaten könnten sie an Ort und Stelle aufspießen.

Der Korporal war knallrot angelaufen, konnte aber nichts weiter tun, als die Tür zu schließen und an die Seite seiner Gräfin zu eilen. »Es tut mir leid, gnädige Frau, er ließ sich nicht aufhalten.«

Erst jetzt richtete meine Mutter den Blick auf den Fremden. Ein Hauch von Abscheu huschte über ihr Gesicht. Anscheinend war ihr dieser Mann nicht fremd.

»Darf ich nicht einmal einen Tag meinen Sohn betrauern, ehe Ihr kommt und mir die Grafschaft streitig macht? Nicht einmal einen Tag, Graf Ludwig Casimir?«

»Mein ausdrückliches Beileid, werte Gräfin Louise Juliane. Es ist mir zutiefst unangenehm, Euch so unmittelbar zu belästigen. Leider dulden die Umstände keinen Aufschub.«

Meine Mutter stieß einen tiefen Seufzer aus und schloss kurz die Augen, während Korporal Quast sich neben ihr merklich aufrichtete. Er sagte nichts, doch in seinem Blick lag Entschlossenheit, seine Herrin gegen jedweden Angriff zu verteidigen. Ich traute ihm durchaus zu, es mit den beiden Soldaten aufzunehmen, glaubte aber nicht, dass es hier im Schloss zu Handgreiflichkeiten kommen würde.

»Welche Umstände?«, fragte meine Mutter und schaute den Grafen wieder an.

»Der Kurfürst von Köln hat die Grafschaft Sayn zum erloschenen Lehen erklärt und sie Franz Wilhelm von Wartenberg, dem Bischof von Osnabrück, übertragen.«

»*Was?*« Meine Mutter fuhr vom Sessel hoch, plötzlich wieder voller Leben. »Wie kann er es wagen!«

»Seine Beamten sind bereits auf dem Weg hierher. Die Kurkölnischen besetzen Hachenburg, während wir hier reden.« Seine buschigen Augenbrauen zogen sich zusammen und er sah meine Mutter eindringlich an. »Wenn Ihr die Grafschaft in Familienhand halten wollt, Gnädigste, dann müsst Ihr mir die Regentschaft überschreiben. Ich werde im Namen beider Linien, der Saynschen wie der Wittgensteiner, regieren. Ihr habt keinen männlichen Nachkommen mehr.«

»Mein Mann, Gott hab ihn selig, hat meine Töchter als Erbinnen eingesetzt, sollte Ludwig etwas zustoßen«, flüsterte meine Mutter.

»Das wird der Kurfürst genauso wenig akzeptieren wie der Bischof und das wisst Ihr, Louise. Wenn Ihr unsere Grafschaft vor den Krallen dieser Aasgeier retten wollt, dann überschreibt sie mir. Ich verspreche Euch, dass Eure Töchter eine angemessene Abfindung erhalten werden. Es soll Euch an nichts mangeln.«

Ich schluckte und wagte kaum zu atmen. Mein Vater hatte mich und Nanni zu Erbinnen bestimmt? Wir sollten die Regentschaft übernehmen? Ich traute meinen Ohren kaum. Bisher war meine Mutter die einzige Regentin, von der ich wusste, und das bloß als Vormund, weil mein Bruder noch zu jung gewesen war. Sonst regierten nur Männer.

Graf Ludwig Casimir hatte einen der Soldaten herangewinkt, der ein Bündel Papiere aus einer Ledermappe zog. Der Graf nahm ihm die Papiere ab und breitete sie auf dem Tisch aus. »Ihr habt keine Wahl, Gnädigste. Wenn Ihr nicht wollt, dass das Volk morgen einem fremden Herrn huldigt, dann unterschreibt.« Er klopfte bedeutungsvoll mit dem Zeigefinger auf die Papiere, während der Soldat ihr ein Tintenfass hinstellte und eine Schreibfeder bereitlegte.

Das Gesicht meiner Mutter bekam hektische rote Flecken. Ich konnte sehen, wie sie mit sich rang. Die Grafschaft bedeutete ihr alles. Sie hatte mit Herzblut regiert, schon vor dem Tod meines Vaters, denn der war schwer krank gewesen, weswegen sie ihm viele seiner Aufgaben abgenommen hatte. Ständig war sie mit ihren Gedanken beim Volk, sorgte sich wegen der vielen Soldaten im Land, die den Menschen die Lebensgrundlage raubten und ihnen zum Dank die Pest einschleppten. Die Grafschaft in andere Hände zu geben, bedeutete, ihr Volk im Stich zu lassen. Andererseits konnte sie der Übermacht der kurkölnischen Truppen nicht die Stirn bieten.

Ihre Hände krampften sich zu Fäusten zusammen, die sie in den Falten ihres Kleides verbarg. »Gibt es keinen anderen Weg?«, fragte sie verzweifelt, aber Graf Ludwig Casimir verschränkte nur die Arme.

Mit zusammengekniffenen Lippen trat sie an den Tisch und nahm die Feder zur Hand. »Ihr garantiert meinen Töchtern ein gutes Auskommen?«

»Es ist alles dort festgeschrieben. Ich denke, es ist ein großzügiges Angebot«, erwiderte er selbstgefällig.

Meine Mutter stützte beide Hände auf den Tisch und blieb einen Moment lang mit gesenktem Kopf stehen. Dann tauchte sie die Feder ins Tintenfass und unterschrieb, ohne das Dokument zu lesen. Das Kratzen auf dem Papier jagte mir eine Gänsehaut über den Rücken.

Hochmut

Graf Ludwig Casimir wartete gerade lange genug, um die Tinte trocknen zu lassen. Seine Augen leuchteten zufrieden wie die einer satten Katze, während er sich überaus freundlich von meiner Mutter verabschiedete. Deutlich freundlicher, als er sie begrüßt hatte. Kaum war er aus dem Zimmer, begann meine Mutter zu schwanken. Korporal Quast, der das Geschehen mit entsetztem Blick verfolgt hatte, sprang zu ihr und verhinderte gerade noch, dass sie zu Boden stürzte.

»Lauf, hol die Zofe!«, rief er mir zu und ich gehorchte, ohne ihn zurechtzuweisen. Eigentlich durfte er mir keine Befehle erteilen, aber das hatte er wohl in der Aufregung vergessen.

In der Eingangshalle stand zum Glück unsere Leibgarde, sodass ich einen der Soldaten losschicken konnte, die Zofe zu suchen. Ich selbst hätte mich hoffnungslos in dem fremden Gemäuer verlaufen.

So blieb ich vor der Tür stehen und wartete. In meinem Kopf rumorte es. Um mich abzulenken, rief ich mir den Stammbaum ins Gedächtnis, den mein Tutor mich hatte auswendig lernen lassen. »Jeder Adelige sollte seine Abstammung kennen«, hatte er mir eingebläut. Wer war Ludwig Casimir? Mein Onkel? Ich ging im Geiste die verschiedenen Möglichkeiten durch. Nein, der Onkel hieß Ludwig Albert, ein Halbbruder meines Vaters. Dann musste Ludwig Casimir ein Cousin von ihm sein. Oder sein Onkel, der hieß auch Ludwig. Aber der wurde Ludwig der Jüngere genannt, weil Ludwig der Ältere mein Urgroßvater gewesen war. Hätte man meinen Bruder irgendwann Ludwig den Jüngsten genannt? Warum bekamen so viele Kinder die Namen ihrer Väter? So wie ich. Ernestine Salentine, Tochter von Ernst Salentin. Wie einfallsreich.

Hastige Schritte rissen mich aus meinen Gedanken. »Was ist passiert?«, fragte die Zofe.

»Der Gräfin ist nicht wohl«, erwiderte ich und führte sie ins Zimmer, wo meine Mutter wieder im Sessel saß, während der Korporal ihr mit seinem Hut Luft zufächelte.

»Es war alles zu viel für sie«, murmelte er leise. »Sind ihre Gemächer hergerichtet?«

»Natürlich, es ist alles bereit. Wenn meine gnädigste Herrin mir folgen wollen?« Die Zofe machte einen tiefen Knicks und schielte mit gesenktem Kopf zu meiner Mutter, die momentan nicht den Eindruck machte, irgendetwas zu wollen. Sie schien mir fast so leblos wie mein Bruder in der Nacht, eine Puppe ohne eigenen Willen oder Geist.

Als sie keine Antwort gab, legte der Korporal vorsichtig seinen Arm um ihre Taille und zog sie auf die Füße. Sie ließ sich von ihm führen.

Der Korporal war wirklich ein Ehrenmann und ich bewunderte seine Haltung, während ich der kleinen Prozession folgte. Sicherlich hätte er sie getragen, wenn sie nicht selbst gelaufen wäre.

Ich stand eine ganze Weile im Flur herum und wartete, bis meine Mutter in ihrem Zimmer versorgt war. Da ich mich nicht auskannte, wusste ich auch nicht, wo Marlene und Nanni waren. Ob man auch für mich ein Zimmer vorbereitet hatte? Noch hatte ich keine eigene Zofe, aber Mutter hatte auf der Freusburg schon vor einiger Zeit gesagt, dass ich bald eine bekommen sollte. So langsam wurde ich mit meinen zehn Jahren zu alt für eine Kinderfrau.

Korporal Quast wirkte bedrückt, als er aus dem Zimmer kam. Beinahe wäre er fortgegangen, ohne mich überhaupt zu bemerken. Ich räusperte mich vernehmlich und er fuhr herum.

»Gnädigste Komtess, es tut mir leid, ich …« Er verstummte.

Ich entschied, ihm nicht vorzuhalten, dass er mich vergessen hatte. »Wisst Ihr, wo ich meine Schwester finde?«, fragte ich stattdessen.

»Natürlich, ich bringe Euch gleich hin. Bitte, Komtess, bitte.«

Er lud mich mit einer Verbeugung und ausgestreckter Hand ein, ihm zu folgen.

Das Schloss hatte im Vergleich zur Freusburg erfreulich viele Fenster, selbst auf den Fluren, sodass ich die wunderbare Aussicht bestaunen konnte. Wir befanden uns im zweiten Geschoss des an das Hauptgebäude angrenzenden Flügels, von wo aus man über Hachenburg blicken konnte. Links war die Kirche, rechts davon der Marktplatz mit seinem hübschen Brunnen und einigen prächtigen Häusern, von denen eins kein Fachwerkhaus war, sondern ganz aus Steinen erbaut. Es wirkte besonders edel, auch wenn mir die Fachwerkhäuser besser gefielen.

Zu meiner großen Freude bekam ich tatsächlich ein eigenes Zimmer, das mit einer Verbindungstür zum Nachbarzimmer ausgestattet war, in dem Marlene mit Nanni wohnte. Staunend betrachtete ich das große Bett mit seinen blassgrünen Vorhängen, die mit zauberhaften Schnitzereien und verschiedenfarbigen Holzeinsätzen verzierten Kommoden und die weichen Teppiche auf dem Boden. In einer Nische am Fenster stand ein kleines Tischchen mit zwei Stühlen und an der Wand prangte ein wunderschönes Gemälde einer Waldszene mit Rehen. Die Wände waren im unteren Bereich mit Holz vertäfelt und ich spürte sofort, dass es hier viel wärmer war als in der Freusburg, obwohl im Kamin kein Feuer brannte.

Ich war so damit beschäftigt, in dem neuen Luxus zu schwelgen, dass ich gar nicht merkte, wie der Korporal mich allein ließ und Marlene ins Zimmer kam.

»Gefällt Euch Euer neues Reich, Komtess?«, fragte sie und ich fuhr erschrocken herum. Im nächsten Moment strahlte ich schon wieder vor Begeisterung.

»Sieh dir nur die feinen Möbel an! Und das Gemälde! Sieht es nicht so aus, als würden die Rehe gleich ins Zimmer springen?

Und ach, diese schönen Schnitzereien!« Ich fuhr mit den Fingern über die oberste Reihe der Holzvertäfelung, die verschiedene Tierfiguren aufwies. »Ist euer Zimmer auch so schön?«, fragte ich und rannte zur Verbindungstür, wo Nanni jetzt erschien. Auch ihre Augen leuchteten.

»Da! Schau, ein Pferd!« Sie nahm meine Hand und zog mich ins Zimmer, wobei sie aufgeregt hüpfte. Tatsächlich, gleich neben ihrem kleinen Bettchen stand ein großes Schaukelpferd mit echter Mähne und Schweif. Es war so groß, dass selbst ich bequem darauf hätte sitzen können, doch ich war natürlich viel zu alt für so ein Kinderspielzeug. Ich half Nanni aufzusteigen und freute mich über ihr fröhliches Lachen, während sie vor- und zurückschaukelte.

»Nicht zu wild!«, mahnte ich.

Marlenes Bett stand nahe bei dem Kinderbett. Es gab ein paar Möbel weniger und kein so schönes Gemälde, dafür aber einen Wandteppich und ein Sofa mit elegant geschwungenen Beinen und eingedrehten Armlehnen. Es sah unglaublich bequem aus und ich setzte mich sofort darauf.

»Ich denke, wir werden uns hier sehr wohlfühlen«, verkündete ich und nickte Marlene zu. Sie lächelte mich traurig an. Ihr Gesichtsausdruck versetzte mir einen Stich. Vor lauter Aufregung hatte ich den Tod meines Bruders ganz vergessen. Ich sackte in mich zusammen und schaute beschämt zu Boden.

Marlene setzte sich zu mir und legte den Arm um mich. »Betrübt Euch nicht, Komtess. Es ist das Glück der jungen Herzen, dass sie im Augenblick leben und ihre Freude immer stärker ist als die Sorge.« Sie streichelte mir sanft über den Rücken. »Ich weiß, dass Ihr Euren Bruder lieb hattet und ihn vermissen werdet. Und dennoch dürft Ihr lachen und Euch freuen, wenn Euch danach ist. Und wenn Euch das Herz schwer wird, weil er fehlt, dann weint Ihr eben und ich werde Euch trösten. Habt keine Angst. Es wird alles gut.«

Ich atmete tief durch und lehnte mich dankbar an sie. »Die

Gräfin hat dem Grafen Ludwig Casimir die Grafschaft überschrieben«, sagte ich leise. »Was bedeutet das?«

»Hat sie das?« Marlenes Arm in meinem Rücken spannte sich an, fuhr dann aber mit dem Streicheln fort. »Leider weiß ich nicht genau, was das bedeutet. Er gehört zur Familie, nicht wahr?«

Ich nickte. »Zur Wittgensteiner Linie, glaube ich.«

»Dann wird er sicher gut für die Gräfin und Euch sorgen.«

Das hoffte ich auch. Dummerweise klang Marlene alles andere als überzeugt. Sie wirkte eher, als wollte sie mir keine Angst machen mit ihren wahren Befürchtungen. Ich fragte jedoch nicht nach. Im Moment hatte ich genug damit zu tun, die sich überschlagenden Ereignisse der letzten zwei Tage zu verarbeiten. Etwas anderes kam mir in den Sinn: »Wird der Tutor in der Freusburg bleiben?«

Jetzt lachte Marlene doch. »Das würde Euch gefallen, Komtess, nicht wahr? Was soll er denn da, ohne jemanden, den er lehren kann? Nein, nein, der Tutor wird sicher bald hier eintreffen und Eure Unterweisung wieder aufnehmen.«

Ich verzog das Gesicht. Da Nanni noch zu klein war, würde ich die einzige Schülerin sein. Wie schrecklich! Mit Ludwig zusammen war es ab und zu ganz lustig gewesen, denn der hatte längst nicht alles gemacht, was Herr Wirich von ihm wollte. Doch ganz allein gab es keine Ablenkung, ich würde mich zu Tode langweilen. Ich seufzte. Hoffentlich fiel er unterwegs vom Pferd und brach sich einen Arm, am besten den rechten, dann konnte er nicht mehr schreiben. Zu spät fiel mir ein, dass er mir dann trotzdem noch sagen konnte, was *ich* schreiben sollte. Verflixt.

Wenn meine Mutter nichts mehr zu regieren hatte, konnte sie mich doch unterrichten. Das würde mir bestimmt besser gefallen. Sie konnte zwar auch sehr streng sein, hatte aber meistens eine liebevolle Art an sich. Deswegen mochte sie auch jeder, vor allem die Leute aus dem einfachen Volk. Die vergötterten sie regelrecht. Sie war wahrscheinlich die erste und einzige Gräfin, die mit der Kutsche durch die Dörfer fuhr und die Menschen nach ihrem Leid fragte. Ihnen zuhörte. Und wenn die Not gar zu groß war, ihnen sogar Brot schenkte.

Kein Wunder also, dass ihr eben alles zu viel geworden war. So kurz nach dem Verlust ihres Sohnes die Grafschaft zu verlieren, musste ihr das Herz gebrochen haben. Würde Graf Ludwig Casimir sein Versprechen halten? Warum hatte meine Mutter ihn so angewidert angeschaut, als er zur Tür hereingekommen war? Da musste in der Vergangenheit etwas passiert sein, von dem ich nichts wusste. Ich musste unbedingt herausfinden, was das war.

Die nächsten Tage waren Nanni und ich damit beschäftigt, das Schloss zu erkunden. Wir machten uns einen Spaß daraus, Marlene zu entwischen und durch die langen Flure zu flitzen, in jedes Zimmer zu spähen und uns aus der Küche Leckereien zu holen. Wie gut, dass Mutter nicht aus ihren Gemächern kam, denn sie hätte dem sicher schnell einen Riegel vorgeschoben. Doch wir bekamen sie nicht zu Gesicht und waren viel zu sehr in unserem Entdeckungseifer gefangen, um uns darüber Gedanken zu machen.

Der Schlossgarten war am schönsten. Ich liebte es, die ordentlich geharkten Kieswege zwischen den Blumenbeeten entlangzuschlendern, während Nanni wie ein junger Hund um mich herumhüpfte. Meinen kleinen Sonnenschirm über mir aufgespannt, stellte ich mir vor, ich wäre in Begleitung eines edlen Herzogs, der mir den Hof machte und mich mit Komplimenten überhäufte. Er würde mich heiraten und mich in sein Schloss holen, mit einer prachtvollen, vierspännigen Kutsche. Ich hätte eine ganze Schar von Dienern um mich, die mir jeden Wunsch von den Augen ablasen, und keine Sorge würde mein Gemüt verdüstern.

Wenn Nanni mich fragte, was ich da tat, erwiderte ich nichts, denn sonst würde sie nur auch eine Herzogin sein wollen und das war mir zu albern.

Manchmal versteckten wir uns in dem verwilderten Teil des Gartens, wo Obstbäume und Beerensträucher wucherten, von denen wir alles naschten, was gerade reif war. Nanni schaffte es immer wieder, sich ihr Kleidchen zu verschmieren, egal wie oft ich sie dafür schalt. Dann schaute sie mich mit ihren großen blauen Augen an, schob die Unterlippe vor und ich nahm sie schnell in den Arm, bevor sie zu weinen anfing. Ich konnte ihr einfach nicht böse sein.

Nach einer Woche war es mit meiner Freiheit allerdings vorbei, denn der Tutor traf ein und begann umgehend mit dem Unterricht. Es war schrecklich. Ich saß im Schulzimmer im Erdgeschoss an einem großen Pult, den Griffel in der Hand, während der Tutor vor mir auf und ab spazierte und mir sinnlose Dinge diktierte. Ich kratzte sie auf meine Tafel, nur um sie wieder wegzuwischen, sobald er alles überprüft hatte.

Natürlich schrieb ich ordentlich und bemühte mich, keine Fehler zu machen. Wenn ich mich anstrengte, entließ er mich zur Belohnung manchmal früher. Und doch empfand ich keine Freude bei seinem Lob, war nicht stolz auf meine Leistungen. Es war ja nicht schwer, was er von mir verlangte, nur unendlich langweilig. Was interessierten mich Grammatik, Psalmen und Rechenaufgaben? Ich konnte lesen und schreiben. Dass das wichtig war, hatte ich begriffen, denn dann konnte ich selbst Korrespondenz verfassen und lesen und war nicht auf einen Schreiber angewiesen. Man wusste ja nie so genau, ob der wirklich das schrieb, was man ihm sagte. Aber sonst? Eine Gräfin musste nicht regieren, auch wenn meine Mutter das anders sah. Eine Gräfin war nur dazu da, sich von den Angestellten umsorgen zu lassen und Kinder zu bekommen. Vorzugsweise Jungen.

Der Tutor klopfte mit den Knöcheln vor mir auf das Pult und riss mich jäh aus meinen Gedanken. »Komtess! Sie träumt wohl?« Er sah mich finster an. Eigentlich war er noch relativ jung, doch sein kurzer Spitzbart und die buschigen dunklen Augenbrauen ließen ihn älter und streng wirken.

»Darf ich nicht rausgehen? Es ist so warm. Mein Kopf tut weh.«

»Hier in den Räumen ist es kühler als draußen. Aber wenn der Komtess nicht wohl ist, werden wir eine kleine Pause machen. Sie trinkt etwas und dann setzen wir den Unterricht fort.«

Schon bei dem Wort »Pause« war ich aufgesprungen. Ich wollte gerade zur Tür laufen, als diese sich öffnete. Meine Mutter trat ein.

Sofort versank der Tutor in einer tiefen Verbeugung. Auch ich machte einen Knicks, wie es sich gehörte.

»Bitte, Herr Wirich, lasst uns einen Moment allein.«

»Wie die gnädigste Gräfin wünscht.« Mit ehrerbietig geneigtem Kopf bewegte er sich rückwärts aus dem Raum. Wann würde auch ich endlich mit so viel Ehrfurcht behandelt werden?

Meine Mutter kam auf mich zu. Sie konnte sehr unterschiedlich gehen. Wenn sie wollte, setzte sie ihre Schritte so sacht, dass es wirkte, als würde sie durch den Raum gleiten. Zu anderen Gelegenheiten war jeder Schritt von einem deutlichen Schwung begleitet, anmutig und liebreizend. Und manchmal, wenn sie aufgebracht war, stampfte sie so wütend auf wie ein Mann. In diesen Fällen stellte man sich ihr besser nicht in den Weg. Jetzt war ihr Gang unauffällig, nicht auf Wirkung oder Publikum bedacht, und wahrscheinlich fiel er mir gerade deswegen auf.

Sie sah mir in die Augen und strich mir mit der Hand über die Wange. »Geht es dir gut, meine Tochter?«, fragte sie leise.

Im ersten Moment wollte ich anfangen, über den schrecklich langweiligen Unterricht zu jammern, aber die Ernsthaftigkeit in ihrem Blick hielt mich davon ab. Ich nickte stumm. Sie war so blass, wirkte so erschöpft, als wäre jeder Atemzug mühsam. Ihr ging es nicht gut und das versetzte mir einen unangenehmen Stich.

»Lass uns ein wenig hinausgehen«, sagte sie, nahm meine Hand und legte sie in ihre Armbeuge.

Vor der Tür warteten der Tutor und Korporal Quast. Beide Männer richteten sich sofort auf, schoben die Schultern zurück und verbeugten sich, was meine Mutter mit einem Lächeln würdigte.

»Wir werden einen Moment im Schlossgarten spazieren gehen«, teilte sie dem Tutor mit. »Ich werde Euch rufen lassen, wenn die Komtess bereit ist, mit dem Unterricht fortzufahren.«

»Sehr wohl, Gnädigste«, erwiderte Herr Wirich mit einer weiteren Verbeugung.

Ach, wenn ich ihn doch nur so herumkommandieren könnte! *Meine* Kinder würden nicht stundenlang an ein Schreibpult gefesselt werden, das schwor ich mir.

Aus dem Augenwinkel sah ich, dass Korporal Quast einen Diener anwies, uns in gebührendem Abstand zu folgen, falls die Gräfin etwas benötigte.

Eine Weile schlenderten wir schweigend die Wege des Gartens entlang. Es war angenehm warm, die Bienen drängten sich um die Blumen und Schmetterlinge segelten wie fröhliche Farbtupfer durch die Luft. Ich war heilfroh, aus dem Schulzimmer entkommen zu sein.

»Hast du eine Frage an mich, Ernestine?«, fragte meine Mutter schließlich leise.

Ich sah sie überrascht an.

»Du bist ein kluges Mädchen. Sicher machst du dir Gedanken über das, was geschehen ist. Wenn du Fragen hast, frag.« Ihr Blick folgte einem Schwarm Spatzen, der mit aufgeregtem Gezwitscher aus einem Busch aufflog.

Stolz pochte in meiner Brust bei ihren Worten. Endlich bekam ich einmal Lob, endlich wurde ich einmal wahrgenommen. Hätte mein Bruder jetzt neben mir gestanden, ich hätte ihm die Zunge herausgestreckt. Aber das war dumm. Würde mein Bruder noch leben, stünde ich weiter in seinem Schatten, obwohl ich die Erstgeborene war.

»Werden wir hier im Schloss bleiben? Hier ist es schöner als auf der Freusburg«, sagte ich.

»Das hoffe ich sehr«, erwiderte meine Mutter seufzend.

»Muss ich wirklich heute noch einmal zum Unterricht? Es ist so schrecklich langweilig! Ich würde viel lieber mit Nanni draußen spielen.«

»Du willst immer lieber spielen.«

Ich verzog das Gesicht. »Ich habe doch schon alles gelernt, was ich wissen muss. Ich kann lesen, schreiben und rechnen. Ich kenne zehn Psalmen auswendig und kann alle Bücher der Bibel in der richtigen Reihenfolge aufsagen! Wozu muss ich immer noch unterrichtet werden?«

»Man kann nie genug lernen, Ernestine. Eine Grafschaft zu regieren, erfordert viel Wissen.«

»Aber das muss ich doch gar nicht«, erwiderte ich trotzig. »Wann bekomme ich meine Zofe?«, fragte ich schnell weiter, damit meine Mutter nicht anfing, mir einen Vortrag über Bildung und Verantwortung zu halten. Das hatte sie schon öfter getan und ich wollte davon nichts hören.

Die Gräfin holte tief Luft, stieß sie aber wieder aus, ohne etwas zu sagen. Im Schatten eines Baumes blieb sie stehen und sah auf mich herab. Ihre Augen schimmerten feucht und sie war jetzt nicht mehr blass. Hektische rote Flecken brannten plötzlich auf ihren Wangen und ich konnte sehen, wie sie die Zähne zusammenbiss. »Das werden wir noch sehen«, sagte sie gepresst. Dann eilte sie davon. Im Vorbeigehen rief sie dem Diener etwas zu, der daraufhin zu mir kam und sich vor mir verbeugte.

»Das Fräulein Komtess darf nun den Unterricht fortsetzen.« Er wies mir mit der Hand den Weg.

Als ob ich den nicht kennen würde. Ich warf ihm einen finsteren Blick zu und ging erhobenen Hauptes zum Schloss zurück. Erst als der Diener mir die Tür öffnete, kam mir der Gedanke, dass sich die Bemerkung meiner Mutter vielleicht gar nicht auf die Zofe bezogen hatte.

Sie stand eines Morgens neben meinem Bett, als Marlene mich weckte, die Hände sittsam vor dem Körper gefaltet, den Blick gesenkt.

»Das ist Catharina«, erklärte Marlene und ich war sofort hellwach. »Sie wird Euch ab sofort beim Waschen und Ankleiden helfen und Euch zu Diensten sein.«

»Meine Zofe? Ich habe endlich eine Zofe?«, rief ich begeistert, schlug die Decke zurück und sprang aus dem Bett. Meine schnellen Bewegungen mussten sie erschreckt haben, denn Catharina sah mich kurz mit großen Augen an, ehe sie wieder zu Boden schaute und einen Knicks machte. Sie war eine zierliche, hübsche Person, einige Jahre älter als ich. Ich ging einmal um sie herum, um sie von allen Seiten zu betrachten. Eine dunkelbraune Haarsträhne war ihrer Haube entwischt und ringelte sich an ihrem Hals entlang bis auf die Schulter. Im Licht der Morgensonne glänzte sie kastanienrot, was wunderbar zu der weinroten Bordüre auf ihrem braunen Kleid passte.

»Hast du das Kleid selbst genäht?«, fragte ich neugierig. Es sah sehr ordentlich aus und passte ihr wie angegossen.

»Ja, Komtess.« Ihre leise Stimme hatte einen warmen, weichen Klang, der mir sehr angenehm war. Ich nickte zufrieden und lächelte Marlene an. »Ich denke, du kannst uns allein lassen.«

Die Kinderfrau zog eine Augenbraue hoch. »Die Gräfin hat mich ausdrücklich angewiesen, Catharina heute zu begleiten und ihr alles zu zeigen«, sagte sie.

»Aber …«

Das leise Tapsen nackter Füße unterbrach mich. Nanni kam ins Zimmer. »Marlene?«, fragte sie verschlafen, gähnte herzhaft und rieb sich die Augen. Ich lief zu ihr und nahm sie auf den Arm. In ihrem kleinen Nachthemdchen sah sie einfach zu süß aus, um sie nicht zu herzen. Sie schmiegte sich kurz an mich und gab mir einen nassen Schmatzer auf die Wange. Lachend reichte ich sie an Marlene weiter.

»Kümmere dich ruhig um sie. Catharina und ich kommen schon zurecht.«

Marlene seufzte, widersprach aber nicht. Sie trug Nanni ins

Nebenzimmer und ich schloss sorgfältig die Tür hinter ihr. Dann drehte ich mich zu meiner neuen Zofe um.

»Es ist etwas kühl heute. Zünde bitte erst einmal das Feuer an, dann holst du Wasser.«

»Das Wasser habe ich schon mitgebracht, Komtess«, sagte sie leise und wendete den Kopf zum Tisch, wo tatsächlich ein Krug neben der Waschschüssel stand. Auch ein frisches Handtuch lag bereit.

»Sehr gut«, sagte ich und setzte mich an den Tisch. Von dort aus schaute ich zu, wie sie versuchte, Feuer zu machen. Es klappte nicht auf Anhieb und ich merkte, dass sie immer nervöser wurde, je öfter sie den Feuerstein anschlug und kein Funke den Zunder entfachte. Mir wurde im Nachthemd allmählich kalt. »Ach, lass es. Hilf mir erst beim Waschen und Ankleiden«, sagte ich schließlich. In dem Moment begann der Zunder zu qualmen und sie stieß einen erleichterten Seufzer aus.

»Nur einen kleinen Augenblick?«, fragte sie mit einem unsicheren Blick über die Schulter zu mir.

Ich nickte. Jetzt dauerte es nicht lange, bis das Feuer zu prasseln begann. Catharina erhob sich und kam zu mir. Sie goss mir das Wasser über die Hände in die Schüssel und ich wusch mir das Gesicht. Dann zog ich mir das Nachthemd aus und sie rieb mir den Rücken und die Arme mit einem feuchten Lappen ab. Sie war dabei viel vorsichtiger als Marlene, was ich sehr genoss. Nachdem sie mir beim Anziehen geholfen hatte, löste sie den Zopf, den ich immer zum Schlafen trug, und begann, mir mit sanften Strichen die Haare auszubürsten.

»Möchte die Komtess die grünen oder die roten Bänder für die Haare?«

»Welche passen denn besser zu meinem Kleid?«, fragte ich und fuhr mit den Händen über den glatten Stoff meines zartgrünen Sommerkleides.

»Zum Kleid passen die grünen besser, aber die roten bilden einen so schönen Kontrast zu den dunklen Haaren der Komtess.«

»Hm. Dann nimm die roten.«

Sie tat es. Sie tat alles, was ich ihr sagte. Sie brachte mir mein Frühstück ins Zimmer, weil ich keine Lust hatte, mich mit Nannis Kindereien abzugeben. Ich fühlte mich so vornehm, wie ich da saß und von ihr bedient wurde. Ich war so damit beschäftigt, Anweisungen zu geben, dass ich meinen Unterricht völlig vergaß. Herr Wirich vergaß ihn leider nicht, sondern ließ mir durch einen Botenjungen mitteilen, dass er mich im Schulzimmer erwartete. Ich brummelte vor mich hin, doch dann kam mir eine glänzende Idee. »Du kommst mit«, befahl ich Catharina.

Einen Moment lang sah sie so aus, als wollte sie protestieren. Die Überraschung stand ihr deutlich ins Gesicht geschrieben.

»Meine Mutter legt großen Wert auf Bildung«, erklärte ich ihr. »Sie wird sicher wollen, dass meine Zofe gebildet ist.«

»Wie die Komtess wünscht«, murmelte Catharina und folgte mir anstandslos.

Der Tutor wirkte nicht minder überrascht, als wir das Schulzimmer betraten.

»Das ist meine neue Zofe. Ich wünsche, dass sie mit mir unterrichtet wird«, sagte ich und setzte mich an mein Pult.

Catharina war zwar hinter mir eingetreten, hatte sich aber neben der Tür an die Wand gestellt und blieb dort mit gesenktem Kopf stehen.

»Die Gräfin hat mich nicht darüber informiert, dass …«

»Die Gräfin weiß noch nichts davon, aber Ihr kennt ja ihre Haltung zum Thema Bildung. Sie wird nichts dagegen einzuwenden haben«, unterbrach ich Herrn Wirich.

Er betrachtete mich eine Weile mit gerunzelter Stirn, begann dann aber mit dem Unterricht und vernichtete alle meine Hoffnungen, dass es durch Catharinas Anwesenheit irgendwie unterhaltsamer sein würde. Er beachtete sie nicht und sie bewegte sich nicht vom Fleck, sondern verharrte die gesamte Zeit über neben der Tür. Doch wann immer ich mich zu ihr umschaute, waren ihre Augen mit voller Aufmerksamkeit auf Herrn Wirich gerichtet.

Nach dem Unterricht gingen wir in den Garten. Ich ließ Catharina meinen Schirm tragen und erzählte ihr von der düsteren Freusburg und wie schön es im Vergleich hier im Schloss Hachenburg war. So vertrieb ich mir den ganzen Nachmittag die Zeit und ging erst wieder hinein, als ein Diener mich zum Abendessen rief. Mutter war nicht anwesend, aber Marlene und Nanni konnte ich alles erzählen.

»Ich will auch eine Zofe!«, rief Nanni, ganz wie ich es erwartet hatte.

»Du bist noch zu klein«, sagte ich und atmete tief durch. Endlich traf dieser Satz auf mich nicht mehr zu. »Catharina, schenk mir noch etwas Wein nach.«

Sie reagierte nicht.

»Catharina?«

Jetzt zuckte sie zusammen und sah mich an, als wäre sie gerade aufgewacht und wüsste nicht, wo sie sich befand. Ich hielt ihr meinen Becher entgegen.

»Natürlich, ich bitte um Entschuldigung«, sagte sie. Beinahe hätte sie etwas verschüttet, so sehr zitterten ihre Hände mit der großen Karaffe.

»Sei doch vorsichtig«, ermahnte ich sie und schlug dabei den strengen Ton an, den meine Mutter benutzte, wenn sie mich rügte.

»Marlene, wann bin ich groß genug?«, fragte Nanni, während sie die Kinderfrau am Ärmel zupfte.

»Noch lange nicht«, erwiderte Marlene und sah mich dabei sehr kritisch an.

Was sollte das? Mir schien es fast, als wollte sie infrage stellen, dass *ich* groß genug war für eine Zofe. Ich schaute empört zurück.

Marlene konnte nichts weiter sagen, denn sie musste sich Nanni zuwenden, wenn sie nicht wollte, dass die ihr den Ärmel abriss. Aus dem Zupfen war ein energisches Zerren geworden.

Nach dem Essen zog ich mich in mein Zimmer zurück, natürlich mit Catharina. Ich war noch lange nicht müde und dachte mir alle möglichen Dinge aus, die meine Zofe für mich tun sollte.

Als das ganze Zimmer aufgeräumt, die Kleider neu sortiert und die Abendtoilette erledigt waren, fiel mir nichts mehr ein. Catharina stand träge und mit hängendem Kopf neben dem Kamin. Das ging gar nicht.

»Hüpf auf einem Bein«, sagte ich.

»Wie bitte?«

Ich stand auf und ging näher zu ihr hin. Anscheinend hatte sie mich nicht verstanden.

»Hüpf auf einem Bein«, wiederholte ich und sah sie erwartungsvoll an. Nur ganz kurz schien die Frage »Warum?« in ihren Augen aufzublitzen, dann tat sie es, aber eher halbherzig.

»Ein bisschen fröhlicher!«, rief ich und klatschte in die Hände, um ihr das Tempo vorzugeben.

Die Verbindungstür ging auf. Sicher hatte Nanni uns gehört und wollte auch mitmachen. Doch es war nicht Nanni, die in der Tür stand, auch nicht Marlene, sondern meine Mutter. Ich erstarrte.

Catharina hörte auf zu hüpfen und machte einen Knicks, bei dem sie beinahe umgefallen wäre. Mutter eilte zu ihr und griff ihren Arm, um sie aufzurichten. »Geh«, sagte sie leise. »Du hast für heute genug getan.«

Ein tiefer Seufzer entschlüpfte dem Mädchen, dann machte sie noch einen Knicks und rannte förmlich aus dem Zimmer.

»Was sollte das?«, fragte meine Mutter mit eiskalter Stimme.

»Was meint Ihr?«, erwiderte ich.

»So behandelt man doch keine Zofe!«, fuhr Mutter mich an.

Ich verschränkte die Arme. »Sie ist *meine* Zofe und ich kann sie so behandeln, wie ich will!«, rief ich aus tiefster Überzeugung.

In drei Schritten war Mutter bei mir und verpasste mir eine schallende Ohrfeige. Der Schmerz raste von meiner Wange durch meinen ganzen Körper und ich starrte sie einen Augenblick lang fassungslos an. Dann fing ich an zu schreien. Ich konnte sehen, dass sie mir etwas sagen wollte, mich wahrscheinlich belehren wollte, aber ich heulte so laut, dass sie schließlich aus dem Zimmer ging.

Voller Wut warf ich mich auf mein Bett, trommelte mit den Fäusten auf die Kissen und tobte und schrie so lange, bis mir die Luft ausging. Dann blieb ich still liegen und horchte, ob jemand kam. Aus dem Augenwinkel beobachtete ich die Verbindungstür zu Nannis Zimmer, aber die blieb verschlossen. Nach einer Weile setzte ich mich auf und verschränkte missmutig die Arme. Ich hatte fest damit gerechnet, dass Marlene kommen und mich trösten würde. Warum kam keiner? Hatten sie mich nicht gehört? Ich wischte mir die Tränen aus dem Gesicht und ging zur Verbindungstür. Sie war abgeschlossen. Sosehr ich auch rüttelte, die Tür öffnete sich nicht.

»Marlene!«, rief ich laut, bekam aber keine Antwort. Ich rannte zur anderen Tür, doch auch die war verschlossen. Man hatte mich eingesperrt? Eine neue Welle der Wut überrollte mich und ich schrie und hämmerte gegen die Tür. Als mir die Hände schmerzten, trat ich sogar dagegen – vergeblich. Es war unfassbar. Meine Mutter hatte mich tatsächlich in meinem Zimmer eingesperrt, als hätte ich ein Verbrechen begangen. Eine Weile stapfte ich ärgerlich vor mich hin grummelnd zwischen den Türen hin und her, wobei ich jeder einen Tritt verpasste, wenn ich sie erreichte. Irgendwann war meine Wut jedoch so weit verraucht, dass ich mir nur noch leidtat. Ich setzte mich ans Fenster und starrte hinaus.

Erst malte ich mir aus, wie ich schimpfen würde, sollte meine Mutter wiederkommen. Ich würde ihr genau sagen, was ich davon hielt, wie ein albernes kleines Kind behandelt zu werden. Sie konnte meinetwegen Nanni in ihr Zimmer einsperren, aber doch nicht mich! Irgendwo in meinem Hinterkopf meldete sich eine leise Stimme, die mir sagte, wie kindisch es gewesen war, meine neue Zofe wie einen dressierten Hund zu behandeln, aber die ignorierte ich.

Da meine Mutter beharrlich nicht wieder auftauchte, stellte ich mir vor, wie Korporal Quast mein verzweifeltes Weinen hören und mich aus meiner Gefangenschaft befreien würde. Er würde tröstend seine starken Arme um mich legen, mich zu meiner Mutter führen und ihr vorhalten, wie ungerecht sie mich behandelt hatte. Dann würde sie sich entschuldigen und mir als Entschädigung einen ganzen Kuchen bringen lassen, den ich natürlich großherzig mit ihr und dem Korporal und Nanni und Marlene teilen würde. Und auch mit Catharina. Aber ich würde das größte Stück bekommen.

Die Sonne war schon weit zum Horizont gesunken und färbte den Himmel in die herrlichsten Farben, als mir erstmals der Gedanke kam, dass noch etwas ganz anderes vorgefallen sein könnte. Vielleicht war Graf Ludwig Casimir zurückgekommen und hatte meine Mutter unter irgendeinem Vorwand verhaften lassen. Oder die kurkölnischen Soldaten hatten unten das Schloss eingenommen, während ich hier oben festsaß. Aber dann hätte ich doch sicher etwas gehört?

Ich lief zur Tür, legte das Ohr ans Holz und lauschte. Nichts war zu hören. Gar nichts. Gerade als ich mich wieder aufrichten wollte, erklang ein Rascheln. Im nächsten Moment drehte sich der Schlüssel im Schloss und ich trat hastig einige Schritte zurück.

Die Tür ging auf und meine Mutter trat in den Raum. Ihr eisiger Blick fiel auf mich und ich wusste sofort, dass meine Sorgen unbegründet waren. Zumindest was die Soldaten anging.

»Bist du jetzt bereit, mir zuzuhören?«, fragte meine Mutter.

Bei der Härte in ihrer Stimme krampften meine Finger sich unwillkürlich ineinander. Ich konnte ihrem Blick nicht standhalten, senkte den Kopf und nickte.

»Gut.« Sie schob mich unsanft zur Fensternische, wo wir uns auf die Stühle setzten. »Ernestine, ein solches Verhalten, wie du es heute an den Tag gelegt hast, ist eine Schande für unseren Namen und alles, wofür wir stehen. Dein Vater und ich waren uns immer einig, dass die Menschen, die uns untertan sind, uns anvertraut sind. Wir sind für sie verantwortlich und sie haben weiß Gott genug gelitten in den letzten Jahren. Jeden Tag habe ich darum gekämpft, ihr Leid zu lindern!«

Da sie nicht weitersprach, wagte ich einen kurzen Blick in ihr Gesicht. Es war schmerzverzerrt und Tränen schimmerten in ihren Augen.

»Catharina ist eine Waise«, fuhr sie fort. »Die Schweden haben ihre gesamte Familie ermordet. Ich fand sie halb tot geschlagen in den Trümmern ihres Dorfes. Seit einigen Jahren arbeitet sie in der Küche und ist ein liebes und dankbares Kind mit einem sanften Gemüt. Als ich sie fragte, ob sie deine Zofe werden möchte, war sie überglücklich. Und du? Du hast nichts Besseres zu tun, als dieses brave Mädchen den ganzen Tag ohne eine einzige Pause und ohne Mahlzeit arbeiten zu lassen und sie dann auch noch zu demütigen und deine kindische Willkür an ihr auszulassen.« Sie hielt nochmals inne.

Mein ganzer Kopf brannte vor Scham und ich kniff die Augen zu. Keinesfalls wollte ich meine Mutter ansehen.

»Wir sind alle Menschen vor Gottes Angesicht, Ernestine, ob nun Kaiser, Graf oder Diener. Zu viele Obere vergessen das und behandeln ihre Untertanen nicht besser als Vieh. *Wir* tun das *nicht,* meine Tochter. Dem Grafenhause Sayn ist jeder Mensch wertvoll, der in seinem Lande wohnt und unter seiner Hand Schutz sucht. Merke dir eins, Ernestine: Nur wenn es den Untertanen gut geht, geht es auch den Grafen gut. Und wenn du mit Respekt behandelt werden willst, dann behandle auch andere so.« Sie erhob sich. »Auch Diener brauchen Pausen und müssen sich ausruhen. Hast du nicht gesehen, wie erschöpft sie war? Sie konnte sich kaum noch auf den Beinen halten. Ich hoffe sehr, dass du deine Lektion gelernt hast. Sollte mir noch einmal ein solches Benehmen deinerseits zu Ohren kommen, hast du keine Zofe mehr.« Aus dem Rascheln ihres Kleides schloss ich, dass sie aufgestanden war. »Einzig deine Bitte, sie am Unterricht teilhaben zu lassen, kann ich gutheißen. Sie ist zwar keine Adelige, aber sie soll ihre Chance im Leben haben.«

Ich öffnete die Augen erst, als die Tür ins Schloss fiel. Tränen rollten mir über die Wangen. Ich kam mir so unendlich dumm vor. Meine Knie zitterten und mein Magen hatte sich zu einem einzigen, harten Klumpen zusammengekrampft. Ich wollte nicht über das nachdenken, was meine Mutter mir über Catharina erzählt hatte, doch die Bilder kamen von ganz allein. Ausgebrannte, rauchende Häuser, verstümmelte Leichen, die niemand begrub, weil niemand mehr da war, um ihnen diesen letzten Dienst zu erweisen. Und dazwischen ein verängstigtes, verletztes Kind, einsam und verlassen. So behütet ich auch aufgewachsen war, ich wusste, was die Schweden angerichtet hatten. Sie hatten genauso schlimm gewütet wie die Kaiserlichen, wenn nicht noch schlimmer. Geplündert, geraubt, gemordet. Ich hatte das bleiche Gesicht und die hohlen Augen meiner Mutter gesehen, wenn sie wieder durch die Dörfer gefahren war, um sich ein Bild von den Zuständen dort zu machen. Sie hatte nie davor zurückgeschreckt, sich dem Grauen nie entzogen, das ihr Volk heimgesucht hatte. Jetzt verstand ich endlich, warum.

Langsam stand ich auf und legte mich ins Bett. Meine Mutter hatte vollkommen recht, ich hatte mich kindisch verhalten, mich vom Gefühl der Macht hinreißen lassen. Während das Licht der untergehenden Sonne mehr und mehr schwand, musste ich mir eingestehen, dass ich nur jemanden hatte herumkommandieren wollen. Das war der einzige Grund, warum ich eine Zofe hatte haben wollen. Und das war in der Tat ein erbärmlicher Wunsch, einer Gräfin von Sayn unwürdig.

Gesuche

In den nächsten Tagen wusste ich nicht so recht, wie ich mich Catharina gegenüber verhalten sollte. Eine direkte Entschuldigung brachte ich nicht über die Lippen und sie schien auch keine zu erwarten. Marlene war meistens zugegen und gab dem Mädchen Anweisungen, sodass sich allmählich alles einspielte und sie auch genug Pausen bekam. Je mehr Zeit wir miteinander verbrachten, desto klarer wurde mir, wie sehr ich mich geirrt hatte. Eine Zofe war nicht bloß eine Dienerin. Sie war eine Vertraute, ja fast schon eine Freundin, und ich war unendlich froh, sie zu haben. Ich hatte noch nie eine Freundin gehabt.

Nach langem Zögern hatte ich sie überreden können, sich im Unterricht zu mir an das Pult zu setzen, damit sie ihre Buchstaben schreiben konnte. Ich war natürlich stolz, dass ich das Schreiben schon so gut beherrschte, obwohl ich viel jünger war als sie. Erstaunlicherweise übertrug Herr Wirich mir die Aufgabe, mit Catharina lesen zu üben. Ich konnte gar nicht verstehen, warum es sie dermaßen begeisterte. Lesen war anstrengend, fand ich, doch als sie das erste Mal einen ganzen Satz entziffert hatte und vor Freude fast weinte, spürte ich, wie sich auch mir die Kehle zuschnürte, obwohl ich lachte.

»Gut gemacht!«, lobte ich sie und beobachtete fasziniert, wie sie liebevoll über die Seite der Bibel strich, aus der wir gelesen hatten.

»Jetzt kann ich Gottes Wort selbst erforschen«, flüsterte sie ehrfürchtig. Es klang, als wäre dies das größte Geschenk auf Erden.

Ich wusste darauf nichts zu erwidern, aber es berührte etwas ganz tief in mir. Bisher hatte ich die Bibel immer als eine Art

Folterinstrument betrachtet, mit der mein Tutor mich quälte. Lesen, Verse auswendig lernen, Psalmen aufsagen, das alles hatte ich stets mit großem Widerwillen erledigt. Es war nur ein Buch mit uralten Texten, größtenteils unverständlich und dementsprechend langweilig.

»Was gibt es denn da zu erforschen?«, fragte ich.

»Wisst Ihr denn nicht, dass Gott durch die Bibel zu uns spricht?« In ihrer Aufregung vergaß sie völlig, dass sie mich eigentlich nicht so direkt ansprechen sollte. Das durften nur höhergestellte Personen – und Marlene.

»Diese Weisheit hat sich der Komtess noch nicht erschlossen«, bemerkte Herr Wirich spitz. »Meinen Glückwunsch, Catharina. Du hast wirklich gute Fortschritte gemacht. Der Unterricht ist für heute beendet.«

Ich sprang sofort auf. »Komm, wir gehen zum Wehrturm und schauen, was auf dem Marktplatz los ist.«

Catharina folgte mir sichtlich zögernd. Sie verabschiedete sich mit einem braven Knicks von Herrn Wirich und schaute noch einmal sehnsüchtig zur aufgeschlagenen Bibel zurück.

»Nun komm schon!«, rief ich ungeduldig und zog sie am Arm hinter mir her.

»Dürfen wir denn auf den Wehrturm?«, fragte sie auf dem Weg nach draußen.

»Ich war schon öfter dort und die Wachleute haben nie etwas dagegen gehabt«, erwiderte ich. Eine merkwürdige Unruhe ergriff mich. Es lag etwas in der Luft. Ohne auf Catharina zu warten, hob ich meine Röcke an und rannte bis zum Eingang des Turms, der dem Marktplatz am nächsten war. Oben angekommen stellten sich mir zwei Soldaten in den Weg, die aber sofort zurücktraten, als sie mich erkannten. Sie wirkten angespannt und beobachteten genau, was sich vor den Schlossmauern tat.

»Ist etwas passiert?«, fragte ich neugierig und kletterte auf einen hervorstehenden Stein in der Mauer, der es mir erlaubte, nach unten zu schauen.

»Graf Ludwig Casimir lässt sich vom Volk huldigen«, sagte einer der Wachmänner.

Sosehr ich auch den Hals reckte, ich konnte ihn nicht sehen. Der Marktplatz war voller Menschen, die alle der Kirche zugewandt waren und verhaltene Hochrufe ausstießen. Vermutlich stand der Graf vor dem Kirchenportal. Begeisterter Jubel klang anders.

Ich sprang wieder auf den Boden. »Das muss ich sofort Mutter erzählen«, sagte ich und sauste schon wieder die Treppe hinunter.

»Komtess! So wartet doch!«, rief Catharina mir hinterher, die gerade erst oben angekommen war.

Voller Ungeduld trat ich auf der Stelle, bis sie mich eingeholt hatte. »Weißt du, wo meine Mutter sich aufhält?«

»Nein«, keuchte Catharina und bemühte sich, mit mir Schritt zu halten.

Bis zum Schloss rannte ich wieder, doch dann bekam ich Seitenstechen und musste langsamer gehen.

Wir fanden die Gräfin nach langer Suche im obersten Stock in einem relativ kleinen Raum, der zwar nicht möbliert war, aber einen hervorragenden Blick auf den Marktplatz bot. Obwohl die Fenster geöffnet waren, hörte man von draußen nur wenig. Am lautesten waren die Tauben, die oben auf dem Dachfirst gurrten.

Meine Mutter hatte beide Hände auf die Fensterbank gestützt und sich mit der Schulter an die Mauernische gelehnt, als bräuchte sie jeden Halt, den sie finden konnte. Sie schüttelte langsam den Kopf. »Was habe ich nur getan?«, flüsterte sie, den Blick starr auf die Menschenmenge auf dem Marktplatz gerichtet.

Ich stellte mich neben sie, aber sie sah mich nicht an.

Eine offene Kutsche bewegte sich langsam von der Kirche weg auf das untere Stadttor zu. Den Mann, der darin saß, konnte ich auf die Entfernung nicht erkennen, aber es musste wohl Graf Ludwig Casimir sein, der seinen Untertanen huldvoll zuwinkte.

»Wie konnte ich sie nur im Stich lassen?« Meine Mutter ballte die Hände zu Fäusten und hämmerte aufs Fensterbrett. »Wie konnte ich nur?«, schrie sie plötzlich, presste eine Faust gegen ihren Mund und biss sich auf die Knöchel.

Erschrocken wich ich zurück. Hinter mir ertönten hastige Schritte im Flur, vor mir warf meine Mutter mit solchem Schwung die Fenster zu, dass die Scheiben klirrten. Sie fuhr im selben Moment herum, in dem Korporal Quast im Türrahmen auftauchte.

»Warum habt Ihr mich nicht aufgehalten?«, keifte sie ihn in einem Tonfall an, den ich von ihr noch nie gehört hatte. »Ich habe meine Grafschaft diesem eingebildeten Gockel, diesem Nichtsnutz verschrieben und Ihr habt mich nicht daran gehindert!«

Der arme Korporal rang nach Luft. »Wie hätte ich denn die gnädigste Gräfin ...?«

»Schweigt!«

Er klappte mit einem deutlich hörbaren Schnappen den Mund zu.

»Schafft mir den Advokaten Henner herbei. Ich muss widerrufen. Ich *muss* widerrufen!« Damit hastete sie aus dem Raum.

Einen Moment lang stand Korporal Quast da wie erstarrt. Er tat mir von Herzen leid. So rührend hatte er sich um meine Mutter gekümmert in ihrem Leid und was bekam er als Dank? Vorwürfe und Schelte. Doch noch ehe ich etwas sagen konnte, eilte auch er aus dem Raum.

Catharina sah mich mit großen Augen an. »Was bedeutet das alles?«, fragte sie unsicher.

Nachdenklich trat ich ans Fenster. Die Aufregung auf dem Marktplatz hatte sich gelegt; die Menschen gingen wieder ihren Geschäften nach und von der Kutsche des Grafen war nichts mehr zu sehen.

»Ich schätze, meine Mutter möchte es rückgängig machen, dass sie die Grafschaft an Ludwig Casimir übertragen hat«, sagte ich schließlich.

»Kann sie das denn?«

»Weiß der Himmel.«

In den nächsten Tagen herrschte im Schloss ein reges Kommen und Gehen. Ich nutzte jeden nur erdenklichen Vorwand, um dem Unterricht zu entwischen, denn ich wollte unbedingt wissen, was vor sich ging. Peter, einer der Botenjungen, erstattete mir, so gut er konnte, Bericht über die Namen der Besucher, während ich aus einer der Mägde alles herauskitzelte, was sie bei der Bedienung der Herrschaften aufschnappte. Leider war das herzlich wenig.

Am häufigsten war der von meiner Mutter einbestellte Jodokus Henner zu Gast, ein merkwürdiger kleiner Mann mit stark hervorquellenden Augen und einer riesigen Nase. Obwohl er immer ausgesprochen fein gekleidet war und keinen Bart, aber eine ordentliche Perücke trug, kam er mir vor wie ein Gnom. Die silbernen Schnallen an seinen Schuhen konnten nicht darüber hinwegtäuschen, dass die Füße für die kurzen, dürren Beine viel zu groß waren, und die goldenen Knöpfe auf seinem Wams wirkten auf dem wohlgerundeten Bäuchlein wie ein Hohn. Sein Kopf war ebenfalls viel zu groß für den Rest des Körpers, aber das lag wohl daran, dass er so viel nachdachte. Er war Jurist und meine Mutter hielt große Stücke auf ihn. Laut der Magd feilten die beiden stundenlang an der Formulierung eines Schreibens, von dem ich annahm, dass es der Widerruf war, mit dem die Gräfin sich ihre Grafschaft zurückholen wollte.

Herr Wirich nahm mein Interesse zum Anlass, mir die Wichtigkeit gut gewählter Worte ans Herz zu legen, und gab mir die Aufgabe, selbst ein Gesuch aufzusetzen. Er erklärte mir genau, wie ein solches aufgebaut sein musste, doch worum ich bat, überließ er mir.

Erst stöhnte ich. Diese Aufgabe erschien mir viel zu mühsam und schwierig. Doch dann flüsterte mir Catharina kichernd ins Ohr, dass ich ihn um Befreiung vom Unterricht ersuchen könnte, und ab da war ich mit Feuereifer bei der Sache. Zu viel durfte ich nicht fordern, das würde umgehend abgeschmettert werden.

Aber für den Rest der Woche befreit zu werden, erschien mir angemessen. Fieberhaft überlegte ich mir Argumente und Gründe, formulierte Sätze und verwarf sie wieder, bis mein Pult mit den vielen vollgeschriebenen Blättern mit den teils durchgestrichenen Zeilen genauso aussah wie der Schreibtisch meiner Mutter, den die Magd mir beschrieben hatte.

Für Catharina war das natürlich noch nichts, sie kopierte in der Zeit einen Psalm.

Als ich mit meinen Formulierungen endlich zufrieden war, schrieb ich mein Gesuch ordentlich auf ein frisches Blatt und überreichte es mit angehaltenem Atem meinem Tutor.

»Ich bin sehr erfreut über den Eifer und die Sorgfalt, mit denen die Komtess diesen Auftrag erledigt hat«, sagte er, warf aber nur einen flüchtigen Blick auf das Papier. »Ich werde das Gesuch sorgfältig prüfen und der Komtess morgen meine Entscheidung mitteilen.«

Enttäuscht ließ ich die Schultern hängen. Bemerkte ich da etwa ein amüsiertes Blitzen in seinen Augen?

»Es wird die Komtess freuen zu hören, dass sie bereits morgen eine Antwort erwarten darf. Die erlauchte Gräfin wird sicher deutlich länger auf einen Entscheid ihres Gesuchs warten müssen.«

Ich kniff die Lippen zusammen und beschränkte mich darauf, ihn wütend anzufunkeln. Es passte mir überhaupt nicht, dass er mich nach all meiner Mühe bis morgen zappeln ließ, und ich konnte ihm an der Nasenspitze ansehen, wie viel Spaß er daran hatte. Ich setzte ein gleichgültiges Gesicht auf und reckte das Kinn vor. »Ist der Unterricht damit für heute beendet?«, fragte ich.

»Das ist er in der Tat. Ich wünsche der Komtess einen vergnüglichen Nachmittag.«

»Vergnüglichen Nachmittag, pah«, schimpfte ich, sobald Catharina und ich außer Hörweite waren. »Der will mich doch nur ärgern.«

»Wieso glaubt Ihr das, Komtess?«, fragte Catharina.

Ich blieb stehen und stemmte die Hände auf die Hüften. Es war an der Zeit, etwas richtigzustellen, was ich schon zu lange ignoriert hatte: »Catharina, du darfst mich so nicht anreden. Das ist respektlos.«

Die Augen der Zofe wurden rund vor Schreck und sie schien förmlich zu erstarren. »Ich bitte vielmals um Entschuldigung, das war nicht meine Absicht!«, rief sie hastig. »Ich dachte nur … Marlene spricht Euch doch auch so an …«

»Marlene ist meine Kinderfrau, sie kennt mich, seit ich geboren wurde. Das ist etwas ganz anderes.«

»Und Korporal Quast?«

Es war keine Widersetzlichkeit, dass sie das fragte, sie wirkte ehrlich verunsichert.

»Meine Mutter hat ihm gestattet, sie mit Ihr anzusprechen, weil er ihr schon so lange treu dient. Dadurch tut er das bei mir auch, was aber eigentlich nicht richtig ist. Bedienstete sollten ihre Herren in der dritten Person ansprechen. Hat dir das niemand beigebracht?«

»Nun, ich … doch, schon.« Sie wurde rot und studierte betreten ihren Rocksaum. »Ich bin noch nie zuvor in die Verlegenheit gekommen, eine hochgestellte Person anzusprechen.«

Dieses Eingeständnis brachte mich zum Lachen.

»Ich war doch immer nur in der Küche«, fügte sie verlegen hinzu.

»Weißt du was? Ich erlaube es dir. Wenn meine Mutter dem Korporal gestatten kann, sie zu ihrzen, dann kann ich das sicherlich auch mit meiner Zofe tun.«

Der Rotton ihrer Wangen verdunkelte sich, aber in ihrem Blick leuchtete etwas auf, was ich nicht deuten konnte, ehe sie einen tiefen Knicks machte. »Es ist mir eine große Ehre, werte Komtess.«

Am nächsten Morgen saß ich so früh wie noch nie im Schulzimmer. Ausnahmsweise musste der Tutor nicht auf mich warten, sondern ich auf ihn.

Er wirkte kurz überrascht, als er den Raum betrat, lächelte dann aber wissend und deutete eine Verbeugung an. »Guten Morgen. Wie ich sehe, hat die Komtess größtes Interesse an dem Ergebnis ihres Gesuches.«

Ich erwiderte seinen Gruß mit einem Nicken und sah ihn erwartungsvoll an.

»Tatsächlich ist dieser erste Versuch der Komtess überaus gelungen, was mich sehr erfreut, auch wenn die Zielsetzung des Gesuchs vielleicht nicht ganz so erstrebenswert ist.« Er zog eine Augenbraue hoch und studierte mich einen Moment lang. »Nichtsdestotrotz war es mir ein Anliegen, die erlauchte Gräfin von den Bemühungen der Komtess in Kenntnis zu setzen.«

Mit großer Mühe behielt ich meine Haltung bei, obwohl seine Worte nichts Gutes verhießen. Jetzt würde bestimmt eine Strafe folgen, weil ich den Unterricht hatte vermeiden wollen. So etwas konnte meine Mutter nicht gutheißen.

»Ich erläuterte der Gräfin das Interesse der Komtess an den Vorgängen bezüglich der Grafschaft sowie meinen Wunsch, der Komtess die korrekte Ausführung und Wirkung wohlformulierter Schreiben nahezubringen. Ich darf der Komtess mitteilen, dass die Gräfin von ihren Ausführungen sehr angetan war. Sie wies mich an, dem Gesuch der Komtess stattzugeben.«

»Wirklich?«, rief ich ungläubig. »Ich habe den Rest der Woche frei?«

Herr Wirich lächelte etwas breiter. »*Wenn* die Komtess sich an ihre eigenen Argumente hält, das Fräulein Catharina eigenständig weiter unterrichtet, Zeit mit ihrer Schwester verbringt sowie die Gräfin aufsucht, um über die Entwicklungen in der Grafschaft informiert zu werden, *dann* findet in der Tat für den Rest der Woche kein Unterricht mit mir statt. Sollte die Komtess allerdings wortbrüchig werden, wird sie es bereuen.«

Hätte er diesen letzten Satz mit zusammengezogenen Augenbrauen und finsterem Blick gesagt, hätte ich seine Warnung in den Wind geschlagen. Doch er lächelte noch immer und ich wusste genau, dass er keine Sekunde lang glaubte, ich würde meine selbst auferlegten Bedingungen einhalten. Da irrte er sich gewaltig. Ich würde ihm zeigen, aus was für einem Holz ich geschnitzt war! »Catharina? Welchen Psalm würdest du gern auswendig lernen?«

»Den ersten, Komtess«, erwiderte die Zofe leise.

»Der ist nicht sehr lang. Du bleibst hier und schreibst ihn einmal ordentlich ab, während ich meine Mutter aufsuche. Wenn ich zurückkomme, lernen wir ihn gemeinsam, bis du ihn fehlerfrei aufsagen kannst.« Mit einem Seitenblick auf den Tutor fügte ich hinzu: »Das machen wir aber nicht hier.«

»Ja, Komtess. Darf ich mit Feder und Tinte schreiben?«

Ich schob meine Schreibutensilien zu ihr hinüber, öffnete die Bibel an der richtigen Stelle und reichte ihr ein frisches Blatt Papier. »Gib acht, dass die Tinte nicht kleckst. Du darfst die Feder nicht zu tief eintauchen, und wenn du schreibst, üb nur ganz wenig Druck aus, sonst spaltet sich der Kiel und muss neu angespitzt werden.«

»Ich werde vorsichtig sein«, hauchte Catharina und nahm ehrfürchtig die Feder zur Hand.

Einen Augenblick wartete ich noch, um zu sehen, wie sie zurechtkam, dann machte ich mich auf die Suche nach meiner Mutter, die mir schon im Flur begegnete. Korporal Quast, der Advokat und ein weiterer Mann folgten ihr auf dem Fuße.

»Wolltest du zu mir, Ernestine?«, fragte sie lächelnd.

In Anwesenheit der Fremden traute ich mich nicht zu antworten und nickte nur.

»Meine Herren, gestattet mir einen Augenblick mit der Junggräfin.« Sie wartete gar nicht ab, ob einer der Männer protestierte, sondern nahm meinen Arm und führte mich ins nächste Zimmer. Es war das, in dem wir an unserem Ankunftstag gegessen hatten. Das, in dem meine Mutter ihre Rechte abgetreten hatte. Ich erinnerte mich noch gut, wie sie damals neben sich gestanden hatte, völlig aufgelöst nach dem Tod meines Bruders. Und wie angewidert sie Ludwig Casimir angesehen hatte, als er hereingekommen war.

»Warum mögt Ihr den Grafen nicht?«, fragte ich neugierig.

»Welchen Grafen?«

»Ludwig Casimir.« Erneut verzog sich ihr Gesicht, als hätte sie etwas Ekelhaftes gerochen. »Er ist eine Krähe. Wo Tod und Verderben herrschen, kommt er angeflogen und pickt sich die besten Stücke heraus.«

Ihre Vehemenz überraschte mich. Normalerweise sprach meine Mutter nicht schlecht von anderen Menschen.

Als sie mich ansah, wurde ihr Gesichtsausdruck weicher und sie strich mir über die Wange. »Entschuldige, mein Kind. Es gibt wenige Menschen, die ich so verabscheue wie diesen Mann. Er kam unmittelbar nach dem Tod deines Vaters zu mir, damals in Frankfurt, nachdem wir bei König Gustav vorgesprochen hatten. Da wollte er die Grafschaft schon an sich reißen, aber ich war darauf gefasst gewesen und konnte mich wehren. Diesmal jedoch …« Ihr Blick wanderte zum Fenster und sie seufzte schwer. »Ich habe in meiner unbändigen Trauer einen großen Fehler gemacht, Ernestine. Ich hätte nicht unterschreiben dürfen. Niemals. Aber ich hatte keine Kraft mehr.«

»Es geht Euch jetzt besser, nicht wahr?«

Sie hatte zwar noch immer tiefe Ringe unter den Augen, aber die Augen selbst blitzten wieder wie eh und je. Sie hatte die träge Lethargie abgestreift, in der sie nach Ludwigs Tod tagelang gefangen gewesen war.

»Ja, es geht mir besser. Und ich werde alles daransetzen, dass wir die Grafschaft zurückbekommen.« Sie machte eine kurze Pause. »Herr Wirich hat mir dein Gesuch gezeigt.« Ein amüsiertes Schnauben entschlüpfte ihr. »Es war wirklich gut formuliert und ich war positiv überrascht von deinem Interesse an dem, was ich tue. War das nur eine Farce, um zu bekommen, was du willst, oder interessiert es dich wirklich?«

Der Blick ihrer blauen Augen schien sich in meinen Kopf zu

bohren. Ich merkte, wie ich rot anlief. Lügen war unmöglich. Doch noch während ich mich wand, fand ich tief in mir ein Stück verletzten Stolzes, der darauf bestand, zu seinem Recht zu kommen.

»Ist es wahr, dass Vater mich und Nanni zu Erbinnen gemacht hat?«

»Ja, das hat er. Es war ihm so wichtig, dass seine Kinder die Grafschaft erben, und nicht die Wittgensteiner oder Berleburger. Leider ist es nicht üblich, dass die Töchter erben. Aber ein Testament ist ein Testament und ich werde mit allen Mitteln um unser Recht kämpfen, das verspreche ich dir.«

»Deswegen ist jetzt der Advokat hier?«

»Herr Henner hilft mir, einen Eilantrag an das Reichskammergericht zu stellen, in dem ich die Abtretung der Grafschaft an Ludwig Casimir widerrufe.«

»Das Reichskammergericht?« Das klang unglaublich wichtig.

»Es ist die höchste Instanz der Gerichtsbarkeit, an die man sich in solch einer Angelegenheit wenden kann. Wenn das Reichskammergericht dem Widerruf stattgibt, wird Ludwig Casimir uns alle Rechte zurückgeben müssen.«

»Wer ist der andere Mann, der eben bei Euch war?«

»Das ist ein Gesandter des Landgrafen Georg von Hessen-Darmstadt. Er ist euer Vormund, erinnerst du dich?«

Ich nickte, obwohl ich mich nicht erinnerte. Mir schwirrte jetzt schon der Kopf, doch ich wollte unbedingt verhindern, dass Herr Wirich etwas an der Einhaltung meines Worts zu bemängeln hatte.

»Graf Georg hat mir versichert, dass er uns unterstützen wird. Er ist sehr einflussreich. Aber jetzt, mein Kind, muss ich mich meinen Aufgaben widmen und du dich den deinen. Ich vertraue darauf, dass du alles tust, was du in deinem Gesuch angeboten hast.«

»Das werde ich. Ich gehe sofort zu Catharina zurück und lerne mit ihr Psalm eins auswendig. Und dann spiele ich mit Nanni. Da wird sie sich freuen.«

Im Hinausgehen strich Mutter mir noch einmal lächelnd über die Wange, doch ich wusste genau, dass sie von allem hören würde, was ich tat – oder auch nicht. Ich durfte mir keinen Patzer erlauben.

Der erste meiner drei freien Tage verging wie im Flug. Zum Lernen des Psalms hatte ich ein Picknick im Garten angeordnet, zu dem auch Nanni eingeladen war. Sie wollte unbedingt Schule spielen und lernte den Psalm gleich mit Catharina zusammen auswendig. Wir hatten viel Spaß dabei. Abends kam Mutter persönlich in unsere Zimmer und ließ sich von Catharina den Psalm aufsagen. Die stammelte und stotterte ganz fürchterlich vor Aufregung, bis Nanni hereinplatzte und mit lautem »Ich will! Ich will!« für viel Gelächter sorgte. Gemeinsam trugen sie den Psalm wunderschön und in einem Fluss vor und Mutter lobte die beiden sehr. Mich natürlich auch. An diesem Abend schlief ich so glücklich ein wie schon lange nicht mehr.

Der nächste Morgen begrüßte mich wolkenverhangen.

»Wie gut, dass wir gestern noch im Garten waren«, sagte ich zu Catharina. »Heute werden wir wohl nicht nach draußen gehen können.«

»Das macht nichts. Dann haben wir viel Zeit für den Unterricht.«

Ich schüttelte den Kopf und brachte damit die Frisur durcheinander, die sie mir gerade flocht. »Warum bist du nur so versessen auf den Unterricht?«, fragte ich. Es war gar nicht schlimm, dass sie mit den Haaren noch einmal von vorn anfangen musste. Ich liebte es, frisiert zu werden.

»Ich war schon immer viel zu neugierig«, gab sie zu. »Das hat meine Mutter früher dauernd gesagt, weil ich überall meine Nase hineinstecken musste und fortwährend Fragen gestellt habe. Sie hat auch gesagt, sie würde lieber mich in die Schule schicken als meine Brüder, aber der Pfarrer wollte keine Mädchen unterrichten.« Sie steckte die Zöpfe fest und drehte dann die Haare an den Schläfen zu Locken auf. »Wissen ist ein großer Schatz«, fügte sie mit einem Seufzen hinzu. »Ich bin Euch sehr dankbar, dass ich an Eurem Unterricht teilhaben darf.« Trotz ihrer Aussage klang ihre Stimme traurig und ich wusste nicht, was ich erwidern sollte. Im ersten Moment konnte ich die Traurigkeit nicht einordnen, bis mir einfiel, dass ihre Familie tot war. Sie allein war übrig geblieben. Der Gedanke war beklemmend.

Eigentlich hatte ich in meinem Zimmer frühstücken wollen, doch jetzt sehnte ich mich plötzlich nach Nannis Gesellschaft. »Wir werden mit den anderen essen«, verkündete ich, während ich mich im Spiegel betrachtete. »Es wäre doch eine Schande, wenn niemand diese schöne Frisur sehen würde.«

Im Speisesaal angekommen, bereute ich meine Entscheidung, denn sowohl meine Mutter als auch der Advokat und der hessische Abgesandte waren zugegen. Die Herren erhoben sich sofort und begrüßten mich mit höflichen Verbeugungen, die ich mit einem Kopfnicken entgegennahm. Gleichzeitig überlegte ich fieberhaft, wie ich mich korrekt zu verhalten hatte. Catharina war mir keine Hilfe; sie war neben mir zur Salzsäule erstarrt. Gott sei Dank kam uns Mutters Zofe zu Hilfe, begleitete mich zu meinem Platz und raunte Catharina ins Ohr, was sie zu tun hatte.

Verkrampft lächelnd hoffte ich inständig, dass ich mich nicht blamieren würde, und aß dementsprechend wenig, wobei ein kleiner Teil von mir es außerordentlich genoss, in Gesellschaft dieser wichtigen Herrschaften zu Tisch zu sitzen und von ihnen wie eine Dame behandelt zu werden. Ich würde mich daran gewöhnen müssen, denn wenn meine Mutter mit ihrem Ansinnen wirklich Erfolg haben sollte, dann würde ich bald Regentin sein. Ob ich das wollte oder nicht, schien gar nicht zur Debatte zu stehen.

Es klopfte energisch an der Tür und einer der Wachsoldaten trat in den Saal. »Der Bischof von Osnabrück wünscht die erlauchtigste Gräfin zu sprechen«, sagte er mit einer Verbeugung.

Sowohl meine Mutter als auch die beiden Herren sprangen vom Tisch auf. »Von Wartenberg hier in meinem Schloss?«, rief Mutter entsetzt.

»Korporal Quast hat den Soldaten des Bischofs den Zutritt verwehrt. Es sind zehn Mann im Schlosshof, unsere Garde ist in Bereitschaft.«

»Meine Herren, Ihr begleitet mich. Für diese Unterredung muss ich Zeugen haben.«

»Das sehe ich auch so«, erwiderte Herr Henner mit grimmigem Gesicht.

Dieses Spektakel konnte ich mir nicht entgehen lassen. Ich hatte keine Ahnung, wer der Bischof von Osnabrück war, aber wenn seine bloße Anwesenheit meine Mutter so in Angst versetzte, konnte er nichts Gutes im Schilde führen. In der Aufregung gelang es mir, mich unbemerkt mit in den Raum zu stehlen, in dem der Bischof wartete.

Er stand am Fenster, die Hände auf dem Rücken verschränkt, und drehte sich, wie mir schien, betont langsam um, als die Gruppe mit meiner Mutter an der Spitze den Raum betrat. Er war ein stattlicher Mann mit hoher Stirn und glatten Haaren, die ihm bis auf den weißen Kragen fielen. Die schwarze Kleidung mit dem goldenen Kreuz auf seinem Wams wirkte ebenso bedrohlich wie der Blick, den er jetzt auf meine Mutter richtete. Seine Verbeugung fiel so knapp aus, dass es schon beleidigend war.

Ich drückte mich unauffällig neben der Tür an die Wand, wo sonst die Diener standen. Die beiden Wachleute, die mit uns den Raum betreten hatten, hatten sich Schulter an Schulter vor der Tür aufgebaut, und ehe diese geschlossen wurde, sah ich, dass auch draußen zwei Wachleute standen, die Hände auf den Griffen ihrer Säbel. Ich schluckte. Offensichtlich stellte dieser Bischof eine ernsthafte Bedrohung dar. Vorsichtig schob ich mich etwas weiter in die Ecke, um einerseits nicht aufzufallen und andererseits besser sehen zu können.

Meine Mutter hatte sich wieder gefasst und funkelte den Bischof wütend an. »Was verschafft mir die Ehre Eures Besuches, Exzellenz?«, fragte sie knapp. Sie wirkte nicht, als würde sie sich sonderlich geehrt fühlen.

»Ihr wisst sehr wohl, warum ich hier bin, Gräfin«, erwiderte der Bischof schon beinahe gelangweilt. »Euer Lehen ist erloschen. Der Kurfürst von Köln hat es mir übertragen. Ihr werdet das Schloss räumen.«

»Ich werde nichts dergleichen tun.« Meine Mutter trat auf den Bischof zu und sah ihm fest in die Augen, auch wenn sie dazu den Kopf in den Nacken legen musste. »Graf Ernst hat die Erbfolge in seinem Testament klar und deutlich festgelegt. Mein Advokat wird Euch das bestätigen, nicht wahr, Herr Henner?«

»Das hat er in der Tat, erlauchtigste Gräfin.« Der kleine Anwalt neigte den Kopf, ließ dabei den Bischof jedoch nicht aus den Augen.

»Klar und eindeutig ist, dass Ihr keinen männlichen Nachkommen mehr habt. Es ist mir egal, was für Gefühlsduseleien Euer verstorbener Mann in sein Testament gekritzelt hat. Eure Töchter kommen als Erbinnen nicht infrage, das weiß jeder. Der Erbgraf ist tot und damit ist das Lehen erloschen. Räumt das Schloss. Ihr habt bis zum Sonnenuntergang morgen Zeit.« Er schritt zur Tür und ging dabei so nah an meiner Mutter vorbei, dass sie zur Seite treten musste, um nicht angerempelt zu werden. Die Wachleute öffneten ihm die Tür, doch bevor er hindurchging, richteten sich seine wässrig blauen Augen auf mich und er hielt inne. Seine Zungenspitze fuhr hinter seinem Schnauzbart über die fleischigen Lippen. »Wer ist das?«, fragte er, ohne jemanden direkt anzusprechen.

»Die Junggräfin Ernestine«, antwortete Herr Henner.

Die Augen des Bischofs verengten sich prüfend, dann erschien ein schmutziges Lächeln auf seinem Gesicht, das mir wie Nadelstiche in den Körper fuhr. Er ging wortlos hinaus.

Einige Minuten lang herrschte angespanntes Schweigen im Raum. Ich wagte es nicht, mich zu rühren. Von draußen hörte man gedämpfte Befehle und Hufgetrappel. Kurz darauf kam Korporal Quast ins Zimmer geeilt.

»Eure Befehle, gnädigste Gräfin?« Er sah sie atemlos an, bereit, sofort auszuführen, was sie ihm auftrug.

Erst jetzt schien meine Mutter sich ans Atmen zu erinnern. Auch ich hatte die Luft angehalten und atmete mit ihr zusammen tief ein. Sie dachte nur einen Augenblick nach.

»Ruft die gesamte Garde zusammen und schafft so viele Vorräte herbei, wie Ihr finden könnt. Dann verrammelt die Tore. Niemand betritt das Schloss. Weder dem Bischof noch seinen Soldaten noch irgendwelchen Gesandten wird Zutritt gewährt.«

Korporal Quast verbeugte sich und war im nächsten Moment verschwunden.

»Meine Herren«, wandte meine Mutter sich an die beiden Gäste. »Ihr werdet in größtmöglicher Hast aufbrechen. Herr Sinoll, bitte überbringt dem Landgrafen Georg meine dringlichste Bitte um Unterstützung in dieser Angelegenheit. Ich muss Euch nicht erläutern, dass meine Garde den osnabrückischen Truppen kaum etwas entgegenzusetzen hat. Herr Henner, mein Widerruf muss auf schnellstem Wege zum Reichskammergericht. Werdet Ihr Euch darum kümmern?«

»Die erlauchtigste Gräfin darf sich dieser Sorge getrost entledigen. Ich werde alles in meiner Macht Stehende tun, damit ihr Widerruf mit höchster Priorität bearbeitet wird.« Beide Männer verbeugten sich tief und verließen dann eiligst den Raum.

Aus dem Flur hörte ich leises Stimmengewirr. Die Neuigkeiten rasten durch die Dienerschaft wie ein Lauffeuer, während ich noch immer vor Schreck erstarrt in der Ecke stand. Ich hatte das Bedürfnis, mir den Blick des widerlichen Bischofs von der Haut zu kratzen. Warum nur hatte er mich so angesehen?

Mutter kam zu mir, legte die Arme um mich und zog mich schweigend an sich. Ich roch ihren bitteren Schweiß und spürte ihr Herz unter meinem Ohr pochen. »Was geschieht jetzt mit uns?«, fragte ich. Es klang kläglich, ängstlich, wie das Piepsen einer Maus.

»Hier im Schloss sind wir sicher. Diese Mauern kann niemand einnehmen, schon gar nicht, wenn unser treuer Korporal die Tore verteidigt. Hab keine Angst.« Sie strich mir über den Kopf. »Wir geben nicht auf. Niemals.«

Ich hatte den Eindruck, die letzten Worte sagte sie mehr zu sich selbst.

Trauer

An Unterricht oder Spiel war an diesem Vormittag nicht zu denken. Angst und Unruhe breiteten sich im ganzen Schloss aus, vom geringsten Dienstboten bis zu Nanni und Marlene. Mit beiden saß ich am Fenster von Nannis Zimmer und schaute von oben hinab auf den Schlosshof. Catharina war gebeten worden, mit hinauszugehen und Vorräte zu organisieren. Ich vermisste sie. Zu gern hätte ich ihr von dem Bischof erzählt und wie er mich angeschaut hatte. Mit ihr darüber gegrübelt, was dieser Blick zu bedeuten hatte. Mit Marlene darüber zu sprechen, scheute ich mich, auch wenn ich selbst nicht so genau wusste, warum.

Die Diener liefen unter den wachsamen Blicken der gräflichen Leibgarde den ganzen Tag wie geschäftige Ameisen über die Zugbrücke und brachten Lebensmittel ins Schloss.

Mutter hatte mir verboten, auf den Wehrturm zu steigen, also begab ich mich sporadisch in den unmöblierten Raum in der obersten Etage, um von dort auf den Marktplatz zu schauen. Ich war so darauf fixiert, dass es mir erst nachmittags in den Sinn kam, auch die weitere Umgebung zu prüfen. Das Lager der Soldaten lag vor den unteren Stadttoren wie ein hässliches Geschwür. Zelte waren dort in langen Reihen aufgebaut, dazwischen brannten Kochfeuer und eine Menge Bewaffneter bewegten sich hin und her. Sie befanden sich auch innerhalb der Stadtmauern, wo sie in kleinen Trupps durch die Straßen patrouillierten. Von den Bürgern Hachenburgs waren hingegen nur wenige unterwegs, soweit ich das sehen konnte. Verständlich. Mit Soldaten kannte man sich hier aus. Im Laufe des Krieges waren immer wieder Truppen in der Stadt einquartiert worden, was Vor- und Nachteile gehabt hatte. Der größte Vorteil war, dass die Stadt dadurch nie angegriffen worden war, doch die Bewohner und die umliegenden Dörfer hatten die Soldaten verpflegen müssen – auf Kosten der eigenen Bedürfnisse.

Gegen Abend beobachtete ich mit Nanni und Marlene, wie sich die Leibgarde hinter die Schlossmauern zurückzog. Die Tore wurden geschlossen und die Zugbrücke hochgezogen. Bischof von Wartenberg würde morgen vor verschlossenen Türen stehen. Ich stellte mir vor, wie er wütend mit den Fäusten gegen die Tore trommelte und Einlass forderte, während unsere Garde auf den Zinnen der Schlossmauer stand und ihn verhöhnte. Was meine Mutter natürlich nicht gestatten würde.

»Dass er gar nichts unternommen hat …«, murmelte ich vor mich hin.

Marlene sah mich an. »Wer sollte etwas unternehmen?«

Ich riss meinen Blick von dem Treiben im Schlosshof los. »Der Bischof. Seine Soldaten sind überall in der Stadt, aber er hat nichts getan, um zu verhindern, dass wir uns bevorraten.«

Ein merkwürdig wissendes Lächeln huschte über Marlenes Gesicht. »Mächtige Männer wie er rechnen nicht damit, dass eine *Frau* sich ihnen widersetzen könnte. Ich denke, er geht ganz selbstverständlich davon aus, dass Eure Mutter seinem Befehl Folge leistet.«

Jetzt musste ich trotz allem kichern. »Da kennt er sie aber schlecht.«

Bereits am Mittag des nächsten Tages war vor den Toren des Schlosses Tumult zu hören. Die schmale Gasse zwischen Kirche und Schlossmauer wimmelte von Soldaten, laute Rufe erklangen und immer wieder dröhnten dumpfe Schläge gegen die massiven Tore. Unsere Garde stand auf den Wehrtürmen und im Schlosshof bereit.

Ich presste eine ganze Weile zusammen mit Nanni meine Nase

an den Fensterscheiben ihres Zimmers platt. Die Kleine fing bei jedem Dröhnen an zu wimmern, wollte sich jedoch nicht von Marlene trösten oder ablenken lassen. Irgendwann hatte ich genug.

»Ich gehe nach unten zu Mutter«, sagte ich und rannte aus dem Raum, bevor Marlene mich aufhalten konnte.

Ich vermutete, dass sich Mutter im Empfangszimmer befand, wo sie üblicherweise Boten empfing und ihre Briefe verfasste. Auf dem Weg dorthin sah ich jedoch Korporal Quast in eine andere Richtung hasten und beschloss, ihm zu folgen. Bestimmt brachte er meiner Mutter Nachrichten vom Geschehen am Tor. Er riss eine Tür auf, stockte jedoch und trat zurück, wobei er die Tür wieder zuzog. Es ging alles so schnell, dass ich beinahe mit ihm zusammengestoßen wäre.

»Was ist?«, fragte ich.

Er wandte sich um und sah mich verdutzt an. »Komtess! Ich … Die Gräfin befindet sich im Gebet mit dem Pfarrer.«

»Dem Pfarrer? Wie ist der denn hereingekommen?«

»Durch den Verbindungsgang zur Kirche«, erwiderte der Korporal mit ernster Miene. »Wir haben mit ihm ein geheimes Klopfzeichen vereinbart.« Er richtete sich auf und bezog breitbeinig der Tür gegenüber Stellung, die Hände hinter dem Rücken.

Ich sah zur Tür und dann wieder zu ihm. »Wollt Ihr meiner Mutter nicht lieber mitteilen, was sich am Tor abspielt?«, fragte ich nervös.

Noch immer dröhnten dumpfe Schläge durch das Schloss.

»Bitte sorgt Euch nicht, Komtess«, sagte er überraschend sanft. »Die Tore halten eine Menge aus. Eure Mutter wird alles erfahren, aber jetzt ist es wichtiger, dass sie Kraft und inneren Frieden findet.« Er lächelte mich an und ich konnte nicht anders, als zurückzulächeln. Seine Worte beruhigten mich, ebenso wie seine bloße Anwesenheit.

»Was passiert denn da draußen?«, fragte ich nach einer Weile.

»Die Osnabrückischen versuchen, ins Schloss einzudringen,

seit sie bemerkt haben, dass die Tore verrammelt sind. Aber das wird ihnen nicht gelingen.« Er sagte das, als wäre es eine unumstößliche Tatsache.

Bevor ich eine weitere Frage stellen konnte, öffnete sich die Tür und der Pfarrer trat heraus. Er nickte dem Korporal zu, verbeugte sich leicht vor mir und ging dann eilig davon. Ich nutzte die Gelegenheit, um vor Korporal Quast ins Zimmer zu huschen. Meine Mutter hatte sich gerade von dem Schemel erhoben, auf dem sie zum Gebet gekniet hatte, und strich ihre Röcke glatt. Sie schenkte mir ein Lächeln, richtete ihre Aufmerksamkeit aber sofort auf den Korporal.

»Die Osnabrückischen?«, fragte sie mit einem wissenden Blick zum Fenster.

»Ja, gnädigste Gräfin. Der Bischof fordert, eingelassen zu werden, um mit Euch zu sprechen.«

Diese Nachricht schien meiner Mutter diebische Freude zu bereiten. Zumindest deutete ich das Aufblitzen in ihren Augen so.

»Ihr wollt mir doch nicht weismachen, dass der Bischof persönlich an mein Tor klopft, Herr Quast?«, fragte sie, unterdrückte jedoch das Grinsen, das ihre Mundwinkel zum Zucken brachte.

»Nein, Euer Gnaden, es ist einer seiner Hauptmänner, der mit seinem Stöckchen am Tor kratzt.«

Jetzt konnte meine Mutter sich nicht mehr zurückhalten und lachte auf. »Hoffentlich gibt er es bald auf, ich bekomme Kopfschmerzen. Der Pfarrer hat mir versichert, dass er alles dafür tun wird, dem Bischof den Zugang durch die Kirche zu verwehren. Leider musste er auch zugeben, dass seine Möglichkeiten begrenzt sind.«

»Damit rechnen wir, Gnädigste. Die Tür wurde zusätzlich gesichert. Zum Glück ist der Gang schmal, sodass dort kein schweres Gerät aufgefahren werden kann, selbst wenn die Soldaten dort eindringen sollten. Auch vor dem Tor ist kaum Platz, um mit dem Rammbock Schwung zu holen. Das Einzige, was uns gefährlich werden könnte, sind Brandpfeile. Es würde mich allerdings wundern, sollte der Bischof zu solchen Mitteln greifen. Er will das Schloss ja in Besitz nehmen, nicht zerstören.«

»Gut. Haltet mich auf dem Laufenden. Und du, Ernestine? Was führt dich zu mir?«, fragte sie, während der Korporal den Raum verließ.

»Ich …« Mein Kopf war plötzlich leer. Dass ich aus purer Neugier gekommen war, wollte ich nicht zugeben, doch mir fiel kein plausibler Grund ein. »Nanni hat große Angst«, sagte ich schnell.

»Sag ihr, ich komme bald hinauf zu euch. Du weißt ja jetzt, dass wir sicher sind, vielleicht kannst du sie schon beruhigen. Ich muss mich noch um einiges kümmern.«

»Ja, Mutter.« Ich machte einen artigen Knicks und lief wieder nach oben. Auf halber Strecke holte ich Catharina ein. »Da bist du ja wieder!«, rief ich erfreut. Sie fuhr herum und verschüttete dabei etwas vom Wasser in dem Krug, den sie trug.

»Oh, ich bitte vielmals um Entschuldigung, Komtess«, stammelte sie, während sie versuchte, die kleine Pfütze auf dem Steinboden mit dem Fuß wegzuwischen.

»Das macht doch nichts«, versicherte ich ihr und hörte, wie sie erleichtert aufseufzte. »Wo bist du so lange gewesen?«

Gemeinsam gingen wir weiter, wobei sie sich einen halben Schritt hinter mir hielt.

»Es war so viel Arbeit, die Vorräte zu verstauen. Einiges Fleisch musste noch gepökelt werden, damit es nicht verdirbt. Ist meine Nachricht nicht bei Euch angekommen? Ich hatte einen der Botenjungen gebeten, Euch Bescheid zu sagen.«

Wir betraten mein Zimmer und Catharina stellte den Krug auf dem Waschtisch ab.

»Nein, ich habe keine Nachricht bekommen. Welcher Junge war es? Ich werde ein Wörtchen mit ihm reden müssen«, sagte ich streng.

»Das habe ich in der Aufregung ganz vergessen«, murmelte sie, sah mich dabei aber nicht an.

»Stine?«, erklang Nannis Stimme von nebenan. Im nächsten

Moment streckte sie den Kopf durch die Verbindungstür. Beim Anblick ihres verweinten Gesichts vergaß ich den Botenjungen und nahm meine kleine Schwester auf den Arm.

»Hab keine Angst, Nanni. Korporal Quast hat gesagt, dass kein Soldat ins Schloss kommen kann, egal wie viel Lärm sie da draußen machen. Und Mutter wird bald auch hier sein, das hat sie versprochen.«

Nanni schlang ihre Arme um meinen Hals und schmiegte sich an mich. Marlene war in der Zwischenzeit ins Zimmer gekommen und ich konnte ihr ansehen, dass meine Worte auch sie beruhigten. Vielleicht war es besser, wenn wir nicht die ganze Zeit aus dem Fenster schauten.

»Komm, wir spielen etwas«, schlug ich vor und trug Nanni wieder hinüber in ihr Zimmer, wo ich sie vor dem großen Puppenhaus absetzte. Es dauerte nicht lange, bis wir ins Spiel vertieft waren.

Irgendwann merkte ich, dass das Dröhnen aufgehört hatte. Verwundert sah ich mich um und stellte fest, dass Marlene gar nicht da war. Stattdessen saß Mutter auf dem Sofa und beobachtete uns. Nanni folgte meinem Blick, ließ die Puppe fallen, die sie gerade in der Hand hatte, und stürmte los, um Mutter auf den Schoß zu klettern. Die drückte sie an sich und winkte mich ebenfalls heran.

»Ich bin sehr stolz auf dich, Ernestine«, sagte sie leise, während ich mich zu ihr setzte. »Du hast wirklich alles umgesetzt, was du in deinem Antrag aufgeführt hattest. Ehrlich gesagt hatte ich nicht damit gerechnet.« Sie zwinkerte mir zu und ich strahlte zurück.

»Ich glaube, ich verstehe jetzt ein bisschen besser, warum Ihr den Unterricht für so wichtig haltet«, sagte ich. »Nur eine Sache verstehe ich nicht. Der Graf Ludwig Casimir ist doch jetzt eigentlich Regent, oder? Warum kommt er nicht und wirft die Soldaten des Bischofs aus der Stadt?«

»Das ist eine sehr gute Frage, meine Tochter«, erwiderte meine

Mutter und seufzte tief. »Leider hatte ich von ihm nichts anderes erwartet. Die Renten und Erträge des Landes steckt er sich gern in die Taschen, aber die Not seines Volkes schert ihn nicht. Ebenso wenig wie unser Schicksal.« Sie schloss die Augen und senkte den Kopf, bis ihre Lippen Nannis Haare berührten. Liebevoll drückte sie ihr einen Kuss auf den Scheitel und richtete sich wieder auf.

»Wir werden es schon schaffen«, fügte sie leise hinzu.

Wir mussten lange warten. Es dauerte über einen Monat, bis eine Nachricht von Advokat Henner eintraf. Das Reichskammergericht hatte Mutters Widerruf erfreulicherweise bewilligt und gegen Kurköln und den Bischof von Osnabrück einen Erlass ausgestellt, demzufolge es den Herren untersagt war, uns unser Erbe streitig zu machen. Der Bischof wurde angewiesen, mit seinen Truppen umgehend Hachenburg zu verlassen. Das tat er allerdings nicht.

Trotzdem entspannte sich unsere Lage etwas, da die Soldaten des Bischofs nicht mehr ständig die Schlosstore belagerten und versuchten, von unserer Residenz Besitz zu ergreifen. Zumindest so viel hatte der Erlass bewirkt. Mutter ging jedoch kein Risiko ein, beschränkte den Zutritt zum Schloss auf ein Minimum und hielt ihre Garde zu ständiger Wachsamkeit an.

Mein Leben hatte wieder den gewohnten Rhythmus angenommen und ich bekam nicht sehr viel mit von dem Kampf um unsere Rechte. Lediglich der stetige Strom von Advokaten, Notaren, Räten und Boten zeugte davon, wie viele Briefe meine Mutter in alle Lande verschickte. Ich bekam sie nur selten zu Gesicht und wenn, dann bot sie fast immer den gleichen Anblick: blass, einige Tintenflecken an den Fingern und mit den Gedanken woanders.

Mit Beginn der kalten Jahreszeit stieg die Langeweile. Jetzt vermisste ich meinen Bruder viel mehr als kurz nach seinem Tod. Wir hätten in den verzweigten Fluren des Schlosses Verstecken und Fangen gespielt und uns gemeinsam Streiche ausgedacht, die wir Herrn Wirich spielen konnten. Oft saß ich im Unterricht, starrte auf die Regentropfen, die an den Fenstern herabliefen, und bekam kein Wort von dem mit, was der Tutor sagte. Catharina stieß mich oft an, was aber nur wenig nützte. Mir schien alles trostlos, zumal unsere Situation nach wie vor unklar war.

Im Januar schickte das Reichskammergericht einen weiteren Erlass gegen Bischof von Wartenberg, doch auch diesen ignorierte er und blieb mit seinen Truppen in Hachenburg. Mutter wurde immer wütender, weil er nicht abzog und uns auch sonst niemand zu Hilfe kam. Unser Vormund, Landgraf Georg von Hessen-Darmstadt, war zu sehr mit den Angriffen auf seine eigenen Ländereien beschäftigt, als dass er uns hätte Unterstützung senden können. Wir konnten nichts weiter tun als ausharren. Und beten, wie meine Mutter immer wieder betonte. Der Pfarrer kam jede Woche, um ihr Beistand und Trost zu leisten, und als klar geworden war, dass wir den regulären Gottesdienst länger nicht würden besuchen können, hielt er Andachten im großen Saal, zu denen alle im Schloss eingeladen waren.

Auch wenn ich sonst die Gottesdienste genauso langweilig fand wie den Unterricht, boten die Andachten jetzt wenigstens etwas Abwechslung. Ich vertrieb mir die Zeit damit, die Anwesenden zu beobachten, am liebsten Korporal Quast, wenn er da war. Von allen Männern im Schloss gefiel er mir am besten und ich fand es sehr schade, dass er kein Graf war und ich ihn nicht heiraten konnte. Das warf die Frage auf, warum Adelige eigentlich nur unter sich heiraten durften, und ich nahm mir vor, Mutter bei Gelegenheit danach zu fragen. Vielleicht irrte ich mich ja?

Der Gedanke wärmte mir das Herz und ich legte fortan größten Wert darauf, immer hübsch gekleidet und ordentlich frisiert zu sein, falls mir der Korporal begegnen sollte. Catharina versuchte zwar, mir meine Schwärmerei auszureden, aber auch sie musste zugeben, dass Johannes Quast ein feiner Mann mit freundlichem Wesen war, und ein starker Beschützer obendrein.

Leider traf ich ihn nur selten und wenn, dann hatte er kaum mehr als einen Gruß für mich übrig, denn der Dienst hielt ihn ständig auf Trab.

So verging die Zeit bis zu meinem elften Geburtstag am 23. April. Zur Feier des Tages durfte ich mir wünschen, was es zu essen geben sollte, und ich wählte eine Wildbretpastete. Leider konnten die Köche keine Feigen bekommen, aber mit Rosinen schmeckte es auch ganz vorzüglich. Ich bat Mutter, an diesem Tag vom Unterricht befreit zu werden, aber da ließ sie nicht mit sich reden. Herr Wirich gab allerdings meinem Betteln nach und verkürzte die Unterrichtszeit um eine Stunde. Voller Freude holte ich Nanni und verbrachte den kühlen, aber sonnigen Nachmittag endlich einmal wieder im Garten. Die Beete sahen recht traurig aus, denn die Krokusse und Osterglocken waren schon verblüht, aber für die Stauden war es noch zu früh. An den Rosenstöcken saßen zwar schon eine Menge Knospen, aber keine war aufgeblüht.

Zwei Tage später war es mit der Unbeschwertheit vorbei. Bischof von Wartenberg war offensichtlich die Geduld ausgegangen. Er hatte seine Soldaten angewiesen, alle Zugänge zum Schloss abzuriegeln. Entweder meine Mutter übergab ihm das Schloss oder sie würde darin verhungern.

Natürlich weigerte Mutter sich weiterhin, klein beizugeben, und erst einmal änderte sich nichts, außer dass keine Boten mehr kamen. Dadurch hatte sie plötzlich sehr viel Zeit, die sie mit Nanni und mir verbrachte. Ich nutzte die Gelegenheit, ihr Fragen zu stellen.

»Warum wirkt Korporal Quast so niedergeschlagen?«

Der brave Soldat hatte gerade den Empfangssaal verlassen, in dem wir uns am Nachmittag aufhielten. Nanni hatte eine Reihe von Holzperlen bekommen, die sie mit Marlenes Hilfe zu einer Kette auffädelte, und ich arbeitete an einer Stickerei, was mir überhaupt nicht lag. Ich wollte so gern ein hübsches Taschentuch haben, aber bei jedem Geräusch ließ ich mich ablenken und setzte die Stiche krumm und schief – es war ein Trauerspiel. Während der Korporal mit Mutter gesprochen hatte, war ich so auf ihn konzentriert gewesen, dass ich jetzt zwei Knoten in meinem Faden hatte. Entnervt legte ich alles zur Seite. Ich würde es später Catharina geben, vielleicht konnte sie noch etwas retten.

Mutter schien es ähnlich zu gehen. Auch sie hatte ihre Handarbeit auf dem Schoß, kam damit aber nicht vorwärts. »Er zerbricht sich Tag und Nacht den Kopf darüber, wie er uns aus unserer misslichen Lage befreien kann, aber es gibt einfach nichts, was er tun kann. Das setzt ihm zu.«

»Wieso? Nachdem er so lange dauernd in Bereitschaft war, sollte er doch froh sein, ein wenig mehr Ruhe zu haben.«

Meine Mutter lächelte wehmütig. »Äußere Ruhe bringt nicht zwangsläufig auch inneren Frieden mit sich. Und Männer können es generell nicht leiden, wenn man sie zum Nichtstun zwingt. Es ist Gift für ihren Geist.«

»Ich dachte, das wäre nur bei Kindern so.« Meine Gedanken wanderten zu Ludwig, der immer in Bewegung gewesen war. Stillsitzen und Nichtstun waren wirklich Gift für ihn gewesen.

»Er fehlt dir, nicht wahr?«, sagte Mutter leise.

Ich sah sie überrascht an. »Wer? Korporal Quast?« Eine unangenehme Wärme breitete sich in meinen Wangen aus. Hatte sie mir etwas angemerkt?

Mutter warf mir einen merkwürdigen Blick zu und zog eine Augenbraue hoch. »Nein, ich meinte deinen Bruder Ludwig. Hast du nicht gerade an ihn gedacht?«

»Ich … äh … doch, das habe ich«, stotterte ich.

Mutters zweite Augenbraue wanderte ebenfalls nach oben. Es machte mich wütend, denn ich konnte meine Augenbrauen nur zusammen bewegen, egal wie lange ich vor dem Spiegel stand und übte. Wut war eindeutig besser als dieses schreckliche Gefühl, ertappt worden zu sein. »Ich mag es auch nicht, still zu sitzen.« Demonstrativ stand ich auf und ging zum Fenster.

»Herr Wirich teilte mir mit, du seist im Unterricht in letzter Zeit sehr unaufmerksam.«

Ein Rascheln sagte mir, dass sie sich ebenfalls erhoben hatte. Ich drehte mich nicht um.

»Du hast meine Frage noch nicht beantwortet.«

»Welche Frage?«

»Ludwig. Fehlt er dir?«

Ich biss die Zähne fest aufeinander, denn ich spürte, wie mir Tränen in die Augen stiegen. »Es geht so.« Leider klang meine Stimme nicht so gefasst und teilnahmslos, wie ich es eigentlich geplant hatte. Eine kühle Hand legte sich in meinen Nacken und streichelte mich sanft.

»Mir fehlt er auch.« Ihre Stimme war klar, wenn auch leise, und doch hörte ich darin die kalte Wahrheit ihres Schmerzes. Wir hatten noch nie über Ludwig gesprochen, seit er gestorben war. Ich hatte auch nicht geweint, hatte versucht, ihn irgendwie zu vergessen, aber das ging nicht. Jeden Tag erinnerte ich mich an ihn, an seine lebhaften blauen Augen, die dunklen Locken, die ihm immer in die Augen rutschten, an seine fabelhaften Ideen, was man alles anstellen könnte. Und immer schob ich diese Erinnerungen von mir weg, denn wenn ich sie zuließ, würde ich stürzen, Hals über Kopf würde ich in einem See aus Tränen versinken, denn mein geliebter Bruder war nicht mehr. Wie konnte das sein?

Im nächsten Moment fand ich mich eng an meine Mutter gepresst, das Gesicht an ihrer Schulter verborgen. Noch immer kämpfte ich gegen die Tränenflut an, aber ich spürte, dass ich bereits verloren hatte. Sie würde mich gnadenlos mitreißen und es gab keine Gewissheit, ob ich aus diesem Strudel je wieder auftauchen würde.

»Es ist in Ordnung, Stine. Du darfst weinen. Ich bin doch da.«

Mutters liebevolle Worte rissen die letzten Barrikaden weg und ich weinte hemmungslos. Die Welt um mich herum verschwamm in wirbelnden Gedanken und Bildern aus den vergangenen Monaten, zusammenhanglos und schmerzhaft, und doch seltsam befreiend. Je länger ich weinte, desto mehr hatte ich das Gefühl, dass die wirren Erinnerungen sich im Strom der Tränen ordneten und so weit von mir wegschwammen, dass ich sie ohne beklemmende Angst betrachten konnte. Obwohl ich gedacht hatte, ich würde für immer weinen müssen, ebbte die Flut allmählich ab und ich beruhigte mich wieder. Es dauerte noch eine Weile, bis ich mich imstande fühlte, den Kopf zu heben. Als ich es tat, stellte ich erschrocken fest, dass Mutters Gesicht genauso tränennass war wie meines. Sie zog ein Taschentuch aus ihrem Ärmel und tupfte mir die Wangen trocken. Ihre eigenen folgten und sie lächelte mich still an. Was gab es auch zu sagen? Was sie durchgemacht hatte, ließ sich kaum in Worte fassen. Ihr Land und ihre Untertanen waren seit Jahren den gegnerischen Heeren hilflos ausgeliefert, ihr Mann hatte den letzten Kraftakt zur Rettung der Grafschaft mit seinem Leben bezahlt und ihre einzige verbliebene Hoffnung war ebenfalls gestorben, dahingerafft vom Fieber. Bisher hatte ich all diese Dinge nur im Kopf gewusst wie die Jahreszahlen und Stammbäume, die Herr Wirich mich auswendig lernen ließ. In diesem Moment jedoch begriff mein Herz das Leid, das sie mit sich trug, ebenso wie die tiefe Liebe, die sie nicht aufgeben ließ. Wem diese Liebe galt, ob mir, der Grafschaft, den Menschen darin oder der Macht, die sie innehatte, vermochte ich nicht zu sagen. Ich spürte nur die unfassbare Kraft, die darin lag, und die gab mir Trost.

Ein Zupfen an meinem Ärmel machte mir meine Umgebung wieder bewusst. Nanni stand da und hielt mir ihre Kette entgegen, deren Schnur Marlene zusammengeknotet hatte.

»Sehr hübsch«, sagte ich, nahm die Kette und legte sie Nanni um den Hals.

Mutter wandte sich ab, was mich wunderte. Ich hatte erwartet, sie würde Nanni ebenfalls für ihre Arbeit loben, doch das tat sie nicht. Stattdessen verließ sie den Raum. Nanni wollte ihr hinterherlaufen, doch ich hielt sie zurück und nahm sie auf den Arm.

Fragend schaute ich zu Marlene, die unmerklich den Kopf schüttelte und »später« flüsterte.

Eine Weile spielte ich noch mit meiner kleinen Schwester, dann zog ich mich in mein Zimmer zurück, wo Catharina auf mich wartete. Ich zeigte ihr meine kläglich misslungenen Stickversuche. Sie schlug die Hände über dem Kopf zusammen und ich hatte den Eindruck, dass sie damit ein Lachen überspielte. Normalerweise hätte mich das geärgert, aber heute war ich zu erschöpft, um mich über solche Kleinigkeiten aufzuregen.

»Geht es Euch gut, Komtess?«, fragte Catharina auch prompt.

Ich machte den Mund auf, um ihr zu antworten, doch es kam kein Ton heraus. Wie sollte ich erklären, was da eben geschehen war? Ich konnte es nicht benennen. »Ich bin sehr müde«, sagte ich daher nur.

»Möchtet Ihr zu Bett gehen?« Sie war bei der Frage schon halb aufgestanden.

»Noch nicht«, sagte ich. »Am liebsten würde ich am Feuer sitzen und du erzählst mir eine Geschichte. Die von dem Weiherhäuschen, die ist so schön romantisch.«

Catharina und ich machten es uns vor dem Feuer bequem und ich lauschte ihrer leisen Stimme. Sie hatte mir die Legende von der Fischerstochter und dem Jägerssohn, die in einer Gewitternacht gemeinsam vom Blitz getroffen worden waren, bevor der Mann in den Krieg ziehen konnte, schon mehrfach erzählt und sie passte perfekt zu meiner melancholischen Stimmung. War es wirklich besser, gemeinsam zu sterben, als getrennt zu leben, wenn man sich liebte? Hätte ich gern Fieber bekommen wie Ludwig, um nicht ohne ihn zurückzubleiben? Ich schüttelte den Kopf. Nein, ich wollte noch weiterleben. Außerdem, was sollte denn Nanni ohne mich machen? Das brachte mich wieder auf Mutters seltsames Verhalten, über das ich nachgrübelte, während ich ins Bett ging.

Catharina hatte mir kaum Gute Nacht gesagt, da klopfte es leise an der Verbindungstür und Marlene trat ein.

Erwartungsvoll setzte ich mich auf. »Gut, dass du kommst, Marlene. Ich frage mich die ganze Zeit, warum Mutter sich Nannis Kette nicht angesehen hat. Ganz bestimmt kann ich nicht schlafen, wenn du es mir nicht sagst.«

Marlene lachte und setzte sich an mein Bett. »So wichtig ist es, ja? Eigentlich wollte ich nur schauen, ob es Euch gut geht, Komtess. Ihr habt lange geweint heute.«

Einen Moment lang hatte ich Angst, eine neue Tränenflut würde aus mir herausstürzen, doch das war Gott sei Dank nicht der Fall. »Ja, mir geht es gut«, sagte ich, ließ mich aber dennoch gern von Marlene in den Arm nehmen.

»Ihr wisst, dass Nanni kurz nach dem Tod Eures Vaters geboren wurde, nicht wahr?«

Ich nickte.

»Manchmal ist es für Eure Mutter schwer, sie anzusehen, ohne an seinen Tod zu denken. Vermutlich war das heute der Fall.«

»Oh.« Mehr fiel mir dazu nicht ein. Ich hatte keine enge Beziehung zu meinem Vater gehabt. Meist hatte ich mich in seiner Gegenwart besonders ruhig verhalten müssen, weil er krank gewesen war und Lärm schlecht ertrug. Theoretisch wusste ich, wie sehr meine Eltern sich geliebt hatten. Dass der Tod meines Vaters im Leben meiner Mutter eine klaffende Wunde gerissen hatte, war mir jedoch nie wirklich bewusst geworden. Damals war ich erst sechs gewesen. Und dann war Johannette geboren worden und ich war vom ersten Moment an verliebt gewesen in meine kleine Nanni. Von Mutters Trauer hatte ich nichts mitbekommen.

»Eure Mutter ist eine unglaublich starke Frau.« Marlenes Stimme war voller Bewunderung.

»Denkst du, sie wird unsere jetzige Situation irgendwie lösen?«, fragte ich.

»Das wird sie bestimmt. Und nun schlaft.« Marlene küsste meine Wange und erhob sich. »Gute Nacht, Ernestine.«

»Gute Nacht, Marlene.«

Hunger

»Ich habe Hunger!«, jammerte Nanni und sah mich flehend an.

»Ich auch«, erwiderte ich.

Seit mehreren Wochen bekamen wir kaum noch etwas zu essen, worüber ich mich schon mehrfach beklagt hatte. Mutter hatte mir geduldig erklärt, dass wir uns die Vorräte einteilen mussten und jeder im Schloss so wenig bekam. Das war ja alles schön und gut, aber allmählich konnte ich das ständige Stechen in meinem Bauch nicht mehr ertragen. Nanni war ganz blass und gar nicht mehr so fröhlich wie sonst. Sie weinte oft oder saß nur da und starrte in die Luft, anstatt zu spielen. Auch ich fühlte mich müde und lustlos. Herr Wirich musste mich oft ermahnen und sogar Catharina hatte in ihrem Lerneifer stark nachgelassen. »Weißt du was? Wir gehen in die Küche und schauen, ob wir etwas bekommen.« Ich warf einen prüfenden Blick auf Marlene, die auf dem Sofa eingenickt war, doch die schnarchte nur leise.

Nanni griff sofort nach meiner Hand und hüpfte sogar ein paar Schritte auf dem Weg in die Küche.

Es war unglaublich heiß in dem großen Raum, denn es gab zwei Feuerstellen. Über beiden hingen große Kessel. Ich atmete tief ein und spürte, wie mein Bauch sich schmerzhaft zusammenzog, während mir das Wasser im Mund zusammenlief. Es roch herrlich nach Kräutern und einer kräftigen Fleischbrühe. Ich musste gar nichts sagen. Der Blick der Köchin wanderte von mir zu Nanni und ihr Gesichtsausdruck verwandelte sich augenblicklich in eine Miene reinsten Mitleids.

»Arme Kinder«, murmelte sie vor sich hin und griff zwei Schüsseln aus dem Regal, in die sie jeweils eine Kelle aus dem Kessel schöpfte. Sie legte noch je ein Stückchen Brot und einen Löffel dazu und winkte uns heran. Das Brot war noch relativ frisch und die Brühe so heiß, dass ich mir die Zunge verbrannte in meiner Hast. Trotzdem hatten wir binnen kürzester Zeit aufgegessen.

»Mehr!«, sagte Nanni und hielt der Köchin erwartungsvoll ihre Schüssel entgegen.

Ich konnte der Frau ansehen, dass sie mit sich rang. »Nein, Nanni, mehr gibt es nicht«, sagte ich bestimmt, obwohl ich selbst noch lange nicht satt war. Die tiefe Grube, in die mein Magen sich verwandelt hatte, war nicht ansatzweise gefüllt.

»Aber ich habe immer noch Hunger!«, rief Nanni, schob ihre Unterlippe vor und riss ihre Augen so weit auf, wie sie konnte. Sie wusste genau, wie süß das aussah. Oft genug hatte sie damit Erfolg gehabt und bekommen, was sie wollte.

»Ja, ich auch. Aber wir haben jetzt weniger Hunger als vorher und das muss uns genügen. Du weißt doch, dass Mutter es so bestimmt hat.«

»Aber warum?« Die großen Kulleraugen füllten sich mit Tränen.

»Wegen dem bösen Bischof, der uns hier eingesperrt hat und dafür sorgt, dass keine Vorräte mehr ins Schloss gebracht werden. Er ist gemein.«

»Dann soll Korral Kwast ihn mit dem Schwert verhauen.« Nanni verschränkte die Arme und runzelte die Stirn.

Ich musste lachen, zum einen, weil sie es immer noch nicht schaffte, Korporal zu sagen, zum anderen, weil sie so niedlich war, wenn sie wütend wurde. Manchmal ärgerte ich sie, nur um es zu sehen. »Komm Nanni, wir gehen in den Garten und schauen uns die Schmetterlinge an.«

Wir holten Catharina aus meinem Zimmer, wo sie an einem neuen Kleid für mich genäht hatte, und schlenderten zwischen den Blumenbeeten entlang. Der Frühling hatte schon lange Einzug gehalten und die Beete waren inzwischen eine einzige Farbenpracht.

»Ob die Kirschen schon reif sind?«, fragte ich und schaute

sehnsüchtig in den hinteren Bereich des Gartens, in dem sich die Obstbäume befanden.

»Es ist noch zu früh«, antwortete Catharina. »Und selbst wenn, würdet Ihr schreckliches Bauchweh bekommen.«

»Warum das denn?«

»Das weiß ich nicht. Aber dass es so ist, weiß ich ganz bestimmt. Wir haben einmal einen Kirschbaum im Wald gefunden, als wir gehungert haben, und wir waren hinterher alle schrecklich krank.«

»Wir?«

»Meine Familie und ich. Bevor …« Sie sprach nicht weiter und sah angestrengt einem schwarzen Schmetterling mit roten Streifen auf den Flügeln hinterher.

»Wieso musstet ihr hungern?«

Eine Elster schien mich mit ihrem hässlichen Krächzen von einem Baum herab zu beschimpfen, gefolgt vom aufgeregten Zetern einer Amsel, die plötzlich aus den Zweigen geschossen kam und über die Schlossmauer verschwand. Als ich wieder zu Catharina schaute, waren ihre Augen auf mich gerichtet. Bei dem Ausdruck, der darin lag, trat ich unwillkürlich einen Schritt zurück. Er hatte etwas Vorwurfsvolles, das ich nicht einordnen konnte.

»Die Soldaten haben uns all unser Essen gestohlen«, sagte sie, während ihr Blick mich durchbohrte. »Und unsere Tiere. Und dann sind sie über unsere Felder getrampelt und haben alles zerstört, was noch hätte wachsen können.«

Ich schluckte und ging hastig weiter. Schließlich konnte ich nichts dafür, dass ihr solche Dinge widerfahren waren, und ich wollte davon auch nichts weiter hören. Sie folgte mir nicht. Als ich mich nach einer Weile umdrehte, war sie fort. Gemeinsam mit Nanni setzte ich mich unter einen Baum und bastelte einen Kranz aus Gänseblümchen. Catharinas Verhalten verursachte mir ein unangenehmes Gefühl, beinahe ein schlechtes Gewissen, doch das war Unfug. Warum sollte ich mich schuldig fühlen?

Schließlich waren es nicht *unsere* Soldaten gewesen, die ihr Schaden zugefügt hatten. Oder?

Der Gedanke jagte mir einen gehörigen Schrecken ein. Ich beeilte mich, den Kranz für Nanni fertig zu machen, und brachte sie zurück zu Marlene, die gerade wieder wach wurde. Dann machte ich mich auf die Suche nach Mutter. Ich fand sie in dem Zimmer, in dem sie immer den Pfarrer empfangen hatte, und mir fiel auf, dass er schon lange nicht mehr gekommen war. Hatte der Bischof auch den Bogengang von der Kirche ins Schloss versperrt?

»Möchtest du mit mir beten, Ernestine?«, fragte meine Mutter, als ich hereingepoltert kam.

Ich war so überrascht, dass ich den Knicks vergaß, was mir einen rügenden Blick einbrachte.

»Ich wollte etwas fragen«, antwortete ich, nachdem ich den Knicks nachgeholt hatte.

»So, so.«

»Die Männer, die Catharinas Dorf zerstört haben, das waren doch nicht unsere Soldaten, oder?«

»Unsere Soldaten? Was meinst du damit?«

»Korporal Quast und unsere Leibwache.«

Meine Mutter lächelte schwach. »Nein, Ernestine, Korporal Quast würde so etwas niemals tun. Es waren die Schweden. Und ich bete täglich darum, dass Gott mir verzeihen möge, dass ich sie gerufen habe.«

Ich stand stockstill und konnte einen Moment lang nicht atmen. Das konnte doch nicht wahr sein. Nie im Leben konnte meine Mutter, der ihre Grafschaft über alles ging, ein so grausames Heer herbeigerufen haben. Warum hätte sie das tun sollen?

Meine Frage musste mir klar ins Gesicht geschrieben stehen, denn Mutter antwortete, ohne dass ich sie aussprach.

»Die Stiefmutter deines Vaters hatte die Kaiserlichen auf den Plan gerufen. Sicher hast du die Namen Tilly und Görzenich schon einmal gehört, nicht wahr?«

Ich nickte. Die Feldherren Tilly und Görzenich waren der Inbegriff des Grauens. Sie hatten sich so wild aufgeführt, dass mein Tutor sich geweigert hatte, mir mehr über sie zu sagen, als dass sie Gott sei Dank nicht mehr lebten und kein Unheil mehr anrichten konnten.

»Deinem Vater und mir blieb nichts anderes übrig, als König Gustav von Schweden um Hilfe zu bitten, sonst hätten wir die Grafschaft vollends verloren. Wir ahnten ja nicht, dass die Schweden ebenso grausam wüten würden.«

»Dann haben die Schweden Catharinas Dorf vernichtet?«, fragte ich.

Mutter seufzte schwer. »Das und noch viel mehr.« Sie stellte sich ans Fenster und schaute in Richtung Marktplatz. »Und jetzt sind die Kaiserlichen wieder hier und saugen das Land aus, bringen Pest und Verderben über die Menschen ... und ich sitze hier und kann nichts tun. Nichts!« Sie schlug in ohnmächtiger Wut mit der Faust aufs Fensterbrett.

»Könntet Ihr denn etwas tun, wenn ...« Irgendwie behagte es mir nicht, unsere Gefangenschaft beim Namen zu nennen.

»Man kann immer irgendetwas tun.« Sie drehte sich wieder zu mir um. »Es wäre mir eine große Erleichterung, wenn du mit mir beten würdest, Ernestine.«

»Was ist mit dem Pfarrer?«

Sie schüttelte den Kopf. »Niemand kommt ins Schloss. Nicht einmal der Pfarrer.« Sie nahm meine Hand und führte mich zu dem Schemel, auf dem sie zum Gebet kniete. Da sie keinen zweiten hatte, gab sie mir ein Kissen, auf das ich mich knien konnte. Ich senkte gehorsam den Kopf, faltete die Hände und schloss die Augen. Lange Zeit geschah nichts. Ich hatte erwartet, dass meine Mutter ein Gebet sprechen würde, aber das tat sie nicht. Ich blinzelte vorsichtig zu ihr hinüber. Ihre Augen waren geschlossen, doch sie hatte den Kopf nicht gesenkt, sondern in den Nacken gelegt, während sie die Hände flehend nach oben reckte. Ihre Lippen bewegten sich und Tränen kullerten aus ihren Augenwinkeln bis zum Hals hinab. Erst war ihr Gesicht verzerrt, als hätte sie

Schmerzen, doch mit der Zeit entspannten sich ihre Gesichtszüge, bis sie ganz friedlich wirkten. Schließlich atmete sie tief durch, sagte leise Amen und sah mich an.

»Ich danke dir«, flüsterte sie und strich mir über die Wange. »Lass uns essen gehen.«

Durch die Zwischenmahlzeit, die Nanni und ich uns geholt hatten, konnte ich an diesem Abend einigermaßen satt und zufrieden ins Bett gehen. Meine Gedanken kreisten noch eine Weile um die Ereignisse des Tages. Beim Auskleiden hatte Catharina sich wieder ganz normal verhalten und ich hatte das Thema Soldaten nicht wieder angeschnitten. Was Mutter mir offenbart hatte, machte mir zu schaffen. Bisher hatte ich gedacht, im Krieg ginge es um Gut gegen Böse, wobei ich uns für die Guten gehalten hatte. Dass meine Mutter, die doch eigentlich immer Gutes für ihr Volk im Sinn hatte, die bösen Schweden um Hilfe gebeten hatte, war schwer zu schlucken. Je länger ich darüber nachdachte, desto ängstlicher wurde ich, bis mir das einfiel, was Mutter ganz zu Anfang gesagt hatte. *Korporal Quast würde so etwas nie tun.* Ich stieß einen erleichterten Seufzer aus. Es gab auch gute Männer, gute Soldaten. Mit diesem beruhigenden Gedanken schlief ich endlich ein.

Nanni und ich machten es uns zur Gewohnheit, uns wenn irgend möglich einmal am Tag wegzuschleichen und uns in der Küche etwas zu essen zu holen. Oft waren es nur Kleinigkeiten, die die Köchin uns zusteckte, aber es half, den Hunger auszuhalten. Bis zu dem Tag, an dem unsere Mutter plötzlich in der Küche stand. Wir hatten uns gerade jede mit einer dicken Scheibe Brot und etwas Käse an den Tisch gesetzt und Nanni kaute bereits mit seligem Grinsen, als Mutters Frage wie ein Pfeil durch meine Ohren schoss: »Was tut ihr hier?«

Ihr Rücken war stocksteif und ihre Augen funkelten dermaßen

wütend, dass ich es nicht wagte, von meinem Brot abzubeißen. Auch Nanni ließ die Hände sinken und schaute unsicher zu unserer Mutter. Die Köchin zog den Kopf zwischen die Schultern.

»Sind die beiden das erste Mal hier?«, fragte meine Mutter sie.

»Nein, gnädigste Gräfin«, hauchte die Köchin. Sie hielt einen Kochlöffel umklammert und wusste nicht, wo sie hinsehen sollte.

»Du hast ihnen zu essen gegeben? Entgegen meinen Anweisungen?«

Die Köchin schluckte. »Sie taten mir so leid …«

»Und wer tat dir noch leid?«

»Niemand, Euer Gnaden!«, rief sie schnell und riss panisch die Augen auf.

Ich wusste, dass sie auch Peter, dem Botenjungen, ab und an etwas zusteckte, und sprang auf. »Bitte Mutter, Ihr dürft sie nicht bestrafen! Sie hat es doch nur gut gemeint!«

Der zornige Blick sprang wieder zu mir. »Nein, ich werde sie nicht für ihr gutes Herz bestrafen. Aber dich, Ernestine.«

Mir wurde schlagartig eiskalt. »Aber …«

»Komm sofort mit.« Mutter drehte sich mit schwingenden Röcken um und verließ die Küche. Mir blieb nichts anderes übrig, als ihr zu folgen. Das Brot blieb auf dem Tisch liegen. Eigentlich hatte ich erwartet, dass Nanni mir folgen würde, doch als ich mich umsah, saß sie noch immer am Tisch und stopfte sich mein Brot hastig in den Mund. Kleine Verräterin.

Mutter brachte mich in ihre Gemächer, wo ihre Zofe gerade dabei war, einige Kleider auszubürsten.

»Lass uns allein«, befahl Mutter in einem Ton, der die arme Frau veranlasste, die Bürste fallen zu lassen und förmlich aus dem Zimmer zu rennen. Das hätte ich am liebsten auch getan.

»Wie kannst du es wagen, mich so zu hintergehen?«, fuhr Mutter mich an.

»Ich …«

»Glaubst du, ich hätte keinen Hunger? Catharina, die Knechte, ja selbst der Korporal begnügen sich mit halben Rationen, aber du gehst und stiehlst allen das Essen unter der Nase weg! Schäm dich!«

»Ich habe nicht gestohlen!«, rief ich empört. »Wir haben nicht mehr gegessen, als was die Köchin uns gegeben hat.«

»Du hast deine Position ausgenutzt, um mehr zu bekommen, als dir zusteht. Und mich hast du nicht um Erlaubnis gefragt, ebenso wenig wie Marlene!«

Ich zuckte zusammen. Natürlich hatte ich das nicht, denn ich hatte ja im Grunde gewusst, dass ich etwas Verbotenes tat. Doch das konnte ich nicht zugeben. Stattdessen flüchtete ich mich in Wut. »Ihr seid grausam! Nur wegen Euch müssen wir alle hungern! Wenn Ihr dem Bischof …«

Eine kräftige Ohrfeige schnitt mir das Wort ab.

»Und was glaubst du, würde mit uns passieren, wenn ich dem Bischof seinen Willen lassen würde?« Ihre Stimme war plötzlich gefährlich ruhig. »Wenn wir keine Grafschaft mehr hätten, keine Besitztümer, keine Mühlen und Fischereien und Bauernhöfe, die uns versorgen, wovon sollten wir dann wohl leben?«

Ich starrte sie stumm an, eine Hand gegen meine pochende Wange gepresst.

»Du wirst, bis wir aus dieser elenden Lage befreit sind, ausschließlich das essen, was *ich* dir gebe. Jeder, der dir sonst Essen zusteckt, wird ausgepeitscht. Und du erhältst eine Tracht Prügel, von mir höchstpersönlich. Hast du das verstanden?«

Tränen rannen über mein Gesicht. Das waren keine leeren Drohungen, sie meinte das todernst. Ich hatte noch nie Prügel bekommen. Genau genommen waren mir auch noch nie Prügel angedroht worden. Was war nur mit meiner Mutter geschehen? Sie sah mich an wie ein Racheengel mit blitzenden Augen und einem Zorn, der weit über das hinausging, was man von einer Mutter erwarten würde, die ein unfolgsames Kind straft. Ich hatte das Gefühl, dass mein ganzes Sein auf den Prüfstand gestellt wurde und eine falsche Bewegung meinen Tod bedeuten würde, obwohl sie kein Schwert in der Hand hielt.

»Geh in dein Zimmer. Beim Abendessen erwarte ich eine Entschuldigung von dir.«

Noch immer stand ich da, als wäre ich eingefroren.

»Geh mir aus den Augen!«, schrie sie plötzlich und ich floh aus ihrer Gegenwart.

Zutiefst erschüttert saß ich auf meinem Bett. Die Knie und Hände zitterten und mir war furchtbar kalt, obwohl es ein warmer Tag war. Zum ersten Mal in meinem Leben hatte ich Angst vor meiner Mutter. Eigentlich hatte ich es gar nicht ernst gemeint, als ich sie grausam genannt hatte. Mir war auch nicht bewusst gewesen, dass ich ihr die Schuld an unserer Misere gab, bis ich es ausgesprochen hatte. Ich konnte die Beweggründe für ihre Entscheidung nicht nachvollziehen, lieber zu hungern, als das Schloss zu räumen. Wir konnten doch sicher zur Freusburg zurückkehren. Immerhin hatten wir dort lange gelebt und immer genug zu essen gehabt. Der Bischof wollte doch nur Hachenburg, oder?

Der durchdringende Blick, mit dem meine Mutter mich bedacht hatte, ließ mich nicht los – als wollte sie mich zerpflücken und bei jedem Stück genau überprüfen, aus was für einem Stoff es gemacht war. Ein Schauer durchfuhr mich. Was für eine grässliche Vorstellung, dass jemand ausgepeitscht werden sollte, nur weil er mir ein Stück Brot schenkte. Das konnte sie doch nicht wirklich wollen! Und dennoch hatte sie mich so angesehen, als ob … als ob …

Ein Kieksen drang aus meiner Kehle, als ich entsetzt nach Luft schnappte. Sie hatte mich angesehen, als ob sie es für möglich hielt, dass ich trotzdem um Essen bitten würde. Neue Tränen kullerten über meine Wangen und ich ließ mich auf die Kissen sinken, um mein Gesicht darin zu vergraben. Ich wollte ihr nie wieder unter die Augen treten.

Mein Magen machte mir einen Strich durch die Rechnung. Egal, was ich mir vorgenommen hatte, bis zum Abend hatte ich solchen Hunger, dass keine Furcht der Welt mich vom Essen abgehalten hätte, selbst wenn ich mich bei Mutter würde entschuldigen müssen. Den Nachmittag hatte ich allein in meinem Zimmer verbracht. Weder Catharina noch Marlene und nicht einmal Nanni waren zu mir gekommen. Vor der Tür des Speisesaals zögerte ich, doch die krampfartigen Schmerzen in meinem Bauch ließen mich die Klinke herunterdrücken und eintreten. Mutter, Marlene und Nanni saßen bereits am Tisch. Marlene warf mir einen mitleidigen Blick zu, während Mutter sich erhob.

»Was hast du mir zu sagen?«, fragte sie mit hoch erhobenem Haupt.

»Es tut mir leid«, murmelte ich.

»Was tut dir leid?«

Ich schluckte und sah zu Boden. Was wollte sie jetzt hören? Dass ich gestohlen hatte? Es ging mir noch immer gegen den Strich, es so zu betrachten. »Es tut mir leid, dass ich mir zusätzlich Essen geholt habe«, sagte ich schließlich, auch wenn mir das überhaupt nicht leidtat. »Aber für Nanni tut es mir nicht leid!«, fügte ich hinzu und schaute sie nun doch an. »Ich kann es nicht ertragen, dass sie so jammert und Bauchweh hat.«

Für einen Moment wurde ihr Blick weicher. »Gut, Ernestine, ich nehme deine Entschuldigung an.« Sie wandte sich ab und ging zur Anrichte, wo eine abgedeckte Schüssel und ein Brotkorb standen. Ihre Zofe füllte umgehend einen Teller mit Suppe, den Mutter mit einem Stück Brot entgegennahm und auf den Tisch stellte. »Bitte«, sagte sie zu mir und bedeutete mir, mich zu setzen.

Ich bedankte mich mit einem Knicks und nahm Platz. Am liebsten hätte ich alles hastig in mich hineingestopft, aber ich wusste inzwischen, dass ich hinterher genauso hungrig sein würde wie vorher. Also zwang ich mich, langsam zu essen und jeden Bissen lange zu kauen. Trotzdem war der Teller viel zu schnell leer. Um einen Nachschlag zu bitten, wagte ich nicht.

Im Schloss hielt ich es kaum noch aus. Ständig fühlte ich mich beobachtet, spürte Mutters argwöhnische Blicke auf mir. Selbst Catharina schien mich zu bewachen. Irgendeine missgünstige Seele musste der Gräfin erzählt haben, dass ihre Töchter sich am Essen bedienten. Würde sie so etwas tun? Eigentlich traute ich ihr das nicht zu, wäre da nicht diese merkwürdige Reaktion gewesen, als wir damals über die Soldaten geredet hatten.

Wo ich mich zuvor im Schloss ausgesprochen wohlgefühlt hatte, selbst noch, nachdem wir festgesetzt worden waren, kam ich mir jetzt wie eine Gefangene vor. Rastlos streifte ich täglich an den Mauern entlang, die uns zwar einerseits Schutz boten, andererseits unseren Tod bedeuten würden, wenn nicht ein Wunder geschah. Ich hielt es für wahrscheinlicher, dass das Wunder von außerhalb kommen würde – vielleicht in Form unseres Vormunds, der mit seinen Soldaten den Bischof vertrieb –, als dass meine Mutter ihre Meinung änderte. Falls das überhaupt noch etwas nützte. Sollte der Bischof unseren Tod beschlossen haben, war es egal, ob wir hier drinnen verhungerten oder draußen erschlagen wurden.

Am liebsten wäre ich den ganzen Tag im Kreis gelaufen, bis meine Füße einen Graben entlang der Schlossmauer getrampelt hatten, aber dazu fehlte mir die Kraft. Meistens schaffte ich nur eine Runde, vielleicht eineinhalb, dann musste ich mich hinsetzen und ausruhen.

So saß ich auch jetzt da, auf einem großen Stein, der direkt an der Mauer im hinteren Teil des Schlossgartens lag. Es war still hier hinten und kühl im Schatten der Bäume. Obwohl der Tag überwiegend bedeckt gewesen war, machte eine drückende Wärme jede Bewegung schwerfällig und schweißtreibend. Es würde sicher bald ein Gewitter geben. Ich lehnte mich mit dem Rücken an die feuchten Steine der Mauer und schloss die Augen. Nichts war zu hören außer das Summen von Insekten und, wie aus einer anderen Welt weit entfernt, die Geräusche der Menschen auf dem Marktplatz. Sie schienen jedoch nichts mit mir zu tun zu haben, mich nicht wirklich zu erreichen. Ich atmete langsam ein und aus und versuchte, das Kneifen in meinem Magen zu ignorieren. Das Mittagessen war zwar erst zwei Stunden her, doch die Rationen wurden immer kleiner. Wo es anfangs noch frisches Brot gegeben hatte, lagen jetzt nur noch harte Klumpen, die man lange einweichen musste, um sie überhaupt essen zu können. Oder es gab Brotsuppe. Immer wieder Brotsuppe, in der außer Brot auch kaum noch etwas anderes zu finden war.

Ich verschränkte die Arme und drückte sie gegen meinen schmerzenden Bauch. Es half sicher nicht, ans Essen zu denken! Ich schaute mich um, ob ich vielleicht irgendwo etwas sah, was einigermaßen genießbar war. Die Kirschbäume hatten kaum Früchte getragen und die waren längst alle abgeerntet und vertilgt. Bei der Erinnerung an die süßsauren Geschmacksexplosionen auf meiner Zunge stieß ich einen sehnsüchtigen Seufzer aus. Den Stein der letzten Kirsche hatte ich tagelang im Mund behalten, was seltsam beruhigend gewesen war. Doch dann hatte ich ihn aus Versehen verschluckt. Ob man Blätter essen konnte?

Ein Rascheln riss mich aus meinen Gedanken.

»Pass doch auf!«, zischte eine Stimme jenseits der Schlossmauer.

Ich fuhr herum. Es war nichts zu sehen und eine Weile auch nichts zu hören. Dann bewegten sich die Zweige, die von außen über die Mauer ragten. Ich hörte ein Ächzen, dann einen dumpfen Schlag.

»Verdammt«, fluchte die Stimme.

Mein Herz fing an zu rasen und ich wich vorsichtig von der Mauer zurück. Was ging da vor sich?

»Versuch's da drüben.« Das kam von einer zweiten Stimme, die tiefer und dumpfer klang. Wieder raschelten die Zweige, als würde etwas sehr Großes darin herumklettern. Versuchte etwa jemand, ins Schloss zu gelangen?

Panik machte sich in mir breit. Wo war Korporal Quast? Ich musste sofort Alarm schlagen! Stattdessen stand ich wie angewurzelt da und starrte auf den Rand der Mauer. Wieder erklang ein dumpfer Schlag, gefolgt von einem unwirschen Knurren.

»Fast. Warte, ich … hier. Versuch's noch mal.«

»Guck erst mal nach den Soldaten!«, raunte die erste Stimme, die über meinem Kopf zu schweben schien. Da musste einer im Baum sitzen. Ein leiser Pfiff ertönte von etwas weiter weg, dann flog plötzlich ein Sack über die Mauer und ich sprang erschrocken zur Seite. Fast hätte er mich getroffen.

»Los, beeil dich!«, drängte die zweite Stimme.

Wieder raschelte es, dann entfernten sich Schritte im Eiltempo. Ich lauschte mit angehaltenem Atem, doch nichts weiter geschah. Unschlüssig starrte ich auf den Sack vor meinen Füßen. Sobald ich wieder Luft holte, wusste ich, was darin war. Brot. Ich warf mich auf die Knie und zerrte mit zitternden Fingern an dem Knoten, mit dem der Sack zugebunden war. Als ich ihn endlich geöffnet hatte, kamen mir vor Freude fast die Tränen. Der Sack war prall gefüllt mit Broten, Brötchen und Rüben. Ich nahm ein Brötchen heraus und biss hinein, ehe ich darüber nachdenken konnte. Es schmeckte himmlisch, frisch und kross, aber innen weich, und ich verputzte jeden Krümel davon.

Dann packte mich das schlechte Gewissen. Ich knotete den Sack wieder zu und versuchte, ihn hochzuheben, was mir aber nicht gelang. Er war viel zu schwer. Liegen lassen wollte ich ihn allerdings auch nicht, also zog ich ihn hinter mir her. Bis ich in die Nähe des Eingangs gekommen war, zitterten mir die Beine und meine Arme fühlten sich an, als wären sie doppelt so lang wie vorher. Schwitzend und keuchend hob ich den Kopf und sah Korporal Quast mit entsetztem Gesicht auf mich zulaufen.

»Komtess! Um Himmels willen, was macht Ihr da?«

»Brot«, stöhnte ich und kippte ihm in die Arme.

Flucht

Als ich wieder zu mir kam, spürte ich als Erstes ein angenehm kühles, feuchtes Tuch auf meiner Stirn.

»Sie hat sich überanstrengt«, sagte Korporal Quast ganz nah an meinem Ohr. Ich öffnete die Augen und schaute direkt auf sein Kinn. Er trug mich durch den Flur ins Empfangszimmer. Hinter uns hörte ich meine Mutter Befehle erteilen und die starken Arme, die mich hielten, spannten sich unwillkürlich an. Er blieb jedoch nicht stehen, sondern brachte mich zu einem Sofa, auf dem er mich so behutsam ablegte, als wäre ich ein rohes Ei. Ich seufzte tief und blinzelte mehrmals.

»Sie kommt zu sich.«

»Hier, trinkt etwas, Komtess.« Das war Catharina, die mir einen Becher an die Lippen hielt, während der Korporal mich noch mit dem Arm stützte. Ich trank den Becher in einem Zug leer und ließ mich dann wohlig erschöpft zurücksinken. Leider nahm Korporal Quast seinen Arm weg und legte ihn stattdessen um Catharina.

»Ich bin gleich zurück. Frag sie, was passiert ist, wenn sie wieder in der Lage ist zu sprechen, ja?« Die beiden blickten sich einen Moment lang tief in die Augen und ich konnte zusehen, wie eine zarte Röte in Catharinas Wangen aufblühte. Sie nickte und legte eine Hand auf seinen Arm. Nach kurzem Zögern eilte er aus dem Raum. Sobald sie sich mir zuwandte, wurde ihr Kopf krebsrot.

»So ist das also«, sagte ich und drehte mich von ihr weg. Ich zog mir das Tuch über die Augen, denn sie brannten vor bitteren Tränen.

»Liebe Komtess, ich bitte Euch …«

»Geh weg«, unterbrach ich sie.

Ob sie gehorchte, bekam ich nicht mit, denn ich war viel zu sehr damit beschäftigt, nicht zu weinen. Natürlich wusste ich, dass aus meinen Schwärmereien für den Korporal nichts werden konnte, aber in einem solchen Moment der Glückseligkeit auf den Boden der Tatsachen katapultiert zu werden, war ausgesprochen schmerzhaft. Ich fühlte mich betrogen. Sicher hätte der Korporal viel lieber Catharina auf Händen getragen als mich, so wie er sie angesehen hatte.

Jemand nahm das Tuch von meinem Gesicht und wischte mir behutsam über die Schläfen. Es war Mutter.

»Ernestine, woher kommt dieser Sack?«, fragte sie, hörbar erstaunt.

»Sack?«

»Ein Sack voll Nahrung, das reinste Geschenk des Himmels«, sagte sie und lächelte so strahlend, wie ich es schon lange nicht mehr gesehen hatte. Über mein Gefühlschaos hatte ich das Brot völlig vergessen.

»Jemand hat ihn über die Mauer geworfen, hinten im Garten«, erklärte ich leise.

»Aber du weißt nicht, wer?«

»Nein. Ich denke es waren zwei Jungen oder junge Männer. Sie sind danach weggerannt. Bekomme ich noch etwas zu trinken?« Ich setzte mich auf. Mein Kopf schmerzte etwas und meine Zunge fühlte sich an, als wäre sie viel zu dick, um in meinen Mund zu passen. Jetzt erst sah ich, dass Catharina nicht gegangen war. Sie füllte den Becher mit Wasser aus einer Karaffe und reichte ihn mir, als wäre nichts geschehen. Nachdem ich auch den ausgetrunken hatte, fühlte ich mich etwas besser.

»Werte Herrin?« Korporal Quast kam wie versprochen zurück. »In dem Sack war ein Brief.«

»Ein Brief?« Mutter stand sofort auf und nahm ein recht zerknittertes Stück Papier entgegen. »Kein Siegel«, murmelte sie und faltete den Brief auseinander. Ihre Lippen bewegten sich, während sie las, und ihre Stirn legte sich immer mehr in Falten.

Schließlich hob sie den Blick und sah den Korporal fragend an. »Lest das. Sagt mir, was Ihr davon haltet.«

»Von wem ist der Brief?«, wollte ich wissen.

»Von Pfarrer Rhodius. Er bietet uns an, uns zur Flucht zu verhelfen.«

»Hat er uns das Brot geschenkt?«

»Die Bürger Hachenburgs haben es für uns gesammelt.« Ihre Stimme brach beim letzten Wort und ich konnte Tränen in ihren Augen schimmern sehen. »Diese treuen Seelen«, flüsterte sie und wischte sich selbst das Gesicht mit dem Tuch ab, das sie noch in der Hand hielt.

»Es ist waghalsig«, sagte Korporal Quast und gab meiner Mutter den Brief zurück. »Denkt Ihr, er ist echt? Könnte der Bischof ihn geschickt haben, um uns zu täuschen?«

»Nein, ich kenne die Handschrift des Pfarrers. Aber ist es möglich? Ist es nicht viel zu gefährlich?«

»Euer Gnaden, Ihr wisst, dass wir hier nicht viel länger ausharren können. Diese Gabe verschafft uns zwei, vielleicht drei zusätzliche Tage, aber dann?« Er sprach nicht weiter. Das musste er auch nicht. Sogar ich wusste, was dann geschehen würde.

»Aber das Opfer …«, flüsterte meine Mutter.

»Für Euch, Gnädigste, ist kein Preis zu hoch.«

Das Abendessen glich einem Fest, obwohl wir alle nur eine kleine Portion Rübeneintopf mit einem Brötchen bekamen. Die Tatsache, dass draußen vor den Schlossmauern das einfache Volk uns freiwillig mit Nahrung versorgte und dabei Gefahr lief, erwischt und bestraft zu werden, ließ Hoffnung in unseren Herzen aufkeimen. Eigentlich hatten die Menschen schon genug Last damit, die fremden Soldaten zu verpflegen. Es zeigte mehr als deutlich, was sie von dem Bischof und seinen Truppen hielten.

Zum ersten Mal seit Wochen war wieder Gelächter zu hören und auch die Stimmung bei Tisch war wesentlich entspannter als in den letzten Tagen. Obwohl Rübeneintopf nicht gerade mein Leibgericht war, hatte ich das Gefühl, noch nie etwas so Köstliches gegessen zu haben. Das Brötchen lag allerdings unberührt neben meinem Teller. In mir tobte ein Kampf. Niemand wusste, dass ich bereits ein Brötchen gegessen hatte. Ich konnte dieses hier einfach nehmen und meinen Bauch damit füllen, denn Mutter hatte es mir gegeben. Doch wenn ich das tat, würde ich Mutters Unterstellung erfüllen: Ich würde stehlen, was mir nicht zustand. Mir heimlich einen Vorteil verschaffen. Es fühlte sich falsch an.

Ich nahm das Brötchen und teilte es in der Mitte durch. Es zerbrach knusprig knackend und Krümel rieselten in meinen Teller. Ich betrachtete meine Hand, als würde sie gar nicht zu mir gehören, während sie sich ausstreckte und ein Stück neben Nannis Teller legte. Die andere Hand verharrte unschlüssig über meinem eigenen.

»Schenkst du mir das?«, fragte Nanni mit großen Augen.

Ich nickte.

»Danke!«, rief sie und stopfte sich das Stück in den Mund.

»Langsam!«, mahnte Marlene mit einem Kopfschütteln.

Auf meiner anderen Seite saß Catharina, die seit dem Vorfall mit dem Korporal kein Wort mehr mit mir gesprochen hatte. Ich sah sie an.

Sie sah mich auch an und ich spürte deutlich, dass es an mir lag, den ersten Schritt zu tun. Ich schaute wieder auf das Brötchen, so herrlich duftend in meiner Hand. Aus dem Augenwinkel bemerkte ich, dass auch Mutter mich beobachtete. Mit einem Mal wusste ich genau, dass Catharina es gewesen war, die mich und Nanni verpfiffen hatte. Sie hatte selbst lange hungern müssen und musste es nun wieder. Kein Wunder also, dass sie mein Verhalten als ungerecht empfunden hatte. Ja, wenn ich mich bemühte, konnte ich sie verstehen.

Für den Bruchteil einer Sekunde stand mir klar vor Augen, dass ich mich an einem Scheidepunkt befand. Was für ein Mensch wollte ich sein? Eine Herrin, die es sich auf Kosten ihrer Untertanen gut gehen ließ? Oder jemand wie meine Mutter, der das Wohlergehen ihres Volkes am Herzen lag? Während ich mit der Entscheidung rang, hatte ich die Lider gesenkt und nichts weiter wahrgenommen als meine eigenen Gedanken. Jetzt sah ich Catharina in die Augen und reichte ihr das Stück Brötchen.

Überraschung blitzte in ihrem Blick auf. Sie zögerte, dann nahm sie es mit einem leisen Dank entgegen. Ihr Lächeln wirkte, als hätte sie einen Sieg errungen.

»Warum möchtest du dein Brötchen nicht?«, fragte Mutter, als ich meinen Löffel wieder zur Hand nahm.

»Ich hatte mir schon eins genommen, als ich den Sack gefunden habe.« Kurz hielt ich die Luft an. Würde sie schimpfen? Nein, sie nickte nur und mir fiel eine große Last von den Schultern.

Die hoffnungsvolle Atmosphäre ging bald in geschäftige Anspannung über, die auch mich ergriff, obwohl ich nicht wusste, was der Pfarrer sich für einen Fluchtplan ausgedacht hatte. Flucht. Es klang so dramatisch! Vor allem, weil meine Mutter von einem Opfer gesprochen hatte. Leider achtete sie peinlichst genau darauf, dass ich nichts von den Unterredungen mitbekam, die sie mit Korporal Quast und anderen Verantwortlichen im Schloss führte. Auch Catharina erfuhr nichts.

Seit ich ihr das Stück Brötchen geschenkt hatte, verhielt sie sich wieder ganz normal. Nur den Korporal erwähnten wir beide nicht, obwohl ich mir große Sorgen machte, dass er Teil des Opfers sein könnte, das meine Mutter erwähnt hatte. Ich malte mir die spektakulärsten Szenarien aus, in denen unsere Leibgarde einen Ausfall mit Schwertern und Gewehren unternahm und die osnabrückischen Soldaten in Schach hielt, während wir in mörderischer Fahrt mit der Kutsche die Stadt verließen. Korporal Quast würde an unserer Seite reiten und alle Verfolger abwehren. Wie leicht konnte er dabei sein Leben lassen!

Der tatsächliche Plan war deutlich weniger spektakulär, wie ich am Abend des zweiten Tages erfuhr. Mutter kam zu mir ins Zimmer, als Catharina mir gerade beim Auskleiden half.

»Es ist beschlossen«, sagte sie leise und so traurig, dass sowohl Catharina als auch ich mitten in der Bewegung innehielten. Mutter setzte sich auf einen Stuhl und holte tief Luft, ehe sie weitersprach. »Wir werden heute Nacht das Schloss verlassen.« Sie sah mich an. »Du, Johannette, Marlene und ich.«

Ich riss erschrocken die Augen auf. »Und Catharina?« Hektisch sprang mein Blick zwischen meiner Mutter und der Zofe hin und her. Catharina war kreidebleich geworden.

»Sie wird mit allen anderen im Schloss bleiben. Sobald wir in Sicherheit sind, wird Korporal Quast die Schlosstore öffnen und – so Gott will – mit allen anderen ebenfalls entkommen.«

Catharina sackten die Beine weg und sie sank auf das Bett.

»Aber wie denn?«, rief ich ängstlich.

»Durch die Kirche. Der Bogengang wird nur von einem Soldaten bewacht, den der Pfarrer mit einem Schlaftrunk außer Gefecht setzen wird. Wir werden vor der Tür warten, bis der Pfarrer das Signal gibt. Dann verstecken wir uns in der Kirche.«

»Und dann?«

»Man wird uns mit zwei verschiedenen Wagen aus der Stadt bringen. Du kommst mit mir, Nanni bleibt bei Marlene.«

»Ja, aber …« Mehr fiel mir nicht ein. Catharinas Hände zitterten so sehr, dass ich mich neben sie setzte und meine eigenen darüberlegte, um sie zu beruhigen. Tränen kullerten über ihre Wangen, aber sie brachte keinen Ton heraus.

»Wir hoffen, dass der Wachsoldat im Bogengang seinen Posten verlassen wird, sobald Korporal Quast die Tore öffnet. Falls nicht, werden zwei Männer der Leibgarde ihn überwältigen und alle, die noch im Schloss sind, können durch die Kirche fliehen. Die Soldaten des Bischofs werden zuerst zum Tor stürmen, das ist so gut wie sicher.«

»Aber Korporal Quast …« Auch mir brannten jetzt Tränen in den Augen.

»Ich weiß, Kind, ich weiß. Ich habe versucht, ihn davon abzubringen, aber er ist fest entschlossen. Und mir ist auch keine andere Lösung eingefallen. Jemand wird sich opfern müssen, damit die anderen eine Chance haben.« Sie erhob sich. »Mit Einbruch der Dunkelheit werden wir zum Wehrturm hinausgehen. Zieh deine einfachsten Sachen an.«

»Aber da bleibt mir doch kaum Zeit zu packen!«

»Du musst nichts packen. Wir können nichts mitnehmen. Bete, Ernestine, und dann mach dich bereit.« Damit verließ sie das Zimmer.

Eine ganze Weile starrte ich fassungslos auf die Tür, während Catharina neben mir leise schluchzte. Inzwischen wusste ich nicht mehr, ob ich ihre Hände festhielt, um sie zu trösten oder weil es mich tröstete. Meine Welt schien gerade zu zerbrechen wie eine Eierschale und nichts, aber auch gar nichts war mehr so, wie ich es kannte. Ich war immer in Sicherheit gewesen, hatte immer genug zu essen gehabt, war immer von einer Traube von Bediensteten umgeben gewesen, die für mein Wohlergehen gesorgt hatten. Jeder hatte immer gewusst, wer ich war. Jeder war meiner Mutter mit Ehrerbietung begegnet und somit auch mir als ihrer Tochter. Bei all meinen Fantasien über unsere Flucht war es mir nie in den Sinn gekommen, dass ich mich würde verstecken müssen. Oder verkleiden. Oder ohne den Schutz unserer Leibgarde auskommen. Das war undenkbar.

»Möchtet Ihr noch ein wenig ruhen, bis es Zeit ist?«, fragte Catharina leise. Sie entzog ihre Hände meinem Griff und wischte sich mit dem Handrücken das Gesicht ab, das eine ungewöhnliche Härte angenommen hatte.

Ich schaute auf die Kissen und konnte mir plötzlich nichts Besseres vorstellen, als mich darin zu vergraben und mir die Decke über den Kopf zu ziehen. »Ja«, antwortete ich ebenso leise.

Wortlos half Catharina mir, mich auszuziehen. Ich verzichtete auf das Nachthemd und kroch im Unterkleid zwischen die Laken. »Aber du gehst doch nicht weg, oder?«, fragte ich ängstlich.

»Nein.«

Beruhigt schloss ich die Augen. Ich hörte sie im Zimmer umhergehen, Truhen öffnen und Kleider herausnehmen. Sie suchte wohl alles zusammen, was ich später anziehen sollte. Einfache Sachen. Ich schluckte. Selbst mein langweiligstes Kleid war von einer Qualität, die jedem ins Auge springen musste, der mich sah. Darauf war ich immer stolz gewesen, hatte das einfache Volk in seiner derben Kleidung mitleidig belächelt. Womit sollte ich mich verkleiden, um nicht aufzufallen?

Die Sorgen machten mich müde und hielten mich gleichzeitig wach. Ich döste vor mich hin und blinzelte ab und zu, um zu sehen, ob Catharina noch da und die Sonne schon untergegangen war. Es schien ewig zu dauern, und doch kam Catharinas stille Aufforderung viel zu früh.

»Es ist Zeit, Komtess. Ihr müsst Euch anziehen.«

Am liebsten hätte ich sie mit irgendeiner Aufgabe weggeschickt, um noch ein wenig länger liegen bleiben zu können, wie ich es morgens manchmal getan hatte. Aber das war sinnlos. Ich setzte mich auf. Ein letzter Sonnenstrahl färbte die Luft im Zimmer sacht rosa. Die Reliefs an den Wänden verschwammen mit ihren Schatten und ich fühlte mich wie in einem Traum, während mich Catharina mit festen, sicheren Handgriffen anzog. Die Haare flocht sie mir zu einem einfachen Zopf, den sie unter eine schlichte Haube steckte. Auch das ging mir alles viel zu schnell. Ich wollte verweilen, wollte mich noch länger am Trugbild meiner Sicherheit festhalten. Wollte den Schutz meines Zimmers nicht verlassen.

Die Verbindungstür öffnete sich und Marlene kam mit einer verschlafenen Nanni auf dem Arm herein. »Wir müssen gehen,

Komtess. Kommt.« Ihre Stimme war merkwürdig ruhig, ganz anders als ihre Augen, die sie weit aufgerissen hatte wie eine Eule. Ich konnte die nackte Angst darin lesen und begann zu zittern. Hilflos sah ich zu Catharina, deren Blick jetzt eiskalt war. Vorwurfsvoll.

Wir gingen alle gemeinsam durch die stillen Flure nach unten. Sobald wir die letzte Treppe erreicht hatten, hörte ich Geräusche und stockte. Rascheln und leises Murmeln drangen zu mir. Das waren sicher keine Soldaten, beruhigte ich mich und ging weiter. Kurz darauf sah ich, dass sich anscheinend die gesamte Dienerschaft versammelt hatte.

»Ah.« Das leise Seufzen hinter mir ließ mich herumfahren. Mutter hatte sich zu uns gesellt, ohne dass ich es bemerkt hatte. Sie nahm meine Hand und legte sie in ihre Armbeuge, sodass wir Seite an Seite die Treppe hinabstiegen. Jedes Gesicht wandte sich uns zu und mit einem Geräusch wie von fließendem Wasser verneigten sich alle gleichzeitig, als wären sie ein einziger Körper. Dann waren wir unten angekommen und wurden umringt.

Jeder schien Mutter einmal berühren zu wollen und in meinen Ohren summten die geflüsterten Segenswünsche, die uns bis zur Tür begleiteten und dann in die Kühle der Sommernacht entließen. Flankiert von vier Männern der Leibgarde steuerten wir auf den Wehrturm zu, neben dem der Bogengang in die Kirche führte. Dort erwartete uns Korporal Quast. Er verbeugte sich tief, doch seinen Gesichtsausdruck konnte ich in der Dämmerung nicht erkennen. Niemand sprach ein Wort.

Ich sah mich um. Jetzt erst fiel mir auf, dass ich mich nicht von Catharina verabschiedet hatte. Würde ich sie jemals wiedersehen? Ich musste wohl einen Ton von mir gegeben haben, denn Mutter legte mir den Finger auf die Lippen. Dann nahm sie mich in die Arme. Es war nicht kalt, obwohl sich die Dunkelheit immer tiefer auf den Schlosshof senkte. Trotzdem fröstelte ich. Die ganze Situation war unheimlich.

Nanni schien auf Marlenes Arm eingeschlafen zu sein. *Hof-*

fentlich wird sie nicht wach und fängt plötzlich an zu heulen, dachte ich.

Wie lange wir dort standen und warteten, wusste ich nicht. Im Schatten der Schlossmauer hatte ich einen hervorragenden Blick auf die Sterne. Sie zogen sich wie ein schillerndes Band über den samtschwarzen Himmel und lenkten mich eine ganze Weile ab, bis es auf einmal an der Tür des Bogenganges klopfte. Ein kurzer Schlag, dann eine Pause und zwei Schläge hintereinander, noch eine Pause, gefolgt von einem einzelnen Schlag. Korporal Quast trat an die Tür heran und antwortete mit drei knappen Schlägen hintereinander. Das Zeichen wurde auf der anderen Seite wiederholt und der Korporal hob den Riegelbalken aus seiner Verankerung, zog einen Schlüssel aus der Tasche und öffnete die Tür.

Schwaches Licht strömte in den Schlosshof und ich musste die Augen zukneifen. Blinzelnd folgte ich Mutter in den Gang hinein, die meine Hand gefasst hatte. Mit der anderen Hand drückte sie meinen Kopf nach unten, sodass wir uns gebückt durch den Gang schlichen, um nicht durch die Fenster gesehen zu werden.

Fast hätte ich alles verraten, denn durch Mutters Röcke bemerkte ich den Soldaten zunächst nicht und wäre fast über seine ausgestreckten Beine gestolpert. Er saß zusammengesackt auf einem Stuhl im Gang, neben sich auf dem Fensterbrett eine Kerze und eine Flasche mit einem halb leeren Becher daneben. Mein Herz raste vor Angst, dass er plötzlich aufspringen und mich packen könnte, obwohl er laut und vernehmlich schnarchte.

Hinter uns wurde die Tür behutsam geschlossen und ich hörte den dumpfen Klang, als der Holzbalken wieder vorgelegt wurde. Die Männer waren alle im Schloss zurückgeblieben.

Sobald wir den erleuchteten Gang hinter uns gelassen hatten, mussten wir uns durch die finstere Kirche tasten. Der Pfarrer hatte nur einen Glimmspan dabei und gab uns geflüsterte Warnungen über Stufen und Hindernisse. Wir stiegen mehrere Treppen hinunter und blieben dann dicht zusammengedrängt stehen, bis der Pfarrer es geschafft hatte, mit dem Span eine Kerze zu entzünden.

Als ich mich umsah, wünschte ich, er würde sie wieder ausblasen. Wir befanden uns im feuchten Gewölbe der Gruft, in der mein Vater und mein Bruder bestattet waren. Ein Schauer lief mir über den Rücken.

»Hier seid Ihr sicher, Euer Gnaden«, sagte der Pfarrer mit gedämpfter Stimme zu meiner Mutter. »Morgen ist Markttag, bis dahin müsst Ihr hier ausharren. Wir brauchen den Trubel des Marktes, damit Ihr unbemerkt die Kirche verlassen könnt. Ich schicke später jemanden mit Essen und Kleidern für Euch.«

»Was ist mit dem Soldaten?«, fragte meine Mutter nervös.

»Er wird gleich abgelöst und ordentlich Ärger bekommen für seine Nachlässigkeit. Sorgt Euch nicht, Euer Gnaden, es ist schon öfter vorgekommen, dass einer der Soldaten sich dort oben vor Langeweile besoffen hat. Ihr müsst nur leise sein.« Er warf einen besorgten Blick auf Nanni und zuckte dann mit den Schultern. Mit einer angedeuteten Verbeugung ließ er uns allein.

Ich stand da wie erstarrt. Ausharren. Hätte er uns nicht im Kirchturm verstecken können anstatt hier in diesem düsteren Gewölbe bei den Toten? Nach Marlenes Gesicht zu urteilen, dachte sie Ähnliches. Nur Mutter stieß einen Seufzer aus und kniete sich neben den Steinsärgen auf den Boden. In einem davon musste mein Bruder liegen. Sie lehnte ihren Kopf an den Sarg meines Vaters, faltete die Hände und schloss die Augen. Dass sie in dieser Situation beten konnte, machte mich wütend. Ich war kaum in der Lage, meinen Blick von dem dunklen Torbogen abzuwenden, aus Angst, dass Soldaten oder der Bischof selbst die Treppe herunterkamen, und sie kehrte all dem den Rücken und vertiefte sich ins Gebet. Es fühlte sich an, als würde sie uns allein lassen.

Marlene trat von einem Fuß auf den anderen und versuchte, Nanni in eine etwas bequemere Position zu bringen. Sie konnte sie schlecht auf dem kalten Steinboden ablegen, aber selbst ein so zierliches Kind wurde mit der Zeit schwer. Ich rückte etwas näher an sie heran und lehnte mich an die Wand. Je länger nichts geschah, desto mehr wich die Anspannung aus meinen Gliedern und ich wurde müde. Kälte kroch in meine Knochen. Warum hatten wir nicht wenigstens eine Decke mitgebracht?

Neben mir gähnte Marlene so herzhaft, dass ihr Tränen in die Augen traten. Es war ansteckend. Ich konnte mich kaum noch auf den Füßen halten. Meine Mutter bekam nichts davon mit. Schließlich gab Marlene auf und setzte sich auf den Boden, den Rücken an die unebene Wand gelehnt. Ich folgte ihrem Beispiel und legte meinen Kopf an ihre Schulter. Den Eingang zur Gruft behielt ich weiter im Auge.

Das dachte ich jedenfalls, bis Mutter an meiner Schulter rüttelte. Ich schreckte hoch und sie legte mir sofort die Hand auf den Mund. Vor meinen Füßen stand ein alter Sack, aus dem sie jetzt verschiedene Kleidungsstücke zog. Wo kam der her?

»Zieh das an«, flüsterte sie und drückte mir ein Hemd und eine Hose in den Arm.

»Was?«, fragte ich und erntete einen strafenden Blick.

»Leise«, rügte Mutter streng.

Fassungslos hielt ich ihr die Hose hin und sah sie fragend an.

»Du wirst dich als Junge verkleiden«, raunte sie mir zu und setzte mir eine unförmige Kappe auf den Kopf, unter die sie meine langen Haare stopfte. Dann sah sie mich kritisch an. »Das wird gehen«, murmelte sie und weckte Marlene.

Ich riss mir die Kappe wieder herunter und warf sie auf den Boden. »Nein!« Mein heiseres Flüstern hallte durch die Gruft. »Ich kann doch nicht …«

Mutter packte meinen Arm und riss mich auf die Füße. »Du wirst tun, was ich dir sage!«, zischte sie. Ihr Gesicht war nur Millimeter von meinem entfernt und ich sah nichts als die unerbittliche Härte in ihren Augen.

Mit unterdrücktem Schluchzen und bebenden Fingern begann ich, mir mein Kleid auszuziehen. Marlene half mir mit einer Hand. Der raue Stoff der Hose kratzte an meinen Beinen und ohne mein enges Mieder fühlte ich mich nackt in dem lockeren Hemd. So konnte ich doch unmöglich auf die Straße gehen, zumal die Hose ein ganzes Stück zu kurz war und jeder meine Knöchel sehen konnte!

Ich zitterte am ganzen Leib und presste mein Kleid an mich, teils, um mich zu bedecken, teils, um mich zu wärmen. Jetzt wurde Nanni wach. Sie blinzelte verwirrt ins flackernde Licht der Kerze, die schon fast heruntergebrannt war. Wenn sie ausging, würden wir hier in völliger Dunkelheit sitzen. Beinahe hoffte ich, Nanni würde anfangen zu weinen und uns damit verraten. Das würde dem Spuk ein Ende bereiten, doch meine Schwester gab trotz oder vielleicht gerade wegen ihrer Angst keinen Mucks von sich. Mutter zog auch ihr das Kleid aus und streifte ihr etwas über, das wie ein formloser Sack aussah. Dann nahm sie sie auf den Arm und reichte Marlene eine dreckige Schürze und eine verbeulte Haube, mit der sie ihre ordentliche, blütenweiße ersetzen sollte. Ich rümpfte die Nase. Die Kleider stanken, als wären sie seit Jahren nicht gewaschen worden. Unwillkürlich fing ich an, mich zu kratzen.

Jetzt legte auch Mutter ihr edles Kleid ab und streifte sich ein schlichtes, braunes Gewand über, das ihr viel zu groß war. Dann spuckte sie sich in die Hände, fuhr mit beiden Handflächen über den Boden und rieb mir dann über die Wangen. Ich sah sie entsetzt an.

»Jungs in deinem Alter sind immer dreckig«, erklärte sie und setzte mir erneut die Kappe auf den Kopf. Ich wagte nicht zu widersprechen, auch nicht, als sie mir mein Kleid abnahm und es in den Sack steckte.

Die Kerze flackerte heftiger und im nächsten Moment war alles schwarz. Nanni schrie auf und sofort hörte ich Marlenes »Sch, sch, sch«, um sie zu beruhigen. Ich wusste, dass ich nur einen Schritt rückwärts gehen musste, um mit dem Rücken an die Wand zu stoßen, aber ich traute mich nicht, als wäre hinter mir plötzlich ein gähnender Abgrund, der mich verschlingen würde, wenn ich mich bewegte. Angestrengt lauschte ich über das laute Hämmern meines Herzens hinweg auf die Atmung der anderen. Ich brauchte ein Lebenszeichen von ihnen, auch wenn ich sie Sekunden zuvor noch gesehen hatte. Alles, nur nicht in dieser völligen Schwärze allein sein!

Neben den Atemzügen hörte ich Schritte. Sie klangen weit entfernt und schienen in jedem meiner Knochen zu vibrieren. Als mich jemand berührte, fiel ich vor Schreck fast in Ohnmacht.

»Ernestine.« Es war Mutter. Gott sei Dank, es war nur Mutter, kein Soldat, kein Toter, kein grässliches Biest, das gekommen war, um mich zu fressen. Sie nahm mich in die Arme und drückte mich fest an sich. Ganz in der Nähe hörte ich Nanni leise wimmern. Die Angst schnürte mir die Kehle zu und ich kniff die Augen zusammen, bis bunte Lichter hinter meinen Lidern tanzten. Als ich sie wieder öffnete, sah ich einen Lichtschein, der allmählich heller wurde. Ich hielt die Luft an.

Sprachlosigkeit

»Kommt, Gräfin.« Die Stimme des Pfarrers war drängend und er sah über die Schulter, während er meiner Mutter die Hand entgegenstreckte und sie heranwinkte.

Mutter machte mit mir zusammen einen Schritt auf ihn zu, doch er stoppte uns mit einer Geste. »Nur Euer Gnaden. Der Bauer kann nur eine Person auf seinem Karren verstecken.«

»So war das nicht abgesprochen!«

»Ich weiß, Gnädigste, vergebt mir. Ich dachte, er hätte Heu geladen, aber da habe ich mich geirrt.« Man konnte ihm ansehen, dass es ihm die reinste Qual war, uns das mitteilen zu müssen.

Mutter richtete sich auf und schob mich nach vorn. »Dann bringt erst meine Tochter in Sicherheit.«

Die Worte durchfuhren mich wie Eiszapfen. Allein? Sie wollte mich allein fortschicken? Über das Licht der Kerze in seiner Hand sah ich den Widerspruch in den Augen des Pfarrers. »Aber gnädige Frau, Ihr müsst …«

»Erst sie.«

Ich hatte nicht gedacht, dass meine Angst noch größer werden könnte, aber das tat sie. »Mutter, nein, bitte! Schickt mich nicht allein weg!«, flehte ich, doch sie schob mich erbarmungslos von sich weg.

»Wir werden uns an einem Punkt außerhalb der Stadt treffen«, sagte sie. »Fürchte dich nicht, Ernestine. Es wird alles gut.«

Der Pfarrer nahm meine Hand. »Kommt. Wir haben keine Zeit zu verlieren.« Er zog mich hinter sich her. Ich konnte mich nicht einmal mehr von Nanni verabschieden. Ihre weit aufgerissenen Augen verfolgten mich und ich stolperte halb blind vor Tränen hinter dem Pfarrer her. Er hatte die Kerze nicht in der Gruft gelassen. Meine Familie blieb im Dunkeln zurück.

Als wir den Kirchsaal betraten, dämmerte es draußen schon. Der Pfarrer brachte mich zu einer Seitentür, die er vorsichtig öffnete. Nachdem er sich umgesehen hatte, zerrte er mich ins Freie. Es hatte geregnet und meine nackten Füße patschten über das rutschige Kopfsteinpflaster. Ich zog den Kopf zwischen die Schultern und wünschte mir sehnlichst meine Kleider zurück. Die feuchte Luft schien alle Gerüche zu verstärken und ich fragte mich, in welchem Misthaufen der vorige Besitzer meines Hemdes sich wohl gewälzt hatte.

Der Pfarrer sprach kein Wort mit mir, sondern grüßte die Menschen, die schon auf dem Weg zum Markt waren, als hätte er keine Sorge auf der Welt. Mich beachtete niemand und er brachte mich in eine Nebengasse, wo ein mit Fässern und Planen beladener Karren wartete. Ein grobschlächtiger Mann stand daneben und sah uns erwartungsvoll an. Als er mich erblickte, zog er eine Augenbraue hoch. Der Pfarrer zuckte nur mit den Schultern und schubste mich dem Mann zu, der mich einfach um die Mitte packte und auf den Karren hob. Ob er das bei meiner Mutter auch gewagt hätte?

»Da rein«, brummte er und deutete auf eine Lücke zwischen den Fässern.

Sobald ich mich zusammengekauert hatte, zog er eine Plane darüber und ich war unsichtbar. Erleichtert seufzte ich auf. Die beiden Männer besprachen noch leise etwas miteinander, dann wankte der Karren, als der Fahrer auf den Kutschbock stieg. Kurz darauf rumpelten wir los.

Die Freude darüber, nicht gesehen zu werden, wich bald der nächsten ohnmächtigen Angst. Ich bekam nicht mit, wohin wir fuhren. Dass wir die Stadt verlassen hatten, erkannte ich am Klang der Räder, doch wohin wurde ich gebracht? Wenn nun etwas schiefging und meine Mutter nicht zum vereinbarten Treffpunkt kam, was geschah dann mit mir?

Im Laufe der Fahrt lernte ich außerdem zu schätzen, wie gut unsere Kutschen gefedert waren. Der Karren war es nicht und jede noch so kleine Unebenheit auf dem Weg verpasste mir einen Stoß. Mehrmals musste ich die Fässer festhalten, wenn ein Rad des Wagens in eine Furche geriet, sonst wären sie auf mich gestürzt. Einerseits war das grässlich, andererseits beschäftigte es mich, sodass ich kaum Zeit hatte, mir Sorgen zu machen. Umso mehr erschrak ich, als der Bauer plötzlich die Plane über meinem Kopf wegriss, mich an beiden Oberarmen packte und regelrecht vom Wagen warf.

»Schnell, unter die Bäume! Da kommen Soldaten! Die durchsuchen mir garantiert den Karren. Lauft!« Er klatschte die Zügel auf den Rücken des Pferdes und fuhr davon. Einmal sah er noch über die Schulter und rief erneut: »Lauft!«

Ich rannte in die Senke neben der Straße und kletterte auf der anderen Seite einen Hang hinauf auf eine Baumgruppe zu. Vor den Bäumen wurde ich langsamer, denn der Boden war dort von Brombeeren überwuchert und ich hatte keine Schuhe. Ich wollte mich gerade umsehen, als hinter mir laute Rufe erschollen, begleitet vom Wiehern eines Pferdes. Angst trieb mich vorwärts. Ich sprang blindlings in die Dornen hinein und kämpfte mich durch das Gestrüpp, bis ich hinter einem Baum in eine Mulde stürzte. Zitternd rollte ich mich im dichten Laub zusammen. Hatten die Soldaten mich gesehen? Würden sie nach mir suchen?

Nach dem Stimmengewirr auf der Straße zu urteilen, war es ein Trupp von mehreren Berittenen, die den Bauern aufgehalten hatten. Vorsichtig hob ich den Kopf und versuchte, etwas zu erkennen. Dabei merkte ich, dass ich meine Kappe verloren hatte. Ich schluckte. Lag sie etwa als Wegweiser zu meinem Versteck mitten auf dem Hang?

Hufschläge dröhnten auf dem Boden und plötzlich sah ich den gefiederten Hut eines Soldaten am Waldrand auftauchen. Blitzschnell duckte ich mich und schloss die Augen. *Bitte, lieber Gott, bewahre mich, bitte beschütze mich, bitte lass ihn wieder wegreiten, bitte, Herr, erbarme dich ...* Mit aller Macht biss ich die Zähne zusammen, um nur kein Geräusch zu machen. Tränen der Angst liefen mir in Strömen über die Wangen und brannten in den Kratzern der Dornen.

»Verdammt!«, fluchte eine Männerstimme. Sie klang nah, viel zu nah!

Lautes Trampeln, Rascheln von Laub und das Schnauben eines Pferdes ließen mir die Haare zu Berge stehen. Ich versuchte, mit dem Erdboden zu verschmelzen, wusste, dass es nicht möglich war, wusste, dass er nur hinter diesen Baum schauen musste, um mich zu sehen, und dann wäre es aus mit mir. Ein heißer Strom ergoss sich über meine Beine und durchnässte die Hose, die von den Dornen zerfetzt an meiner Haut klebte.

»Hier ist nichts!«

Die Stimme hatte sich entfernt und ich stöhnte vor Erleichterung auf. Dann fing ich erneut hemmungslos zu weinen an. Lange Zeit nahm ich nichts mehr um mich herum wahr. Meine Nase war zugeschwollen und ich musste durch den Mund atmen. Mein ganzer Körper schmerzte, nicht nur wegen der Dornen, die in meinen Füßen steckten und mir die Haut zerkratzt hatten, sondern auch wegen der langen Anspannung. Ich hatte mich völlig verkrampft und war mir nicht sicher, ob ich mich überhaupt noch strecken konnte. Ich wollte es auch gar nicht. Ich wollte für immer hier eingerollt bleiben, bis ich starb und keine Angst mehr haben musste.

Irgendwann hörte ich wieder Stimmen. Ich blinzelte vorsichtig, hob jedoch nicht den Kopf. Das Licht hatte sich völlig verändert. Anscheinend war es schon später Nachmittag. Ich horchte. Ja, unten auf der Straße waren Menschen, aber es klang nicht, als handele es sich um Soldaten. Auch Frauenstimmen waren zu hören.

»Ernestine!«

Der Ruf drang laut und deutlich zu mir in mein Versteck.

»Ernestine, wo bist du?«

Hier, dachte ich. Mein Mund war völlig ausgetrocknet und die Zunge klebte mir am Gaumen. Ich schaffte es gerade so zu schlucken.

»Sie muss hier irgendwo sein. Der Bauer hat mir genau beschrieben, wo er sie abgesetzt hat.«

Das war eine Männerstimme, näher als der Ruf der Frau vorhin.

»Vorsicht, Euer Gnaden, hier sind überall Dornen.«

Euer Gnaden. Dann war meine Mutter hier und suchte mich.

»Ernestine!«

Ja, das war Mutter. Ich versuchte, mich zu bewegen, mich aufzurichten, aber meine Gliedmaßen gehorchten mir nicht. Ich lag da wie ein Stein.

»Da, seht doch! Da liegt etwas mitten im Gestrüpp.«

»Sie kann doch nicht mitten durch die Brombeeren gekommen sein.«

Rascheln und unterdrücktes Fluchen.

»Könnt Ihr etwas erkennen?«

»Ja, es ist … aua … es ist eine Mütze, gnädige Frau.«

»Sucht weiter! Sie muss dort irgendwo sein! Ernestine!«

Warum bewegte ich mich nicht? War ich vielleicht schon tot, vor Angst gestorben? Aber dann würde ich doch nicht mehr hier liegen und Schmerzen leiden, oder?

Es war klar zu hören, dass sich jemand einen Weg durch die Brombeeren bahnte. Ich hörte ihn schnaufen und unwirsch knurren und wünschte ihm, dass er Stiefel anhatte und nicht wie ich barfuß war.

»Großer Gott«, sagte der Mann kurz darauf direkt über mir. »Hier ist sie!«, rief er über seine Schulter, dann hockte er sich neben mich und legte eine Hand auf meine Schulter.

Meine Augen klappten wieder zu. Ich wollte ihn nicht ansehen, wollte mir nicht vorstellen, was für einen Anblick ich bot. Er zögerte kurz, doch dann hob er mich behutsam hoch und trug mich aus dem Wald hinaus.

»Um Gottes willen, Ernestine!« Die entsetzte Stimme meiner Mutter trieb mir neue Tränen in die Augen. »Was ist mit dir passiert?«

»Sie muss in ihrer Angst mitten durch die Dornen gelaufen sein. Überall sind Blutspuren. Seht nur ihre armen Füße«, sagte der Mann.

Jetzt spürte ich Mutters Hand über mein Gesicht streichen. »Wir haben dich gefunden. Jetzt bist du in Sicherheit«, flüsterte sie, aber ich glaubte ihr nicht. Es musste doch nur der nächste Trupp Soldaten kommen und uns töten. Sicherheit war eine Illusion.

Ich erwachte in einem Bett. Jemand wischte mir mit einem feuchten Tuch das Gesicht ab. Mein Kopf schmerzte und meine Augenlider schienen zusammengeklebt zu sein, denn ich konnte sie nicht öffnen. Langsam hob ich eine Hand, um mir die Augen zu reiben. Sie wurde festgehalten und das feuchte Tuch wanderte mit sanftem Druck über meine Lider. Ich blinzelte. Jetzt konnte ich die Augen aufschlagen und sah Marlene auf mich herablächeln.

»Da seid Ihr ja wieder, liebe Komtess«, sagte sie leise und küsste meine Stirn.

Ich seufzte.

»Trinkt etwas.« Sie schob ihren Arm unter meine Schultern und richtete mich etwas auf, um mir einen Becher an die Lippen halten zu können. Erst erschien es mir zu mühsam, doch sobald der erste Tropfen in meinen Mund gelangt war, spürte ich, wie durstig ich war. Ich trank den ganzen Becher leer.

»Ist sie wach?«

»Ja, Herrin, sie ist gerade zu sich gekommen.«

Marlene verschwand von meiner Bettkante und stattdessen tauchte Mutter auf.

»Ernestine«, sagte sie zärtlich und strich mir über die Wange. »Wie geht es dir?«

Ich sah sie nur an. Das Schlucken hatte ich zwar gut bewältigt, aber Worte zu formen, war ein Ding der Unmöglichkeit. Außerdem stand mir immer noch der stahlharte Blick dieser Frau vor Augen, mit dem sie mich in die Jungenkleidung gezwungen hatte. Ich verstand das alles nicht. Wie konnte sie in einem Moment so liebevoll sein und im anderen so hartherzig? Ich schloss die Augen wieder. Eine Weile geschah nichts, dann spürte ich, wie meine Mutter aufstand.

»Konntest du alle Dornen aus ihren Füßen entfernen?«, fragte sie Marlene.

»Ich hoffe es, Herrin. Sie wird es mir sagen können, wenn es noch irgendwo schmerzt.«

»Lass sie ruhen. Ich denke, in ein paar Tagen wird sie wieder ganz die Alte sein.«

In den nächsten Tagen schlief ich sehr viel. Morgens und abends wusch Marlene mir die Wunden und rieb sie mit einer Heilsalbe ein. Ich setzte mich bald schon im Bett auf, benutzte den Nachttopf ohne Hilfe und wanderte manchmal zum Fenster, um dort auf dem Stuhl zu sitzen und hinauszuschauen. Doch meistens kroch ich nach kurzer Zeit wieder ins Bett und schlief weiter. Bisher hatte ich noch kein Wort gesprochen. Ich wollte auch nicht denken.

Wir waren wieder in der Freusburg, aber ich hatte keinerlei Erinnerung daran, wie wir hierhergekommen waren. Auch wie Mutter und Marlene und Nanni aus Hachenburg entkommen waren und wie sie mich gefunden hatten, wusste ich nicht. Oder was mit Korporal Quast und Catharina geschehen war. Insbesondere das wollte ich nicht wissen. Ich wollte nicht hören, dass sie möglicherweise gefangen genommen oder sogar getötet worden waren. Lieber blieb ich allein in meinem Zimmer, schlief oder starrte aus dem Fenster.

Nanni schien die ganze Situation gar nichts auszumachen. Sie war fröhlich wie eh und je, versuchte ab und an, mich zum Spielen zu bewegen, aber da es ihr nicht gelang, gab sie es schnell auf und suchte sich ihre Spielgefährten unter den Kindern der Bediensteten. Mutter war zu beschäftigt, um etwas dagegen zu unternehmen, und Marlene machte den Eindruck, als wäre es ihr ganz recht, dass sie nicht ständig gefordert war. Manchmal setzte sie sich zu mir und starrte genauso gedankenverloren auf die bewaldeten Hügel um uns herum wie ich.

Die Ruhe währte nicht lange. Schon zwei Wochen nach unserer Ankunft auf der Freusburg wurden anrückende Soldaten gemeldet. Panik erfasste mich. Hatte Bischof von Wartenberg mit Hachenburg etwa nicht genug? Musste er auch noch die Freusburg besitzen? Mit einem Schaudern erinnerte ich mich an seinen berechnenden Blick. Wenn wir ihm nur nicht in die Hände fielen!

Ich konnte nicht mehr schlafen. Wie schon in Hachenburg fühlte ich mich gefangen und hilflos allen Gefahren ausgesetzt, obwohl die dicken Mauern der alten Burg auf ihrem Bergsporn noch viel schwerer einzunehmen waren als das Schloss. Doch der Hunger konnte uns auch hier den Garaus machen. Diesmal hatten wir keine Chance, uns zu bevorraten, und Mutter begann umgehend, Fluchtpläne zu schmieden.

Irgendwann bekam ich am Rande mit, dass es sich bei diesen Soldaten um Truppen des Kurfürsten von Trier handelte. Noch einer, der die Finger nach der Grafschaft ausstreckte, trotz der Erlasse des Reichskammergerichts. Diese Katholiken waren anscheinend alle gleich oder steckten sogar unter einer Decke. Wer wusste das schon? Das Ergebnis war dasselbe: Wir saßen in der Falle und mussten um unser Leben fürchten.

Meine Wunden waren zum Glück gut verheilt, mit Ausnahme einer Stelle an der linken Ferse. Es war zwar nichts mehr zu sehen, aber wenn ich falsch auftrat, spürte ich einen stechenden Schmerz. Daher war mir sehr mulmig zumute, als Mutter mir eröffnete, wir würden zu Fuß fliehen. Sie hatte es geschafft, einen Boten zu Landgraf Georg zu schicken, der ihr Zuflucht im Schloss Friedewald angeboten hatte. Da seine Truppen derzeit in der Nähe stationiert waren, würde er uns eine Kutsche und eine berittene Leibgarde zur Verfügung stellen, vorausgesetzt, wir schafften es, bis nach Kirchen zu kommen.

Wir mussten schnell handeln. Die kurfürstlichen Truppen schlugen bereits am Ufer der Sieg ihre Lager auf. Nur von dieser Seite war ein Zugang zur Burg möglich. Einerseits war das gut, denn sie konnten uns nicht umzingeln. Andererseits würden wir, sobald dieser Zugang abgeriegelt war, keinen Fluchtweg mehr haben, denn die Steilhänge konnten wir nicht hinunterklettern.

Ich beobachtete alle Vorbereitungen in schweigender Anspannung. Würden wir uns wieder verkleiden müssen? Würde ich wieder allein weggeschickt und in die Hände irgendeines Grobians gegeben werden? Mutter konnte mir noch so oft versichern, dass wir alle zusammenbleiben würden, ich glaubte ihr nicht. Beim letzten Mal hatte sie auch behauptet, sie würde bei mir bleiben, und hatte es nicht getan.

Dann war der Moment gekommen. Wie schon in Hachenburg warteten wir den Einbruch der Dunkelheit ab und schlichen uns dann aus der Burg. Allerdings folgten wir nicht der Straße hinab zum Ort Freusburg, wo die Soldaten wachten, sondern liefen über einen schmalen Höhenweg hinüber zur Kapelle, die ein ganzes Stück von der Burg entfernt lag. Dort warteten wir mehrere Stunden, bewacht von zwei Knechten, die mit Knüppeln und Mistgabeln bewaffnet waren. Die Augustnacht war ungewöhnlich kühl und ich fror in der düsteren Kapelle. Das einzige Licht kam von einer Kerze, die vor dem Kreuz auf dem Altar brannte. Ob sie dort immer brannte oder für uns angezündet worden war, wusste ich nicht.

Anders als bei unserer Flucht aus Hachenburg schlief Nanni

nicht. Entweder sie jammerte und weinte oder sie stellte endlose Fragen, die Marlene, so gut sie konnte, beantwortete. Einerseits bewunderte ich ihre Geduld, andererseits wünschte ich, sie würde Nanni einfach sagen, sie solle still sein.

Früher hatte ich das getan, wenn meine Schwester mir auf die Nerven ging, aber jetzt konnte ich es nicht. Es war gar nicht so, dass ich eine bewusste Entscheidung getroffen hatte, nicht mehr zu sprechen, und ich fragte mich, ob ich meine Sprache jemals wiederfinden würde. Oder meine Zuversicht. Beides schien weit entfernt, wie am anderen Ufer eines riesigen Sees, das ich nicht erreichen konnte. Angst regierte meine Gedanken, keine lähmende Panik, wie ich sie allein in dem kleinen Waldstück empfunden hatte – die Erinnerung daran trieb mir noch immer die Schamesröte ins Gesicht –, sondern eine nagende Gewissheit, dass all unser Handeln vergebens war, dass wir ewig würden bangen und fliehen müssen, bis uns schließlich unser Ende ereilte. Ein grausames Ende.

»Wann kommt unsere Kutsche?«, fragte Nanni.

»Wir werden laufen«, antwortete Marlene.

»Warum?«

»Weil es nur eine Straße gibt, auf der die Kutsche fahren kann, und da sind die Soldaten.«

»Warum fahren wir nicht wieder mit einem Bauern?«

»Hier ist kein Markt, Johannette«, schaltete sich jetzt meine Mutter ein. »In Hachenburg fahren viele Karren zum Markt und wieder hinaus zu den Dörfern. Das ist hier anders. Außerdem werden die Soldaten erfahren haben, wie wir aus Hachenburg entkommen sind. Sie werden jeden Wagen und jede Person auf dem Wagen genauestens prüfen. Keine Verkleidung der Welt würde dem standhalten.«

»Aber im Hof stand doch ein Wagen mit unseren Sachen.«

Ich sah Nanni erstaunt an. Das hatte ich gar nicht bemerkt.

»Der Wagen wird morgen Abend losfahren und hoffentlich die Soldaten ablenken. Sie werden unsere Flucht bemerken und anfangen, um die Burg herum zu suchen, aber wir sind dann weit weg. Bis ihnen das klar wird, haben wir Friedewald hoffentlich schon erreicht.«

»Wie sollen wir denn weit wegkommen, wenn wir hier in der Kapelle sitzen?«, wollte Nanni wissen.

Das fragte ich mich auch und sah Mutter misstrauisch an.

»Wir warten auf einen Führer, der uns sicher und unbemerkt ins Tal bringt. Er wird bald hier sein.«

Wie aufs Stichwort hörten wir die Knechte draußen rufen. Ich kauerte mich instinktiv zusammen. Am liebsten wäre ich unter die Kirchenbank gekrochen. Mutter stand auf und brachte Nanni mit einer Handbewegung zum Schweigen. Zur Sicherheit nahm Marlene sie auf den Schoß. Die Tür wurde geöffnet und kühle, würzige Luft strömte herein und brachte die Kerze auf dem Altar zum Flackern. Durch die tanzenden Schatten trat ein magerer Junge in den Kirchsaal, zog sich die Mütze vom Kopf und verbeugte sich.

Ich starrte ihn an. Der Junge war barfuß, seine Hosenbeine waren zerrissen und sein Gesicht war so dreckig, dass das Weiße seiner Augen regelrecht daraus hervorzuleuchten schien. In der Hand hielt er eine Laterne, die allerdings ringsum abgedunkelt war.

»Wer bist du?«, fragte Mutter.

»Alexander«, murmelte der Junge, den Kopf gesenkt.

Einer der Knechte war hinter ihm in die Kirche gekommen. »Er wird die gnädige Frau und die Junggräfinnen sicher ins Tal bringen. Alexander kennt hier jeden Schleichweg, nicht wahr?« Der Knecht legte dem Jungen eine Pranke auf die Schulter.

Alexander nickte stumm und riskierte einen Blick auf die Gräfin.

Die zögerte nur einen Augenblick, dann wandte sie sich an uns. »Kommt«, sagte sie bestimmt und bedeutete dem Jungen vorauszugehen.

Ich folgte ihr und Marlene bildete mit Nanni an der Hand das

Schlusslicht. Alexander huschte wie ein Schatten vor uns her, ohne die Schieber der Laterne zu öffnen, und ich fragte mich, wozu er sie überhaupt dabeihatte.

Hinter uns hörte ich die schweren Schritte und das Schnaufen der Knechte, bis wir plötzlich anhielten.

»Hier geht es steil nach unten«, hörte ich Alexanders Stimme aus der Dunkelheit.

»Wir werden hier oben Wache halten«, brummte einer der Knechte. »Viel Glück und Gott befohlen.«

Dann erklang ein metallisches Ratschen und ein Lichtstrahl fiel auf den Boden. Jetzt konnte ich sehen, dass wir auf einem Felsvorsprung standen. Unter uns lagen die in Schwärze getauchten Wipfel der Bäume und links von uns war ein schmaler Pfad zu erkennen, der an der Felswand nach unten führte.

Ich spürte, wie meine Knie weich wurden und zu zittern begannen. Da sollten wir hinuntersteigen? Ein einziger Fehltritt würde genügen, um in die Tiefe zu stürzen. Am liebsten hätte ich mich auf den Boden gesetzt und geweint, aber Alexander ging bereits weiter und Mutter folgte ihm.

Marlene legte eine Hand auf meinen Rücken und schob mich auf den Abgrund zu. »Setzt Eure Füße mit Bedacht«, sagte sie leise. »Nanni, schaut genau auf Eure Schwester und geht ganz vorsichtig. Wir werden das schaffen.«

Das war leichter gesagt als getan. Meine Röcke versperrten mir die Sicht, sodass ich jeden Schritt mit den Zehenspitzen ertasten musste. Zudem lief Alexander wie eine Bergziege den Pfad entlang und das Licht seiner Laterne schwankte nicht nur ständig, sondern wurde mit zunehmender Entfernung auch immer schwächer. Die hüpfenden Schatten machten mich schwindelig und ich musste mehr als einmal stehen bleiben und mich orientieren.

»Gräfin!«, rief Marlene leise, als ich erneut mit dem Rücken an die feuchte Felswand gepresst verharrte. Zu spät bemerkte ich das dünne Rinnsal, das mir eiskalt in den Rücken lief. Ich schrie auf und wäre beinahe gestürzt, hätte Marlene mich nicht über Nannis Kopf hinweg am Arm gepackt.

Durch das Dröhnen in meinen Ohren hörte ich Mutter den Jungen zurückrufen.

»Weiter, Komtess. Ihr müsst weitergehen«, drängte Marlene.

Ich fing an zu schluchzen. Wir würden alle sterben, ich wusste es genau!

Mutter kam zurück und nahm meine Hand. »Los!«, befahl sie in einem Ton, der keinen Widerspruch duldete.

Ich setzte mich wieder in Bewegung, langsam, Schritt für Schritt. Beim dritten Schritt musste ich Mutters Hand wieder loslassen. Mein Rock war irgendwo hängen geblieben. Als ich ihn befreien wollte, merkte ich, dass Nanni sich daran festhielt. Ich brachte es nicht übers Herz, sie daran zu hindern. Zu meinem Erstaunen gab mir der leichte Zug hinten etwas Sicherheit und für eine Weile kamen wir besser voran.

Es begann zu regnen.

»Das hat uns gerade noch gefehlt«, brummelte Marlene.

Kaum hatte sie das gesagt, rutschte mir der Fuß weg. Ich konnte mich gerade noch abfangen, doch im nächsten Moment schoss ein stechender Schmerz durch meine Ferse.

»Was ist passiert?«, fragte Mutter.

Ich biss die Zähne zusammen und humpelte vorsichtig weiter. Wann waren wir endlich unten?

»Ich kann nicht mehr!«, jammerte Nanni.

»Ihr müsst«, erwiderte Marlene. Sie klang traurig. »Ich kann Euch nicht tragen.«

»Stine, trag du mich!« Nanni zerrte so heftig an meinem Rock, dass ich nach hinten treten und die Ferse belasten musste. Wieder jagte Schmerz durch mein Bein und ich setzte mich abrupt auf den Boden. Meine rechte Hand griff ins Leere und ich kippte zur Seite.

»Stine!«, kreischte Nanni entsetzt.

Ich fiel, aber nicht weit. Mit einem Ruck, der mir bis in die Knochen fuhr, landete ich auf Händen und Knien. Einige Steine und Erdbrocken kullerten polternd ins Tal, aber ich war von einem Felsvorsprung aufgefangen worden. Der Lichtkegel der Laterne erfasste mich und ich konnte mich aufrichten. Meine Handballen waren aufgeschürft und meine Knie schmerzten, aber ich war nicht ernstlich verletzt.

Mutter und Marlene knieten sich auf den Weg und streckten mir ihre Hände entgegen. Als ich mich auf die Zehenspitzen stellte, konnte ich sie gerade erreichen. Gemeinsam zogen sie mich zurück auf den Pfad, wo ich einen Moment lang sitzen blieb. Nanni weinte. Ob ich das auch tat, merkte ich gar nicht mehr.

»Kannst du noch laufen?«, fragte Mutter.

Ich kämpfte mich auf die Füße und hörte sie erleichtert aufatmen.

»Wir haben es bald geschafft«, sagte sie.

Dann ging es weiter. Jetzt schmerzte meine Ferse bei jedem Schritt, was ich mal besser, mal schlechter abfedern konnte. Irgendwann gab ich es auf, weil mir durch die zusätzliche Beanspruchung bereits die Beine zitterten. Ich konnte nicht mehr humpeln und war froh, dass der Schmerz irgendwann dumpfer wurde und sich auszubreiten schien. Das ließ sich besser ertragen.

Wir waren inzwischen unter das Dach der Bäume getaucht und Alexander hatte einen zweiten Schieber seiner Laterne geöffnet, sodass wir besser sehen konnten. Der Weg war noch immer kaum mehr als ein Trampelpfad und führte steil bergab, aber er schlängelte sich jetzt zwischen den Baumstämmen hindurch und wir liefen nicht mehr Gefahr abzustürzen.

Ich bewegte mich wie in Trance vorwärts, weiter und immer weiter, bis ich fast im Gehen einschlief. Als Mutter stehen blieb, stieß ich gegen sie und taumelte rückwärts. Im nächsten Moment saß ich auf dem Boden, ohne recht zu wissen, wie ich dorthin geraten war. Unmittelbar neben uns rauschte Wasser.

»Wir werden hier bis zur Dämmerung eine Pause machen«,

sagte Mutter. »Es ist zu gefährlich, den Fluss im Dunkeln zu überqueren. Lösch das Licht.«

Alexander schloss die Klappen der Laterne. Ohne den Schein, egal wie schwach er gewesen war, fühlte sich die Nacht gleich kälter an. Das leise Tropfen des Regens war über das schnell fließende Wasser des Flusses nicht zu hören. Zum Glück war das Blätterdach recht dicht, sodass wir halbwegs geschützt waren. Ich rollte mich auf dem Boden zusammen, wo ich saß, legte den Kopf auf die Arme und war binnen kürzester Zeit eingeschlafen.

Sicherheit

Als Mutter mich weckte, hatte ich das Gefühl, gerade erst eingeschlafen zu sein. Der Regen hatte aufgehört, um uns herum erhob sich das reinste Vogelkonzert und der Himmel leuchtete in einem kräftigen Orange über den bewaldeten Hügeln ringsum. Im ersten Moment dachte ich, mir wären die Glieder erfroren, so steif fühlten sie sich an. Sobald ich auf den Füßen und ein wenig herumgelaufen war, kehrte jedoch etwas Wärme in sie zurück und mit ihr leider auch die Schmerzen. Ich versuchte, nicht daran zu denken, und sah mich um.

Die Burg war von unserem Standort hier im Tal aus nicht zu sehen, aber am anderen Ufer standen in einiger Entfernung ein paar Häuser. Wir befanden uns an einer relativ schmalen Biegung der Sieg, über die ein Baumstamm gestürzt war. Ich sah Mutter an, die ihn nachdenklich betrachtete.

»Wo ist der Junge?«, fragte Marlene, die sehr zerzaust aussah und Nanni auf dem Arm hielt.

»Er ist vorgelaufen, um uns einen Wagen zu schicken. Wenn wir Glück haben.« Mutter seufzte. Auch an ihr war der lange Marsch nicht spurlos vorübergegangen. Tiefe Ringe lagen unter ihren Augen und Schmutzschlieren zogen sich über ihr Kleid. Wir waren alle dreckig, aber ich sah regelrecht zerlumpt aus. Meine Röcke waren an mehreren Stellen zerrissen und die Schrammen in meinen Handflächen brannten. Wie meine Beine aussahen, wollte ich gar nicht wissen.

»Warten wir hier auf ihn?« Marlene klang hoffnungsvoll.

»Wir müssen da rüber.« Mutter zeigte auf das Dörfchen.

Marlenes Gesichtszüge entgleisten, als sie von Mutters Finger zu den Häusern und dann auf den Baumstamm schaute.

»Nein, das ... das kann ich nicht«, stotterte sie entsetzt. »Wie sollen wir denn ...?« Sie drückte Nanni unwillkürlich an sich. Die fing an zu quengeln und rieb sich die Augen.

»Der Junge ist einfach hinübergelaufen«, sagte Mutter leise und zuckte hilflos mit den Schultern. Vermutlich war ihr ebenso klar wie mir, dass wir *nicht* einfach hinüberlaufen würden.

Erstaunt stellte ich fest, dass ich keine Angst hatte. Es war sicher nicht schwer. Der Baumstamm hatte eine glatte Rinde und kaum Äste bis zur Krone, die am anderen Ufer lag. Ich humpelte an dem großen Wurzelballen vorbei, setzte mich rittlings auf den Stamm und rutschte Stück für Stück über den Fluss. Drüben hielt ich mich an einem Ast fest und ließ mich auf den Boden gleiten.

Es dauerte eine Weile, bis Marlene und Mutter Nanni überredet hatten, es mir nachzumachen. Ich setzte mich solange ans Ufer und starrte in die Wellen. Als neben mir die Baumkrone zu beben begann, hob ich den Blick und hätte fast gelacht. Mutter rutschte vorneweg, dann kam Nanni und zum Schluss Marlene mit gerunzelter Stirn und bleichem Gesicht. Ich war mir ziemlich sicher, dass im ganzen Heiligen Römischen Reich Deutscher Nation noch nie eine Gräfin auf diese Art einen Fluss überquert hatte, denn es sah weder elegant noch schicklich aus, wie ihre weißen Beine über dem Wasser baumelten, während sich die Röcke hinter ihr aufbauschten. Meine Mundwinkel zuckten und ich schaute schnell weg.

Bis zum Dorf war es nicht mehr weit. Wir überquerten eine Wiese. Das offene Gelände machte uns nervös, auch wenn weit und breit kein Soldat in Sicht war, und so blickten wir uns ständig um. Kaum hatten wir das erste Gehöft erreicht, bog Alexander um die Ecke und winkte uns. Etwas in seiner Haltung ließ uns schneller laufen. Er wartete nur kurz, um sicherzugehen, dass wir uns beeilten, dann verschwand er wieder.

Ich umrundete die Hausecke als Erste und sah ihn am Eingang einer Scheune stehen. Wieder winkte er und ich humpelte, so schnell ich konnte, auf ihn zu.

»Hier herein!«, rief er. In der Scheune stand ein Leiterwagen voller Stroh, jedoch noch ohne Zugtier. Ich war schon halb hinaufgeklettert, ehe Mutter mit Nanni auf dem Arm in die Scheune kam. Marlene folgte kurz darauf. Sie schnaufte wie ein alter Ackergaul und musste sich erst einmal an einem Balken abstützen und nach Luft schnappen.

»Hast du etwas zu trinken für uns, Junge?«, fragte sie keuchend.

Alexander schaute verdutzt. »Ich frage meine Tante«, murmelte er und schob sich zur Tür hinaus, die er vorsichtig schloss.

Ich warf mich ins Stroh und seufzte tief. Nach der anstrengenden Nacht und der wenig erholsamen Ruhe auf dem harten Boden fühlte es sich an wie das weichste Federbett, obwohl die Halme mir in den Hals stachen. Mit geschlossenen Augen spürte ich, wie das Zucken in meinen Beinen und der pochende Schmerz in der Ferse nachließen. Wohlige Wärme breitete sich in mir aus und innerhalb von Sekunden war ich eingedöst. Leider wurde ich schon nach kürzester Zeit wieder geweckt. Nanni sprang in den Wagen und landete so dicht neben mir, dass ich auf die Seite geworfen wurde und aufschrie. Mutter und Marlene folgten langsamer und ich konnte es Mutters zusammengekniffenen Lippen ansehen, dass sie es hasste, sich wie ein gewöhnlicher Dieb im Stroh zu verstecken. Doch was blieb uns anderes übrig?

Sie reichte mir ein Stück Brot, das zwar nicht frisch, aber auch nicht knochenhart war. Ich kaute wortlos darauf herum und fragte mich, was jetzt geschehen würde. Sobald ich aufgegessen hatte, legten wir uns alle hin und warfen Stroh über uns, bis wir nicht mehr zu sehen waren. Nanni nieste kräftig und auch mir kitzelte Staub in der Nase.

Nach einer Weile wurden die Tore der Scheune aufgeschoben und der unverwechselbare Geruch von Kühen stieg mir in die Nase. Nach dem Klirren und Schnauben zu urteilen, das vom vorderen Ende des Leiterwagens zu uns drang, wurden zwei Ochsen angespannt. Ein lautes »Ha!« ertönte und der Wagen setzte sich mit mehreren Rucken in Bewegung.

»Wohin fahren wir?«, piepste Nanni und wollte den Kopf heben, um aus dem Stroh herauszuschauen. Mutter hinderte sie daran.

»Leise!«, zischte sie und zog Nanni näher zu sich. »Wir werden nach Kirchen gebracht, wo unsere Kutsche auf uns wartet.«

»Warum kann die Kutsche uns nicht hier abholen?«, quengelte Nanni weiter, was nur dazu führte, dass Mutter ihr den Mund zuhielt.

»Du darfst nicht reden«, flüsterte sie energisch.

Ich drehte ihnen den Rücken zu und bohrte mit der Hand einen kleinen Tunnel ins Stroh, bis ich freien Blick nach draußen hatte. Viel konnte ich nicht erkennen, aber es war besser, als die Halme vor meiner Nase zu zählen. Natürlich stürzte der Tunnel bei jeder Erschütterung ein und ich musste einen neuen graben, doch so hatte ich wenigstens zu tun.

Einmal wurden wir aufgehalten und der Bauer befragt, der den Wagen lenkte. Wir hielten alle die Luft an. Ausgerechnet jetzt musste meine Nase wieder anfangen zu jucken! Ich wackelte mit den Nasenflügeln, schob die Lippen hin und her, aber es nützte nichts, das Jucken wurde schlimmer. Langsam, unendlich langsam, um ja nicht zu rascheln, hob ich die Hand und hielt mir die Nase zu. Der Wagen rumpelte wieder los und ich hörte Mutter erleichtert aufatmen. Von Marlene, die hinter ihr lag, bekam ich nichts mit. Sobald ich meine Nase losließ, musste ich niesen und blieb wie erstarrt liegen.

Hatte man mich gehört? Ängstlich sah ich zu Mutter, die ebenfalls reglos verharrte und zu lauschen schien. Wer auch immer uns angehalten hatte, er hatte offenbar nichts bemerkt, denn der Wagen fuhr unbehelligt weiter. Ich atmete erleichtert auf.

Die Zeit verstrich und meine Aufmerksamkeit ließ nach. Das fortwährende Schaukeln des Wagens wirkte einschläfernd und je länger wir nicht entdeckt wurden, desto mehr legte sich meine Angst. Damit hatte ich nichts mehr, was mich wach hielt, und ich hatte keine Vorstellung davon, wie lange wir unterwegs gewesen waren, als der Wagen endlich an seinem Ziel angekommen war.

Mühsam kletterten wir aus dem Stroh und verbrachten erst einmal geraume Zeit damit, den Staub aus unseren Kleidern zu klopfen und uns gegenseitig die Halme aus den Haaren zu ziehen. Wir befanden uns im Hof eines größeren Hauses, und als ich mich umschaute, war ich heilfroh, eine ordentliche Kutsche mit zwei kräftigen Pferden zu sehen, die uns offenbar erwartete.

Der Kutscher ignorierte unseren zerlumpten Zustand und begrüßte meine Mutter mit einer tiefen Verbeugung. Mutter ging mit ihm ein paar Schritte zur Seite und nach einer kurzen Unterredung verbeugte er sich erneut und verschwand im Haus.

»Jetzt haben wir es bald geschafft, meine Lieben. Der Kutscher hat mir versichert, dass die Strecke bis Friedewald frei ist und wir in wenigen Stunden dort sein werden. Er holt uns noch etwas zu essen und dann geht es weiter.«

Bei dem Wort »Essen« knurrte mein Magen laut und vernehmlich und Marlene horchte auf. Die Kinderfrau sah furchtbar aus. Ich kannte ihr Alter nicht, aber im Moment wirkte sie wie eine Greisin mit eingefallenen Wangen und gebeugter Haltung. Von der plötzlichen Angst überrollt, sie könnte im nächsten Augenblick tot umfallen, ging ich zu ihr und nahm ihre Hand. Ihr Mund verzog sich zu einem müden Lächeln, aber die Augen behielten ihren verängstigten Ausdruck. Diese zweite Flucht setzte ihr offensichtlich sehr zu.

Der Kutscher kehrte mit einem großen Korb zurück, den er in den Fußraum der Kutsche schob. Dann half er uns einzusteigen, verschloss die Tür und fuhr los. Ich ließ mich auf die weichen Sitze sinken und atmete tief den Geruch von Leder ein, während Mutter den Korb öffnete. Brot, Käse, Wurst und ein Krug mit Buttermilch lachten uns entgegen. Es kam mir vor wie das reinste Festmahl und ich aß, bis ich fast platzte.

Draußen setzte die Dämmerung ein, doch ich war jetzt hellwach. Ob unser Glück anhalten würde? Wo ich noch vor Kurzem felsenfest überzeugt gewesen war, bald zu sterben, machte sich jetzt neue Hoffnung breit. Meine Lebensgeister waren wieder erwacht, ebenso wie die von Nanni. Sie rutschte von der Bank und kletterte auf Mutters Schoß, wo sie nur herumzappelte, bis Mutter sie neben sich setzte. Von dort kam sie zu mir und schaute aus dem Fenster, hopste zur anderen Seite und wieder zurück. Ein ständiges Hin und Her, das uns allen an den Nerven zerrte und die Kutsche noch mehr zum Schwanken brachte, als die Straße es tat. Ich war erstaunt, wie lange Mutter es ertrug, bis sie dem Treiben Einhalt gebot.

Tief in der Nacht erreichten wir Schloss Friedewald. Offenbar wurden wir erwartet, denn die Tore waren weit geöffnet und das Schloss hell erleuchtet. Ich musste blinzeln, als die Kutsche einen Brunnen umrundet hatte und vor der Eingangstreppe zum Stehen kam. Mehrere Diener eilten herbei, halfen uns auszusteigen und begleiteten uns die lang gezogene Treppe hinauf ins Schloss. Ich hatte kaum Gelegenheit, mich umzuschauen. Nanni drängte sich an mich, da Mutter Marlene stützen musste. Das lenkte mich so ab, dass ich den stattlichen Herrn zunächst gar nicht bemerkte, der uns in der Eingangshalle entgegenkam.

»Louise! Gott sei Dank seid Ihr hier! Alle unversehrt, wie ich hoffe?« Er musterte Mutter und Marlene besorgt.

»Es geht uns gut, danke Georg.« Sie wandte sich an eine Magd, die neben der Treppe bereitstand. »Kümmere dich bitte um unsere Kinderfrau. Ich fürchte, die ganze Tortur hat ihr die letzten Kräfte geraubt.«

»Selbstverständlich«, erwiderte die Magd leise, machte einen Knicks und führte Marlene weg.

Zu meiner Überraschung verneigte sich meine Mutter vor dem Mann, sobald Marlene weg war. Georg! Natürlich, das war der Landgraf, unser Vormund! Hastig ging ich ebenfalls in die Knie und zog Nanni mit hinunter. Dummerweise verlor sie dabei das Gleichgewicht, hielt sich an mir fest und riss mich mit zu Boden, weil meine Beine unter dem neu aufflammenden Schmerz in meiner Ferse nachgaben.

»Um Himmels willen!«, rief der Landgraf und klatschte in die Hände. »Bitte, helft den Junggräfinnen auf und begleitet sie in ihre Zimmer. Wir haben alles so gut vorbereitet, wie es in der Kürze der Zeit möglich war.«

Zwei Diener halfen uns auf die Füße. Ich unterdrückte ein Stöhnen, denn ich war wieder auf die Knie und Hände gefallen, die noch von meinem Sturz am Berg wund waren. Landgraf Georg bemerkte es dennoch. Er kam zu mir, beugte sich zu mir herab und nahm meine Hände in seine.

»Ihr seid verletzt, Komtess?« Eine Strähne seiner blonden Haare rutschte nach vorn.

Mir brannten die Wangen beim Blick in seine blauen, freundlichen Augen.

Ohne meine Hände loszulassen, richtete er sich auf und sah sich um. »Bringt mir den Regimentsarzt«, befahl er einem Soldaten, der sich augenblicklich auf den Weg machte. »Anne?« Landgraf Georg winkte eine weitere Magd heran. »Versorge die Junggräfinnen mit allem, was sie brauchen.« Sein Blick kehrte zu mir zurück. »Habt keine Angst, Ernestine. Ihr seid jetzt in Sicherheit.« Er drückte meine Hand noch einmal kurz und ließ sie dann los.

Die Magd nahm Nanni an die Hand und stützte mich am Arm, während sie uns die enge Wendeltreppe hinaufbegleitete. Ich schaute noch schnell über die Schulter zu Mutter zurück, die Georg jetzt an beiden Händen fasste und ihre Stirn an seine Schulter legte. Diese kleine Geste zeigte mir, wie sehr sie ihm vertraute.

Nanni und ich wurden in einem Zimmer untergebracht und sollten uns sogar ein Bett teilen.

»Ich hoffe, die Junggräfinnen werden dieses Arrangement nicht ablehnen«, sagte die Magd Anne entschuldigend. »Wir werden selbstverständlich morgen …«

»Nein!«, fiel Nanni ihr ins Wort. »Das ist schön! Ich will jede

Nacht bei dir schlafen, Stine.« Sie umarmte mich und ich tätschelte ihr den Rücken. Meine Sprache hatte ich immer noch nicht wiedergefunden, doch selbst wenn, hätte ich nicht widersprochen. Es war mir ganz recht, in dem fremden Schloss nicht allein zu sein, obwohl wir hier in Sicherheit waren.

Mit der Ankunft wich die Aufregung, die mich die Kutschfahrt über wach gehalten hatte. Bilder unserer Flucht blitzten wahllos vor meinem inneren Auge auf und die Wärme in unserem relativ kleinen Zimmer machte mich schläfrig. Ich ließ Nanni beim Ausziehen und Waschen den Vortritt, während ich mit einem Becher heißem Gewürzwein vor dem Kamin saß und in die Flammen starrte. Das Geplapper meiner kleinen Schwester rauschte an mir vorbei, bis sie nach mir rief. Ich stand auf und gab ihr einen Gutenachtkuss, innerlich darauf vorbereitet, dass ich das bestimmt noch fünf Mal würde tun müssen, bis sie endlich schlief, so aufgedreht, wie sie war.

Überraschenderweise schloss sie die Augen und rührte sich nicht mehr, sobald ihr Kopf auf dem Kissen lag. Eine Weile saß ich da und beobachtete sie, bis mir einfiel, dass die Magd darauf wartete, auch mich auszukleiden. Ich sah sie entschuldigend an, doch sie lächelte nur. Schweigend zog sie mich aus und wusch die Spuren unserer Flucht mit einer angenehm riechenden Seife von meinem Körper, soweit das möglich war. Beim Anblick der Schürfwunden schnalzte sie mit der Zunge und schüttelte den Kopf. Behutsam, als wäre ich ein scheues Reh, das jeden Moment fliehen könnte, reinigte sie die Wunden vom gröbsten Dreck.

Als sie damit fertig war, hob ich den Fuß und versuchte, unter meine Ferse zu schauen. Dadurch spannte aber die Wunde am Knie so sehr, dass ich es sein ließ und lieber Anne den Fuß hinhielt. Er fühlte sich heiß und geschwollen an und pochte im Rhythmus meines Herzschlags.

»Oh, arme Komtess!«, entfuhr es Anne. »Ich fürchte, das muss der Arzt sich anschauen. Es ist keine Wunde zu sehen.«

Ich nickte, zog mir das Nachthemd an und kroch zu meiner

kleinen Schwester unter die Decke. Anne wünschte mir eine gute Nacht, pustete die Kerze aus und ging. Einen Moment lag ich noch mit offenen Augen da und schaute zu, wie die Schatten im Schein des Feuers an den Wänden tanzten, dann schlief auch ich ein.

⚜ ⚜ ⚜

Einige Stunden später wurde ich von meiner Mutter geweckt. Sie hatte mich aus den Tiefen eines wirren Traumes geholt und ich wusste zunächst nicht, wo ich war. Sie kam offenbar selbst aus dem Bett, denn ihre langen Haare waren zu einem einfachen Zopf geflochten und sie trug noch ihr Nachthemd unter dem Überwurf.

»Der Arzt ist hier«, sagte sie, als ich halbwegs bei mir war.

Jetzt entdeckte ich einen schwarz gekleideten Mann hinter ihr, der mir mit seiner scharfkantigen Nase und den ungewöhnlich hellen Augen wie ein Raubvogel vorkam. Ich schluckte, setzte mich aber dennoch im Bett auf und schlug die Decke zurück, damit er sich meinen Fuß ansehen konnte.

»Komtess«, sagte der Arzt und neigte den Kopf. Dann winkte er einen Diener heran, der einen fünfarmigen Kerzenleuchter trug. Er hielt ihn so dicht an meinen Fuß, dass ich unwillkürlich zurückzuckte.

»Die Komtess braucht sich nicht zu sorgen«, bemerkte der Arzt mit einem beruhigenden Lächeln. »Ich muss nur sehen können.« Er nahm meinen Fuß in seine kühle Hand und betastete die Ferse.

Die Schmerzen waren abgeebbt und ich spürte kaum etwas, bis er an eine Stelle kam, die mir wie zuvor einen heißen Stich ins Bein jagte. Ich zog den Fuß ruckartig aus seinem Griff.

»Ah«, sagte er nur und richtete sich auf. »Ich fürchte, die Komtess hat sich etwas eingetreten und die Haut hat sich darüber geschlossen. Wir können zwei Dinge tun: abwarten, bis der Körper den Dorn von allein ausstößt, oder die Ferse aufschneiden und den Dorn entfernen.« Er sah meine Mutter an und mir wurde eiskalt. *Aufschneiden?*

»Seid Ihr sicher, dass Ihr den Dorn findet und entfernen könnt?«, fragte meine Mutter misstrauisch.

»Das kann ich«, antwortete der Arzt zuversichtlich, »und es wird auch kein großer Schnitt nötig sein. Nach der Rötung der Haut zu urteilen, sitzt er nicht tief. Allerdings kann ich das nicht bei Kerzenlicht tun. Wir müssen bis zum Tagesanbruch warten.«

Mutter seufzte. »Es wird bald hell und das Frühstück wird schon bereitet. Wenn Ihr Euch gestärkt habt, könnt Ihr beginnen.«

Der Arzt verbeugte sich. »Wie Euer Gnaden belieben.«

Er verließ den Raum und Mutter strich mir noch einmal über den Kopf.

»Hab keine Angst. Georg hat mir versichert, dass er ein sehr guter Arzt ist. Ich möchte nicht, dass dieser Dorn fault und dich vergiftet. Lieber raus damit.« Sie ging zur Tür. »Anne wird gleich hier sein und euch ankleiden. Dann kommt ihr frühstücken.«

Stumm nickte ich, auch wenn ich bezweifelte, dass ich einen Bissen herunterbringen würde. Doch sobald ich am Tisch saß und die Auswahl an Speisen vor mir sah, langte ich zu. Wann ich zuletzt ein so reichhaltiges Frühstücksbüfett gesehen hatte, wusste ich gar nicht mehr. Viel zu schnell war ich satt und schaute sehnsüchtig auf die angebotenen Platten. Wie gern hätte ich noch weitergegessen! Nicht nur, weil die Speisen so köstlich waren, sondern auch, weil ich damit den Eingriff hinauszögern konnte. Daran führte jedoch kein Weg vorbei.

Ich wurde, begleitet von Mutter, in ein Zimmer gebracht, in das die Morgensonne schien. Dort musste ich mich auf einen Tisch setzen und meinen Fuß über die Kante strecken. Ein Diener hielt mein Bein fest, während der Arzt auf einem Schemel vor dem Tisch saß. Er hatte eine Schale auf den Boden gestellt und einige Tücher bereitgelegt und begann nun erneut, meine Ferse abzutasten. Mehrmals berührte er die schmerzende Stelle, bis ich ihn am liebsten getreten hätte. Dann nahm er ein kleines, grausam aussehendes Messer zur Hand und ich schloss die Augen. Mit zusammengebissenen Zähnen wartete ich darauf, dass ein neuer, nie gekannter Schmerz mich durchfahren würde. Doch ich spürte nur weiteres Drücken, hörte ein leises Tropfen und war völlig überrascht, als der Arzt plötzlich sagte: »Da haben wir ihn ja.«

Ich riss die Augen auf und sah, dass er zufrieden lächelnd eine blutverschmierte Pinzette hochhielt.

»Es wundert mich nicht, dass die Komtess große Schmerzen hatte mit diesem Folterinstrument in ihrer zarten Sohle.« Er legte die Pinzette beiseite und nahm eine Binde zur Hand. Mit sicheren Bewegungen wickelte er meinen Fuß ein und knotete die Enden der Binde zusammen. Dann stand er auf und wandte sich an meine Mutter. »Die Komtess sollte einige Tage ruhen und nicht auf die Ferse auftreten. Der Verband muss täglich gewechselt werden. Ich lasse eine Heilsalbe hier, die aufgetragen werden kann, sobald die Wunde sich gut verschlossen hat.« Er drehte sich wieder zu mir um und verbeugte sich. »Die Komtess war sehr tapfer.«

Ich lächelte zaghaft.

»Mein aufrichtiger Dank, dass Ihr so unverzüglich hergekommen seid«, sagte meine Mutter. Sie wirkte erleichtert.

Ich wurde von einem Diener in mein Zimmer getragen und dort auf dem Bett abgesetzt.

Nanni hüpfte aufgeregt vor mir auf und ab. »War es sehr schlimm? Hast du geweint?«

Ich schüttelte den Kopf.

Sie beugte sich über meinen verbundenen Fuß und stupste mit dem Finger dagegen. »Tut es weh?«

Tatsächlich brannte der Schnitt jetzt etwas und ich nickte. Sofort zog Nanni ihre Hand zurück. Ich streichelte ihren Kopf und legte mich wieder hin.

Nanni zog mir die Decke bis fast über die Ohren und gab mir

einen feuchten Kuss auf die Stirn. »Du musst jetzt schön schlafen, damit du bald wieder gesund wirst«, sagte sie mit ernster Miene.

Ich konnte mir ein Grinsen nicht verkneifen, schloss aber brav die Augen. Als ich sie kurz darauf wieder öffnete, stand Nanni noch immer vor mir und passte genau auf, ob ich auch wirklich schlief.

»Nicht zwinkern!«, ermahnte sie mich.

Das Spiel wiederholte sich noch einige Male, bis Anne in den Raum kam und Nanni mit leisen Worten überredete mitzukommen. Ich seufzte tief und erlaubte mir nun endlich, noch einmal wegzudämmern.

Rückkehr

Es dauerte noch ein paar Tage, bis ich so weit genesen war, dass ich wieder hinausgehen konnte. Ich musste noch aufpassen, wie ich meinen Fuß aufsetzte, aber der stechende Schmerz war weg und ich humpelte nur noch ein wenig.

Nanni wollte mir unbedingt etwas zeigen und zerrte ungeduldig an meiner Hand. »Komm, Stine! Du lachst bestimmt laut, wenn du das siehst«, rief sie.

Ich lächelte. Es war so schön, sie wieder fröhlich und voller Energie zu sehen. Sie war in Hachenburg stark abgemagert, wie wir alle, doch schon nach ein paar Tagen mit reichlich Essen konnte man sehen, wie sich ihre Wangen rundeten und wieder rosig wurden. Auch ich war heilfroh, dass der Hunger nicht mehr an meinen Eingeweiden nagte. Bei jeder Mahlzeit verspürte ich eine tiefe Dankbarkeit.

An der Treppe begegnete uns Mutter. »Wo wollt ihr hin?«, fragte sie.

»Ich will Stine was zeigen«, erwiderte Nanni aufgeregt.

»Soso, was denn?«

»Das verrate ich nicht!«

Anscheinend hatte Mutter gerade Zeit, denn sie drehte um und folgte uns. »Wie geht es deinem Fuß, Ernestine?«

Ich sagte nichts, bemühte mich aber, ohne Humpeln zu laufen. Sie fragte nicht weiter.

Nanni steuerte auf den Eingang zu und ich half ihr, die schwere Holztür zu öffnen. Sie sprang mit beiden Füßen eine Stufe nach der anderen hinunter und wandte sich am Ende der Treppe nach rechts. Nach ein paar Schritten blieb sie stehen und hopste auf der Stelle, bis Mutter und ich bei ihr angekommen waren. »Da, schau!« Sie zeigte auf eine Reihe von Löwenköpfen, die unter den Fenstern in die Steine der Wand gemeißelt waren. Ich legte den Kopf schief. So spannend fand ich das jetzt nicht. Interessanter waren die Figuren, die unterhalb des Daches in fünf gewölbten Nischen an der Fassade prangten.

»Und jetzt komm mit hier herüber!«, rief Nanni und rannte an der Treppe vorbei zur anderen Hausseite, wo sie wieder hopsend auf uns wartete.

Auch hier waren Köpfe eingemeißelt, aber es waren menschliche Fratzen, die so erbärmlich dreinblickten, dass ich tatsächlich laut zu lachen anfing.

Auch Mutter kicherte. »Wisst ihr, was es mit diesen Fratzen auf sich hat?«

»Nein, was denn?« Nanni sah sie gespannt an.

»Das Schloss wurde von eurem Urgroßvater Graf Heinrich erbaut, wisst ihr? Und man munkelt, dass er eure Urgroßmutter nicht besonders gernhatte. Und weil sie in diesem Flügel des Schlosses wohnen sollte, hat er solche Fratzen anbringen lassen.«

»Wie gemein!«, empörte sich Nanni, aber dann mussten wir doch wieder lachen.

»Rechts und links von der Tür sind die Wappen von Sayn und Mallingkrodt und außen seht ihr Szenen aus der Herkulessage.«

Ich stöhnte auf und musste augenblicklich an Herrn Wirich denken, der versucht hatte, mich mit den Schriften der Antike vertraut zu machen. Was war aus dem eigentlich geworden? Der Unterricht hatte kurz nach der Belagerung durch Bischof von Wartenberg aufgehört und ich hatte den Tutor nicht mehr gesehen.

»Und wer sind die Leute da oben?«, fragte Nanni.

»Diese Personen sollen die fünf Kardinaltugenden darstellen«, erklärte Mutter.

Nanni schaute sie verständnislos an und auch ich hatte keine Ahnung, wovon sie redete.

»Weisheit, Gerechtigkeit, Wahrheit, Mäßigung und Stärke«,

sagte Mutter und deutete mit dem Finger auf eine Figur nach der anderen. Sie holte gerade Luft, um weitere Erklärungen anzuschließen, als jemand gegen das Schlosstor hämmerte.

Die Wachen standen sofort parat. Wir wurden von zwei Mann flankiert, die zuvor recht entspannt am Brunnen in der Mitte des Hofes gestanden hatten, und zwei sicherten das Tor, während ein Dritter durch eine Luke schaute und eine Weile mit den draußen Stehenden konferierte. Schließlich trat er zurück, um die Torflügel zu öffnen, und eine kleine Schar Berittener kam in den Hof.

Nanni und ich drängten uns an Mutter, die gespannt war wie eine Bogensehne. Erst als der vorderste Reiter am Brunnen vorbei war und vor uns anhielt, erkannte ich ihn.

»Korporal Quast!«, rief ich und brach in Tränen aus.

Er grüßte meine Mutter erschreckend kraftlos. Normalerweise zog er den Hut, wenn er im Sattel saß, oder er verbeugte sich mit adrettem Schwung, doch jetzt wirkte es, als wäre seine Hand zu schwer, um sie zum Kopf zu heben. Der Wachmann neben uns trat zu ihm und half jemandem vom Pferd, der hinter dem Korporal saß.

Durch meinen Tränenschleier erkannte ich kaum etwas und wischte mir hektisch über das Gesicht. »Catharina!«

Korporal Quast stieg nicht ab, er *rutschte* vom Pferd und hielt sich am Sattel fest. Inzwischen wimmelte der Hof von Knechten, hessischen Wachleuten und auch einigen neugierigen Mägden. Die Männer unserer Leibgarde waren alle in ähnlich geschwächtem Zustand wie der Korporal und auch die Pferde standen mit gesenkten Köpfen und zitternden Flanken da, als wären sie am Ende ihrer Kräfte.

Mutter befreite sich aus ihrer Starre und ging auf den Korporal zu, der jetzt seinen Arm um Catharina gelegt hatte, denn sie wankte bedenklich.

»Ihr habt es geschafft«, sagte Mutter ungläubig. Ihre Stimme bebte. »Ihr habt es tatsächlich geschafft, dem Herrn Jesus Christus sei Dank.« Sie fasste seine Hand und drückte sie, dann ließ sie ihren Blick über die erschöpften Gesichter schweifen und begann, Befehle an die Dienerschaft des Schlosses zu erteilen. »Kümmert euch um die Pferde und bereitet die Unterkünfte für meine Leibgarde vor. Und wir brauchen Essen, reichlich! Los, los, los!« Sie klatschte in die Hände und sah befriedigt zu, wie sich neugierig staunende Münder schlossen und die Diener in verschiedene Richtungen davonstoben.

Ich stand noch immer wie angewurzelt da und wusste nicht, wie ich reagieren sollte, als Catharina zusammensackte. Korporal Quast fing sie auf und hob sie in seine Arme. Es war mir ein Rätsel, wie er das schaffte.

In wenigen Schritten war ich bei ihnen. »Bringt sie in mein Zimmer! Sie kann sich in meinem Bett ausruhen, bitte, ich zeige Euch den Weg.«

»Danke, Komtess«, erwiderte er leise und trug Catharina hinter mir her die Treppen hinauf.

Hoffentlich schaffte er es bis ins Obergeschoss! Immer, wenn ich mich umsah, hatte er die Lippen fest aufeinandergepresst und setzte stoisch einen Fuß vor den anderen. Schweißperlen standen ihm auf der Stirn. Vermutlich war es gut, dass ich selbst nicht so schnell gehen konnte, sonst wäre er nicht hinterhergekommen. In meinem Zimmer schlug ich die Bettdecke zurück und zog Catharina die Schuhe aus.

Korporal Quast legte sie behutsam auf das Bett und blieb dann reglos neben ihr sitzen, eine Hand um ihre gelegt.

»Ist sie ohnmächtig?«, fragte ich besorgt.

Er zuckte zusammen und richtete sich mühsam auf. »Ich denke, sie schläft. Sie ist völlig entkräftet. Unsere Flucht war schwierig und die Zeit davor zermürbend.« Ein qualvoller Ausdruck huschte über sein Gesicht, gefolgt von einem gewaltigen Gähnen. Erschrocken sah er mich an. »Bitte verzeiht, Komtess.«

Ich ergriff seine Hand. »Ich bin froh, dass Ihr wieder da seid. Bitte, geht und ruht Euch aus.«

Er nickte und schlurfte aus dem Zimmer. Im Türrahmen blieb er stehen. »Wo lang …?«, fragte er hilflos.

»Ich bringe Euch nach unten.«

Er schenkte mir ein müdes Lächeln und folgte mir, wurde allerdings immer langsamer. Auf der Treppe befürchtete ich schon, er würde zusammenbrechen, aber er schleppte sich weiter, eine Hand auf das Geländer gestützt. In der Eingangshalle wurde er von Landgraf Georg in Empfang genommen, der ihn höchstpersönlich zu den anderen Soldaten brachte – eine Ehre, die ihm absolut gebührte, wie ich fand. Sein und auch Catharinas Anblick hatten mich tief erschüttert. Hatten wir auch so zerlumpt und erschöpft ausgesehen, als wir in Friedewald angekommen waren? Ich hatte mich auf jeden Fall so gefühlt.

»Du redest wieder!«, rief Nanni, die wie aus dem Nichts auftauchte und mir in die Arme sprang. Im nächsten Moment schmatzte sie mir einen feuchten Kuss auf die Wange.

»Stimmt«, sagte ich überrascht. »Ich rede wieder.« Wir lachten beide und ich erwiderte ihren Schmatzer.

»Mutters Zofe ist auch mitgekommen!«, plapperte Nanni weiter. »Sie hat gesagt, sie hätten unterwegs unseren Wagen befreit und der würde bald hier sein. Ist das nicht schön? Jetzt wird alles gut.«

»Ja«, stimmte ich zu. »Jetzt wird alles wieder gut. Ich muss für Catharina etwas zu essen holen und Wasser zum Waschen. Hilfst du mir?«

»Bist du jetzt ihre Zofe?«, fragte Nanni, nahm aber sofort meine Hand, als ich sie absetzte.

Ein merkwürdiges Gefühl breitete sich in mir aus. Ich wollte mich um Catharina kümmern, so wie sie sich sonst um mich gekümmert hatte. Das hatte ich noch nie gewollt, warum jetzt? *Sie braucht mich,* dachte ich und es spielte plötzlich keine Rolle mehr, dass ich eigentlich ihre Herrin war. »Ja, heute bin ich mal ihre Zofe«, sagte ich und drückte Nannis Hand.

Nicht nur meine kleine Schwester, auch Marlene half mir,

Catharina zu versorgen. Gemeinsam schafften wir es, sie so weit wach zu bekommen, dass sie etwas trinken und eine Kleinigkeit essen konnte, was mich sehr beruhigte.

Sie schlief einen ganzen Tag und eine ganze Nacht durch. Ich verbrachte die Nacht in Nannis Bett, die inzwischen ihr eigenes Zimmer bekommen hatte und sich sehr über meinen Besuch freute.

Am Abend war tatsächlich unser Wagen in den Hof gerollt, allerdings nicht so, wie wir ihn losgeschickt hatten. Die Truhen und Koffer waren offensichtlich geöffnet und durchsucht worden. Unsere kostbaren Kleider waren kreuz und quer wieder hineingestopft worden und sahen aus, als hätte man sie vorher noch auf den Boden geworfen und darauf herumgetrampelt. Ich hoffte inständig, dass sie noch zu retten waren.

Mutter schimpfte eine Weile vor sich hin, überließ es dann aber den Mägden, sich darum zu kümmern. Sie hatte Wichtigeres zu tun. Korporal Quast hatte einige Stunden geschlafen, ehe er sich bei Mutter und Landgraf Georg einfand, um Bericht zu erstatten.

In der Zwischenzeit hatte das Geschehen schon unter der Dienerschaft die Runde gemacht und Marlene berichtete mir alles, was sie gehört hatte.

»Sie haben noch geschlagene zwei Wochen im Schloss in Hachenburg ausgeharrt, stellt Euch das vor, Komtess! Niemand hat bemerkt, dass wir weg waren. Kein Wunder, dass sie so schwach sind. Der Pfarrer hat es geschafft, noch einmal die Wache am Durchgang zur Kirche außer Gefecht zu setzen, und so konnte ein Großteil der Diener fliehen. Dann hat die Leibgarde die Pferde gesattelt, das Tor geöffnet und ist hinausgestürmt. Die Osnabrückischen waren so überrascht, dass sie ihre Gewehre und Pistolen gar nicht so schnell laden konnten, wie die Reiter an ihnen vorbeigeprescht waren.« Sie stockte. »Zwei mussten ihr Leben lassen. Einer wurde noch in Hachenburg erschossen, weil er im Stadttor zurückblieb und den Verfolgern den Weg versperrte. Damit hat er Korporal Quast einen ordentlichen Vorsprung verschafft.«

Ich schlug die Hand vor den Mund. »War Catharina etwa dabei?«

Marlene nickte. »Sie und Maria und die Köchin wollten unbedingt mitkommen und sind nicht durch die Kirche geflohen.«

»Die Köchin ist auch hier?«

»Leider ist sie verletzt. Sie ist vom Pferd gefallen und hat sich den Arm gebrochen. Korporal Quast wollte sie nicht zurücklassen und dadurch wurde es brenzlig. Es gab ein Gefecht, bei dem unsere Garde zum Glück die bessere Stellung hatte. Sie konnten die Verfolger verjagen. Es waren zunächst nur wenige Osnabrücker, die ihnen nachgestellt hatten.«

»Werden die bis hierher kommen?«, fragte ich ängstlich. Alles, nur das nicht!

»Die Garde ist sich recht einig, dass der Bischof es nicht wagen wird, sich mit Landgraf Georg anzulegen. Ebenso wenig wie Philipp von Sötern.«

»Wer ist das?«

»Der Kurfürst von Trier, der jetzt vermutlich auf der Freusburg sitzt und sich unseren guten Wein schmecken lässt.« Sie verschränkte die Arme und schaute grimmig. »Wir können unserem Herrgott auf Knien danken, dass Landgraf Georg mit seinen Truppen gerade hier ist und uns Schutz gewährt. Ich weiß nicht, was sonst aus uns geworden wäre.«

Darüber wollte ich auch lieber nicht nachdenken. »Aber warum haben sie so lange gebraucht? Und was ist mit unserem Wagen passiert?«

Marlene schaute noch grimmiger. »Die Kurtrierer haben den Wagen unten im Ort Freusburg aufgehalten und durchwühlt. Die Garde hat einige Umwege gemacht, um die Osnabrückischen abzuschütteln und dann sind sie Kurtrier genau in die Arme gelaufen!« Sie schüttelte den Kopf. »Zum Glück ist Korporal Quast ein kluger Kopf und sehr schlagfertig. Er hat behauptet, zu Kurköln zu gehören und die Gräfin auf der Flucht aufgegriffen und zurück nach Hachenburg geschickt zu haben. Von Sötern hat gleich einen Boten entsendet und seine Truppen haben die Burg in Beschlag genommen und im Gewölbe gefeiert. In der Nacht hat unsere Garde den Wagen geklaut und ist auf und davon. Unsere Männer sagen, die Kurtrierer wären alle betrunken gewesen, der Kurfürst eingeschlossen, und da ihnen in Freusburg niemand gesagt hat, in welche Richtung der Wagen und die Reiter verschwunden sind, konnten sie ihnen nicht nachstellen.«

»Unglaublich«, sagte ich staunend.

Marlene lachte. »Ja, wirklich unglaublich. Nach allem, was wir erduldet haben, hätte ich nicht gedacht, dass es so gut ausgeht.«

»Und jetzt? Können wir denn hierbleiben?«

»Ich denke ja. Wenn ich es richtig verstanden habe, hat Euer Vater der Gräfin dieses Schloss als Witwensitz vermacht. Es liegt an Landgraf Georg, das zu bestätigen, aber warum sollte er das nicht tun? Er hat ja Schloss Lichtenberg und noch andere Güter. Auf Friedewald ist er nicht angewiesen, zumal es zur Grafschaft Sayn gehört.«

»Es ist schön hier. Ich muss unbedingt den Garten und den Park erkunden. Gehst du mit?«

»Was ist mit Eurem Fuß, Komtess? Ihr sollt Euch doch noch schonen.«

Ich seufzte, denn ich spürte ein deutliches Pochen in meiner Ferse. Heute war ich wesentlich mehr herumgelaufen als in den letzten Tagen. »Dann aber morgen, ja?«

»Morgen. Versprochen.«

Teil 2

Juli – September 1640

Altes Rathaus Regensburg

Festlichkeiten

Ich stand am Fenster und blickte hinunter auf das bunte Treiben auf der Straße. Regensburg wimmelte nur so von Menschen und bei unserer Ankunft hatte ich im ersten Moment richtig Angst bekommen. So viele Menschen, wie sich hier in einer Straße tummelten, hatte ich in den letzten drei Jahren zusammen nicht zu Gesicht bekommen. Friedewald war ein winziger Ort mitten im Westerwald und wir hatten die schützenden Mauern unseres abgeschiedenen Schlosses selten verlassen. Selbst Hachenburg war nur ein Dorf im Vergleich zu Regensburg. Es gab so unendlich viel zu sehen. Meine Furcht war bald in blanke Neugier umgeschlagen, aber ich durfte nicht allein ausgehen. Leider genügte auch Catharina nicht als Begleitung.

Wir waren in einem dreistöckigen Stadthaus untergekommen, das gerade so ausreichte, um uns, unsere Bediensteten und die Leibgarde zu beherbergen. Mutter und ich teilten unsere jeweiligen Zimmer mit unseren Zofen. Marlene und Nanni waren nicht mitgekommen, was Nanni überhaupt nicht gepasst hatte. Sie hatte geschimpft und geweint und gebettelt, aber Mutter war eisern geblieben, wofür ich ihr sehr dankbar war. Die Reise war auch so schon anstrengend genug gewesen, ohne eine gelangweilte, zappelige Siebenjährige in der Kutsche.

Catharina saß hinter mir am Tisch und nähte emsig an dem Kleid, das ich zur Theatervorstellung tragen sollte. Die ersten Tage nach unserer Ankunft hatten wir mit Einkäufen und Besuchen beim Schneider verbracht. Mutter hatte sich ungewöhnlich großzügig gezeigt und neben den beiden Kleidern, die sie für mich in Auftrag gegeben hatte, auch jede Menge Stoffe gekauft.

»So«, sagte Catharina, biss den Faden ab und stand auf. »Wollt Ihr es noch einmal anprobieren, Komtess?«

»Natürlich!«, rief ich aufgeregt und kehrte dem Fenster den Rücken. Blitzschnell hatte ich den Morgenmantel aufs Bett geworfen und streckte die Arme nach oben, damit Catharina mir das Mieder überstreifen konnte. Daran befestigte sie einen gepolsterten Unterrock, der dem Kleid eine üppige Weite verleihen würde. Die Polster waren fest und drückten auf meine Hüften, aber das war mir egal. Der Effekt war es mehr als wert. Darüber kam ein weiterer Unterrock, der unter dem geteilten Rock des Kleides zu sehen sein würde. Obwohl ich das Kleid schon einmal angehabt hatte, schloss ich die Augen, während Catharina zog und schnürte, zupfte und zurechtrückte.

»Fertig«, sagte sie zufrieden und ich schaute gespannt in den großen Spiegel in der Ecke des Raumes.

»Oh, es ist wundervoll!« Das satte Blau des Oberstoffs hatte die gleiche Farbe wie meine Augen und die Silberfäden, mit denen Catharina feingliedrige Ranken eingestickt hatte, verliehen dem Kleid einen märchenhaften Glanz. Ich drehte mich nach links und rechts und beobachtete entzückt, wie der Stoff schwang.

»Darf ich um die Ehre dieses Tanzes bitten?«, fragte Catharina mit tief gestellter Stimme und verbeugte sich vor mir.

Ich lachte auf und ergriff ihre Hand. »Mit dem größten Vergnügen, werter Herr«, sagte ich und ließ mich von ihr durch einige Tanzschritte führen, ohne dabei meinen Blick vom Spiegel abzuwenden. Am liebsten hätte ich vor Begeisterung gequiekt wie eine Maus. »Ich kann es kaum erwarten auszugehen!«, rief ich und strich mit den Fingern über die Spitze an meinem Dekolleté.

Catharina ließ meine Hand los und öffnete das Schmuckkästchen auf der Kommode. »Die Perlenkette würde wunderbar zu dem Kleid passen.«

»Ja, und die Perlenohrringe, die wie Tropfen geformt sind! Denkst du, ich sollte noch eine Brosche tragen?«

»Nein«, sagte sie, kam mit der Kette zu mir und legte sie mir an. »Aber Armbänder. Da ist ein Silberreif. Ich denke, er wäre groß genug, um über einen Handschuh zu passen.«

»Handschuhe im Juli?« Ich verzog das Gesicht.

»Vielleicht nicht zum Theater, aber wenn Ihr zum Tanz geht, dann auf jeden Fall. Oder möchtet Ihr die schwitzigen Hände der Männer anfassen, Komtess?«

Wir prusteten beide los. Mutter hatte mir angekündigt, dass wir am gesellschaftlichen Leben, das rund um den Reichstag florierte, teilnehmen würden und mir hatte es den Atem verschlagen. Mit vierzehn war ich im heiratsfähigen Alter, und auch wenn ich heute über meine kindlichen Hochzeitsfantasien lachte, erfüllte mich die Vorstellung mit einer Mischung aus Furcht und Erregung.

Regensburg platzte aus allen Nähten, weil alle Grafen und Fürsten des Heiligen Römischen Reiches Deutscher Nation angereist waren, um über die Geschicke des Landes zu beraten. Sogar Kaiser Ferdinand III. war anwesend und ich hatte gehört, dass nicht weniger als tausend Mann zu seinem Gefolge gehörten. Mutter hatte zwar nicht gesagt, dass sie einen Ehemann für mich finden wollte, aber die Tatsache, dass sie mich bestmöglich präsentieren wollte, sprach Bände.

Ich schaute erneut in den Spiegel. »Denkst du, ich bin hübsch?«, fragte ich Catharina.

Sie lächelte mir im Spiegelbild zu und nahm meine Haare, drehte sie ein und türmte sie auf meinen Kopf, wo sie sie festhielt. »Ihr seid sehr hübsch, Komtess.«

»Aber die dunklen Haare …« Ich seufzte. Hätte ich doch Mutters blonde Haare geerbt wie Nanni.

»… heben Eure blasse Haut besonders hervor. Der Kontrast ist ausgesprochen reizend.«

»Das sagst du. Du bist eine Frau. Männer mögen bestimmt lieber goldene Locken.«

»Ich habe auch dunkle Haare und mir wurde von einem Mann gesagt, dass er sie wunderschön findet.«

Ich drehte mich um, wodurch meine Haare aus Catharinas Griff rutschten. »Welcher Mann? Korporal Quast?« Mir war durchaus nicht entgangen, dass die beiden sich nach wie vor gern und lange in die Augen schauten und der Korporal Catharina gegenüber einen besonders sanften Ton anschlug.

Sie wich meinem Blick aus und ordnete stattdessen ihr Nähzeug. »Vielleicht«, sagte sie geheimnisvoll.

Ich kniff die Lippen zusammen. Jeden Tag sagte ich mir, dass meine frühere Schwärmerei für den Obersten der Leibgarde absolut kindisch gewesen war. Er gehörte dem falschen Stand an und war viel zu alt für mich. Warum also wurmte es mich so, wenn sie solche Andeutungen machte? Immer wieder ließ sie durchblicken, dass zwischen ihr und dem Korporal viel mehr geschah, als ich wusste oder als sich schickte. Insbesondere Letzteres machte mich wütend. Korporal Quast war ein Ehrenmann.

»Wir müssen nichts mehr ändern, nicht wahr? Dann könnt Ihr das Kleid wieder ausziehen, Komtess.« Catharina trat an mich heran und begann bereits, die Schnüre zu lösen. Im Spiegel begegneten sich unsere Blicke. Sie lächelte auf eine Art, die nichts von ihren Gedanken preisgab.

»Schade«, sagte ich. Um mein Unwohlsein zu überspielen, schaute ich wieder auf das Kleid.

»Ihr könnt es ja bald wieder anziehen. Der Theaterbesuch ist doch schon morgen.«

Sie klang wie immer. Sicher hatte ich mir nur eingebildet, dass sie etwas im Schilde führte. Was sollte das auch sein? Wie ich war sie zunächst völlig überwältigt gewesen von Regensburg. Und wie mich hatte die Begeisterung über all das Neue sie ergriffen. Mein Verhalten war im Moment für sie sicher auch nicht immer gewohnt und vorhersehbar. Ja, das musste es sein – nur die neue Umgebung …

Ich war so aufgeregt, dass ich fast über meine eigenen Füße gestolpert wäre, als wir aus der Kutsche ausstiegen. Lakaien standen bereit, um uns zu empfangen und zu unseren Sitzen zu geleiten. Wir zogen jede Menge Blicke auf uns, obwohl wir bei Weitem nicht die einzigen Frauen waren. Mir gingen fast die Augen über bei den prächtigen Kleidern und kunstvoll aufgetürmten Frisuren der Damen, von denen nicht wenige die Gesichter weiß gepudert hatten. Allein dadurch stachen Mutter und ich schon aus der Menge hervor: Wir hatten auf Puder verzichtet und der Neid besonders der älteren Frauen angesichts unserer blassen, reinen Haut war nicht zu übersehen.

Mutter mochte schon siebenunddreißig Jahre alt sein, doch das sah man ihr nicht an.

Bei einem Seitenblick zu ihr stellte ich fest, dass sie amüsiert in sich hineinlächelte.

»Was ist?«, fragte ich.

Ihr Lächeln wurde breiter. »Ist es nicht herrlich, wie die eitlen Gockel ihre Bäuche einziehen und sich aufplustern?«

Ich presste die Lippen aufeinander, um nicht laut aufzulachen. Sie hatte recht. Jeder Mann, der uns erblickte, richtete sich auf und schob die Schultern zurück. Nicht wenige waren mehr als gut genährt und versuchten, sich ins beste Licht zu rücken, während sie uns wohlgefällig zunickten. Einige verbeugten sich sogar. Sie standen den Frauen in nichts nach, was die prächtige Kleidung anging. Wer keine Uniform trug, glänzte mit edlen Seidenstrümpfen, hellen Kniehosen und farbenfrohen Überröcken mit reich bestickten Aufschlägen, unter denen blütenweiße Rüschen und Spitzen zu sehen waren. Die Locken der teuren Perücken reichten manchen Herren bis weit über die Schulterblätter. Die Luft war so geschwängert vom süßlichen Duft verschiedenster Parfüms, dass mir fast schwindelig wurde.

»Man könnte Euch für Schwestern halten.« Landgraf Georg verbeugte sich tief vor uns und bot Mutter den Arm an, deren Wangen sich bei dem Kompliment merklich röteten. »Darf ich

Euch mit meinem Bruder bekannt machen? Johann, die Gräfin Louise Juliane zu Sayn und Wittgenstein sowie ihre Tochter, die Junggräfin Ernestine.«

Ich deutete einen Knicks an und beäugte den Bruder neugierig. Er schien deutlich jünger zu sein als Graf Georg, der etwa in Mutters Alter war.

»Es ist mir ein Vergnügen, Eure Bekanntschaft zu machen, Gräfin.« Er nickte ihr zu und wandte sich dann an mich. »Und Eure natürlich auch, werte Komtess.«

An mir blieb sein Blick deutlich länger hängen als an Mutter und ich spürte, wie mir nun meinerseits das Blut in die Wangen stieg. Ich schlug die Augen nieder, sagte aber nichts. Als ich wieder hochschaute, sah er mich immer noch an.

»Wart Ihr schon einmal im Theater?«, fragte er.

»Nein, noch nicht.«

»Ihr werdet es sicher genießen«, sagte er zuversichtlich.

Darauf wusste ich nichts zu erwidern und lächelte ihn stattdessen an. Vor uns traten die Lakaien ungeduldig von einem Fuß auf den anderen.

Mutter bemerkte es auch. »Wir sollten gehen, sonst fängt die Vorstellung ohne uns an. Werden wir uns nachher noch sehen?«

Ich hatte den Eindruck, dass es keine beiläufige Frage, sondern eine Bitte war.

»Es wird uns ein Vergnügen sein.« Graf Georg neigte noch einmal den Kopf und wandte sich dann ab, um mit seinem Bruder in den Bereich des Zuschauerraums zu gehen, der den Herren vorbehalten war. Es war mir ganz recht, dass wir die Vorstellung nicht in Gesellschaft der Männer ansehen würden. Wenn Graf Johann mich die ganze Zeit über so angeschaut hätte wie eben, hätte ich das Schauspiel sicher *nicht* genießen können.

Die Atmosphäre im Saal war voller Spannung. Es war unglaublich warm und ich war froh, dass wir kein Puder aufgelegt hatten. Bei einigen Damen sah ich an den Schläfen bereits Flecken, wo es sich mit ihrem Schweiß mischte. Überall wurde getupft und nachgepudert.

»Kein Wunder, dass es so warm ist, bei den vielen Kerzen«, sagte ich zu Mutter, während mein Blick durch den Saal schweifte. Wir saßen recht weit am Rand, sodass ich schräg auf die Bühne schaute, vor der ein Orchester saß.

»Hast du deinen Fächer dabei?«, fragte Mutter.

Ich zuckte zusammen und tastete meine eng anliegenden Ärmel ab. Natürlich hatte ich in der Aufregung meinen Fächer zu Hause auf dem Tisch liegen lassen. Mutter lächelte mich wissend an und zog zwei Fächer aus einer verborgenen Tasche, von denen sie mir einen reichte.

»Danke«, sagte ich zähneknirschend.

Die Streicher begannen, ihre Instrumente zu stimmen, und sofort legte sich das laute Stimmengewirr. Erwartungsvoll richtete sich die Aufmerksamkeit nach vorn. Kurz darauf erscholl eine getragene Melodie, bei deren Ende sich eine erstaunliche Stille über den Saal senkte, trotz der vielen Anwesenden. Mir lief eine Gänsehaut über die Arme.

Ein Mann trat jetzt auf die Bühne und hielt eine kurze Ansprache, in der er den Inhalt des folgenden Stückes bekannt gab. Obwohl er nicht sehr laut sprach, konnte ich jedes Wort verstehen, was vielleicht an der seltsamen Artikulation lag, mit der er redete. Es klang lustig und ich musste ein Lachen unterdrücken.

Das Spektakel, welches sich dann auf der Bühne entfaltete, überstieg alles, was ich mir in meinen kühnsten Träumen hätte vorstellen können. Mit jeder Szene wurden die Aufbauten der Bühne zur Seite gezogen oder gedreht und enthüllten neue Bilder, es wurde gesungen und getanzt, eine richtige Schlacht wurde dargestellt, bei der ich die Säbel klirren hören konnte und an deren Ende es sogar Kanonendonner gab. Ich war so gefesselt, dass ich die ganze Zeit auf der Kante meines Stuhles saß und den Fächer an meine Brust drückte, anstatt ihn zu benutzen. Die Musik machte alles nur noch aufregender und es war mir unerklärlich, wer sich das alles ausgedacht haben und was nötig sein mochte, um so viele Akteure zur rechten Zeit an den richtigen Ort zu bringen.

Kaum waren die letzten Töne des Orchesters verklungen, erhob sich tosender Applaus. Ich war nicht die Einzige, die von der Vorstellung begeistert war. Überall sprangen die Zuschauer von den Sitzen und applaudierten im Stehen, begleitet von lauten Rufen. Mich hielt es nun auch nicht mehr auf meinem Platz.

»Komm, wir gehen schon raus, dann geraten wir nicht ins Gedränge!«, rief Mutter mir über den Lärm ins Ohr und schob mich unmissverständlich Richtung Ausgang.

»Aber sieh doch, sie kommen noch einmal heraus!«

Mutter sah nur kurz zu den Schauspielern, die sich am Rand der Bühne aufstellten und mit Verbeugungen den Jubel der Menge entgegennahmen. »Da passiert nichts mehr, komm.«

Noch während wir zur nächstgelegenen Tür eilten, ließ der Jubel nach und andere Zuschauer drängten ebenfalls laut schwatzend und lachend nach draußen.

»Da ist Graf Georg.« Mutter verlangsamte ihr Tempo deutlich und verwandelte ihre Gangart in jenen erhabenen Schritt, den ich so bewunderte, aber selbst noch nicht meisterte.

Überrascht stellte ich fest, dass Graf Georg jetzt in Begleitung einer Frau war.

»Wer ist das?«, raunte ich Mutter zu.

»Seine Frau, Sophie Eleonore«, gab Mutter zurück.

»Sie sieht nicht sehr fröhlich aus.«

»Sag ihr das bloß nicht.« Mutter warf mir einen strengen Blick zu, den ich empört erwiderte.

»Natürlich nicht!« Was dachte sie denn von mir? Ich klappte den Fächer auf, wie ich es hundertmal vor dem Spiegel geübt hatte, und fächelte mir Luft ins Gesicht. Außerhalb des Theatersaals war es nicht so heiß und drückend, aber immer noch warm, und ich hatte das Gefühl, knallrot angelaufen zu sein. Hoffentlich war es nicht so. Meine Augen erfassten die Landgräfin und ich verbarg mein Gesicht gerade noch rechtzeitig hinter dem Fächer, sodass sie meinen angewiderten Ausdruck nicht sehen konnte. Sie hatte offensichtlich reichlich Puder verwendet, das ihr jetzt in grauen Klumpen am Hals und auf den bloßen Schultern klebte. Selbst ihr Dekolleté war damit verschmiert. Hatte sie das etwa auch gepudert?

Landgraf Georg schien den zerlaufenen Zustand seiner Frau entweder nicht zu bemerken oder taktvoll zu ignorieren. Wir wurden einander vorgestellt und ich machte einen höflichen Knicks, während mein Blick überall und nirgends hinsprang, damit ich nur diese ästhetische Katastrophe nicht ansehen musste.

»Hatte ich recht?«, fragte plötzlich eine tiefe Stimme neben mir.

Ich zuckte zusammen und schaute Graf Johann in die Augen, der mir verschmitzt zuzwinkerte.

»Womit?«

»Dass Ihr das Schauspiel genießen würdet, liebe Komtess.«

»Oh, es war unglaublich aufregend!«, rief ich, noch immer ganz erfüllt von dem, was ich alles gesehen hatte. Meine etwas ungestüme Antwort zauberte ihm ein Lächeln ins Gesicht, das allerdings erstarb, sobald er seine Schwägerin ansah.

»Hat es Euch nicht gefallen, Frau Sophie?«

»Ach, es ist ja immer das gleiche Spektakel«, erwiderte sie gelangweilt und seufzte tief. Dabei beobachtete sie mich unter halb gesenkten Augenlidern, die ihren erschöpften Ausdruck verstärkten. »Aber wenn man es das erste Mal sieht, ist es vermutlich ganz amüsant.«

Schnell hob ich den Fächer und schaute woandershin. Falls sie beabsichtigt hatte, dass ich mir wie ein dummes, kleines Mädchen vorkam, war ihr das gelungen.

»Was führt Euch her, Louise?«, fragte sie, ohne ihre Augen weiter zu öffnen.

»Ich habe einiges bezüglich meiner Grafschaft zu regeln«, antwortete Mutter ausweichend.

Landgräfin Sophie lachte auf. »*Eurer* Grafschaft? Ihr habt doch gar keine mehr! Wer sitzt derzeit in Hachenburg? Ach ja, Bischof von Wartenberg, richtig? Und gleich nebenan hat der Kurfürst von Trier sein Quartier in *Eurer* Freusburg aufgeschlagen. Wenn mein Georg Euch Friedewald nicht zugesichert hätte, würdet Ihr auf der Straße sitzen.« Einer ihrer Mundwinkel verzog sich zu einem hämischen Grinsen.

»Sophie, bitte.« Graf Georg wirkte etwas gequält.

»Was denn? Ich wollte doch nur auf Eure Großzügigkeit verweisen, lieber Gemahl. Zum Glück ist *unsere* Erbfolge gesichert.«

Ich spürte, wie meine Mutter sich neben mir anspannte, doch ihr höfliches Lächeln blieb.

»Es ist vermutlich das Beste, wenn wir uns jetzt auf den Heimweg machen.«

Graf Georg rief umgehend einen Lakaien herbei, um unsere Kutsche holen zu lassen, und verabschiedete sich unter dem Vorwand, mit anderen Bekannten reden zu müssen. Seine Frau bedachte uns noch mit einem abschätzigen Blick, ehe sie uns den Rücken kehrte.

Graf Johann sah den beiden hinterher und schüttelte den Kopf. »Es ist bedauerlich, dass Ihr schon den Heimweg antretet«, sagte er dann an uns gewandt. »Eure Anliegen werden Euch doch hoffentlich noch etwas länger in Regensburg verweilen lassen? Es würde mich freuen, Euch noch einmal zu begegnen.«

»Die Freude wäre ganz unsererseits«, erwiderte meine Mutter förmlich und nickte ihm zu. »Komm, Ernestine, es wird Zeit.«

Sobald wir in der Kutsche saßen, machte Mutter ihrem Ärger Luft. »Diese hinterhältige Schlange!«, schimpfte sie und schlug mit dem Fächer in ihre Hand. »Der arme Georg ist wirklich gestraft mit diesem verbitterten Weibsbild. Mir ihre Söhne so unter die Nase zu reiben! Ach, sie konnte mich noch nie leiden.«

»Warum denn nicht?«

»Wahrscheinlich hat sie Angst, dass ihr Mann größere Stücke auf mich hält als auf sie. Was er übrigens tut. Es ist ihr ein Dorn im Auge, dass er mir Friedewald überschrieben hat.«

»Ich dachte, Vater hätte es Euch als Witwensitz vermacht?«

»Das hat er. Aber dieses Testament nimmt ja keiner ernst. Das wird sich ändern, Ernestine. Morgen werde ich im alten Rathaus vorstellig und sorge dafür, dass diese usurpierenden Kerle aus meiner Grafschaft verschwinden. Und zwar alle.«

»Ja, mit Kanonendonner und rasselnden Säbeln!«, rief ich, in Gedanken bei der Schlacht auf der Bühne.

Mutter schüttelte den Kopf und rang sich ein müdes Lächeln ab. »Nein, kein Säbelrasseln. Diese mächtigen Herren werden wir zermürben, so wie Wassertropfen einen Stein aushöhlen. Sollen die sich alle gegenseitig die Kanonenkugeln um die Ohren schießen. Ich kämpfe mit Feder und Papier.«

»Und Advokaten und Geheimräten«, fügte ich hinzu. Die Herren Sinoll und Henner hatten uns nach Regensburg begleitet und schon einen ganzen Stapel von Schriften verfasst, um unsere Rechte durchzusetzen. »Ich verstehe nur nicht, warum das noch nötig ist. Hat der Kaiser nicht schon letztes Jahr einen Schutzbrief für uns ausgestellt?«

»Das hat er. Und wenn wir ein Heer von Söldnern hätten, dann könnten wir im Sinne dieses Schutzbriefes alle Bischöfe und Kurfürsten vertreiben. Vermutlich sogar die Wittgensteiner Verwandtschaft, allen voran Ludwig Casimir, diesen Holzkopf. Da wir ein solches Heer aber nicht haben, warten die werten Herren darauf, dass der Kaiser persönlich kommt und sie auffordert, die Grafschaft zu räumen. Bis dahin leben sie in Saus und Braus von unserem Hab und Gut.«

»Wann kommt der Kaiser denn?«

Mutter sah mich nur mit hochgezogener Augenbraue an.

»Oh«, sagte ich. Natürlich kam der Kaiser *nicht* persönlich in den Westerwald. »Aber was nützt es dann, hier zu sein?«

»Ich sorge dafür, dass niemand vergisst, dass uns unrecht getan wird. Und das werden alle, die nichts dagegen unternehmen, einmal vor Gott verantworten müssen.«

Ich schwieg. Zum einen war ich mir nicht mehr sicher, was ich von Gott halten sollte, seit wir so furchtbar hatten hungern müssen, zum anderen wollte ich lieber über das Theaterstück reden als über erbrechtliche Probleme.

»Was hältst du von Graf Johann?«, fragte Mutter und wechselte damit überraschend von sich aus das Thema.

»Er wirkte sehr freundlich«, erwiderte ich verwirrt. Warum wollte sie wissen, was ich von Graf Georgs Bruder hielt?

»Ja, er ist ein charmanter Mann.« Sie ließ das im Raum stehen und sah aus dem Fenster.

Das verwirrte mich noch mehr. Interessierte sie sich etwa für ihn? Seit Vaters Tod war nie die Rede davon gewesen, dass sie sich wieder verheiraten wollte, und das war nun immerhin schon acht Jahre her. Suchte sie am Ende gar keinen Ehemann für mich, sondern für sich selbst? Ich wusste nicht warum, aber dieser Gedanke war verstörend. Keinesfalls wagte ich, sie danach zu fragen, schon allein deswegen, weil ich die Antwort nicht hören wollte.

Meine Eltern hatten sich geliebt, das wusste ich. Und ich wusste auch, dass eine solche Liebe in den Grafenhäusern ausgesprochen selten war. Man nehme nur meine eigenen Urgroßeltern. Ob Landgraf Georg an dem Gebäudeteil, in dem seine Frau wohnte, auch hässliche Fratzen angebracht hatte? Nein, sicher nicht. Dafür war er viel zu anständig. Eins war jedenfalls klar: Sollte meine Mutter Graf Johann heiraten wollen, würde es zwischen dieser Sophie und ihr einen fürchterlichen Kleinkrieg geben. Heute Abend hatte sie sich zusammengerissen und die gemeinen Spitzen der Landgräfin unkommentiert gelassen. Das bedeutete nicht, dass sie sich das immer gefallen lassen würde.

Die Kutsche war nur langsam vorangekommen, doch jetzt hielten wir vor unserem Haus und wurden von Korporal Quast hineinbegleitet. Diener öffneten die Tür und hießen uns willkommen. Catharina wartete oben auf dem Treppenabsatz. Augenblicklich hatte ich alle Heiratssorgen vergessen und hastete die Stufen hinauf.

»Es war unglaublich!«, rief ich und merkte erst dann, dass sie mich gar nicht ansah. Sie schaute hinunter auf den Korporal, der sich gerade mit einer Verbeugung von Mutter verabschiedete. Er würde dafür Sorge tragen, dass Kutsche und Pferde in einem Mietstall sicher untergebracht waren, und wandte sich bereits zur Tür, als sein Blick nach oben schweifte. Auch er sah mich nicht an.

Ich räusperte mich vernehmlich. Korporal Quast zuckte zusammen und verschwand augenblicklich nach draußen, aber Catharina schien keinerlei Schuldgefühle zu haben. »Willst du gar nicht wissen, wie es war?«, fragte ich und ärgerte mich selbst darüber, wie beleidigt ich klang.

»Natürlich will ich das«, versicherte sie mir. »Ihr müsst mir alles haarklein berichten.« Damit zog sie mich in unser Zimmer und ich erzählte, augenblicklich versöhnt, bis tief in die Nacht. Dementsprechend spät standen wir am nächsten Morgen auf. Wir hatten uns gerade zum Frühstück gesetzt, als ich Mutter draußen im Flur toben hörte.

»So eine Unverschämtheit! Diese eingebildeten, hochnäsigen …« Ihre Stimme kam näher.

Catharina und ich sahen uns überrascht an.

»… aufgeblasenen Wichtigtuer!« Mutter polterte ins Zimmer und blieb abrupt stehen. Ihr Gesicht war hochrot und einige Locken hatten sich aus ihrer Frisur gelöst. Hinter ihr sah ich die ängstlichen Mienen zweier Mägde.

»Was ist passiert?«, wagte ich vorsichtig zu fragen.

Mutter schnaubte ganz und gar nicht damenhaft durch die Nase und ließ sich auf einen Stuhl fallen. »Bring mir einen Kaffee!«, befahl sie einer der Mägde. »Ist noch Gebäck da? Ich muss meine Nerven beruhigen.«

Catharina saß da wie erstarrt, während ich langsam mein Frühstück fortsetzte. Offenbar war Mutter zwar aufgebracht, aber nicht wütend auf mich, also hatte ich nichts zu befürchten. Erst nachdem ich schon mehrere Bissen heruntergeschluckt hatte, bewegte sich auch Catharina wieder. Die Magd setzte die Tasse Kaffee so vorsichtig vor meiner Mutter ab, als wäre sie ein Pulverfass, das bei der kleinsten Erschütterung explodieren könnte. Meine Frage beantwortete Mutter erst, als sie die Tasse geleert und ein Stückchen Kuchen verzehrt hatte.

»Sie haben mich nicht hereingelassen. Dieses elende Männerpack hat es gewagt, mich mit der lapidaren Begründung, Frauen seien zum Reichstag nicht zugelassen, an der Tür abzuweisen.« Sie hob die Faust, besann sich aber eines Besseren und legte sie wieder in ihren Schoß. »Wenn die glauben, sie könnten mich damit aufhalten, haben sie sich geirrt.«

»Und jetzt?«, fragte ich mit großen Augen.

»Herr Sinoll trägt unsere Anliegen vor. Gott sei Dank habe ich alles genauestens mit ihm besprochen.«

»Was ist mit Herrn Henner?«

»Den wollten sie auch nicht einlassen! Graf Georg musste einschreiten, um wenigstens Herrn Sinoll Zutritt zu verschaffen. Da konnten sie dann nicht mehr widersprechen.« Sie legte die Hand auf den Tisch und trommelte so heftig mit den Fingern, dass ihre Kaffeetasse leise klirrte.

Catharina und ich aßen schweigend weiter.

»Am Samstag wird es einen Ball im großen Tanzsaal geben. Ironischerweise ist es der gleiche Saal, in dem die Sitzungen stattfinden. *Dafür* können sie natürlich eine Ausnahme machen und Frauen einlassen.«

Ich verschluckte mich fast an meinem Brötchen. »Ein Ball?«, rief ich atemlos. »Sind wir eingeladen?«

Mutter hob den Blick von ihren trommelnden Fingern und sah mich an. »Ja.« Sie stand auf. »Ich werde schauen, ob wir einen Instrukteur finden, der uns die Schrittfolgen in Erinnerung ruft. Ich habe seit hundert Jahren nicht mehr getanzt.« Damit rauschte sie aus dem Raum.

Catharina und ich sahen uns an. Es war nicht unüblich, dass Zofen ihre Herrinnen zum Tanz begleiteten. Wir hatten beide Mühe, nicht laut zu jubeln.

Begegnungen

Der Anblick des festlich geschmückten Tanzsaales raubte mir den Atem. Bunte Girlanden schillerten im Licht der Kronleuchter an den Wänden, während sich darüber die dunkle Holzdecke wie der Nachthimmel selbst erstreckte. Auf einer Empore an der Stirnseite des Raumes saß das Orchester mit Streichern, Lautenspielern, Trommlern und Flötisten und dazwischen flanierten die Fürsten und Grafen mit ihren Frauen.

Der Tanz hatte noch nicht begonnen. Am Rande des Saals war ein üppiges Büfett aufgebaut, an dem man sich nach Lust und Laune bedienen konnte. Catharina gingen schier die Augen über beim Anblick der vielen verschiedenen Speisen. Unsere Tafel in Friedewald war zwar nicht spärlich, aber weit von einer derartigen Fülle entfernt, wie sie hier präsentiert wurde.

Verstohlen beobachtete ich meine Zofe. Zu Hause hatte ich mich noch darüber gefreut, sie so elegant gekleidet und herausgeputzt zu sehen, hatte ihr bereitwillig meinen Schmuck geliehen und sie frisiert, doch jetzt hegte ich große Zweifel, ob es eine so gute Idee gewesen war, sie mitzunehmen. Ich fand sie viel hübscher als mich mit ihren großen, rehbraunen Augen und dem langen, schlanken Hals, an den sich die kastanienfarbenen Locken schmiegten. Am meisten Sorgen machte mir ihre Haltung. Sie trug die kostbaren Stoffe und Schmuckstücke, als hätte sie jedes Recht dazu. Sicher würde sie alle Blicke auf sich ziehen und mich würde niemand beachten. Sie würde den ganzen Abend tanzen und ich würde nur dumm in der Ecke stehen, zum Zuschauen verdammt. Kritisch sah ich sie an. Ihr Herz hämmerte so heftig, dass ich die Ader in ihrem Hals pulsieren sehen konnte.

»Bist du nervös?«, fragte ich.

»Ein wenig«, gab sie zu, aber ihre Augen glänzten erwartungsvoll.

»Du musst nicht tanzen, wenn du nicht willst.«

Sie schaute mich an, als hätte ich den Verstand verloren. »Natürlich will ich tanzen!«, rief sie empört. »Wofür haben wir denn so eifrig geübt?«

Ich rang mir ein Lächeln ab. Um ehrlich zu sein, hatte ich erwartet, dass sie von den hohen Herrschaften eingeschüchtert sein würde. Immerhin gehörte sie nicht zum Adel, im Gegensatz zu mir. Ich beruhigte mich mit dem Gedanken, dass ich jederzeit mit wenigen Worten dafür sorgen konnte, dass niemand sie mehr beachtete, falls sie sich zu sehr in den Vordergrund drängen sollte. Grafen und Fürsten gaben sich nicht mit dem einfachen Volk ab. Das würde ich selbstverständlich nicht tun, schließlich mochte ich Catharina und wollte ihr nicht schaden. Dennoch stärkte der Gedanke mein Selbstvertrauen. Ich würde *nicht* in der Ecke stehen und zuschauen. Ganz gewiss nicht.

Unsere Anwesenheit hatte bereits für Aufsehen gesorgt. Von allen Seiten wurden wir beobachtet, wie wir uns langsam in den Raum hineinbewegten. Ich folgte Mutter, die dem einen oder anderen Herrn zunickte. Überall wurden Köpfe zusammengesteckt und getuschelt.

»Was erzählen die sich?«, fragte ich Mutter, deren Augen Feuer zu speien schienen.

»Oh, sie ergötzen sich an meinem skandalösen Verhalten. Eine alberne Witwe, die den Verlust ihrer Grafschaft nicht einsehen will und meint, am Reichstag teilnehmen zu können. Ts, ts.« Sie schüttelte grimmig lächelnd den Kopf. »Ich werde sie eines Besseren belehren.« Sie sagte das mit so ruhiger Überzeugung, dass ich nur staunen konnte. Wo nahm sie diese Kraft her? Je mehr um uns herum gewispert wurde, desto mehr schien sie in ihrer Selbstsicherheit zu erstrahlen, bis sie mir wie eine Königin vorkam, herrschaftlich und unantastbar.

»Eure Schönheit erhellt den ganzen Saal, liebste Louise.« Landgraf Georg tauchte wie aus dem Nichts vor uns auf und verbeugte sich tief. Von seiner Frau war weit und breit nichts zu sehen.

»Ich danke Euch, Georg.«

Er musste die Härte in der Stimme meiner Mutter wahrgenommen haben, denn er richtete sich abrupt zu seiner vollen Größe auf. »Die Vorgehensweise der Herren beim Reichstag widerstrebt mir ebenso wie Euch, Gnädigste. Aber ich darf Euch versichern, dass Eure Anliegen gehört wurden. Kaiser Ferdinand war alles andere als erfreut, dass seinen Schutzmaßnahmen nicht Folge geleistet wurde. Leider befürchte ich, dass das keine nennenswerten Konsequenzen haben wird. Aber davon wollen wir heute Abend nicht reden.« Erst jetzt schien er mich zu bemerken und lächelte mir zu.

Nach dem Vorbild meiner Mutter machte ich keinen Knicks, sondern nickte nur. Catharina stand an meiner Seite. Graf Georg beachtete sie nicht weiter.

»Begleitet Eure Gemahlin Euch nicht?«, fragte Mutter.

»Sie fühlte sich nicht wohl«, entgegnete der Landgraf in einem Ton, der klar zu erkennen gab, dass er nicht darüber sprechen wollte.

Es war ungewöhnlich, dass eine Frau wie die Landgräfin eine solche Gelegenheit, gesehen zu werden und den neuesten Tratsch zu erfahren, verstreichen ließ. Hatte sie Angst vor dem Vergleich mit Mutter? Die Gesichter der anwesenden Damen spiegelten recht deutlich, dass sie ihr ihre Schönheit neideten. Oder war es nur die Aufmerksamkeit des charmanten Landgrafen, die sie lieber auf sich gezogen hätten?

Wie auch immer, die Atmosphäre prickelte und ich spürte so etwas wie Kampfgeist in mir aufsteigen. Mein Blick schweifte durch den Saal. Gab es unter den anwesenden Herren einen, der eroberungswürdig war? Die meisten waren viel zu alt für mich und von den Jüngeren war einer hässlicher als der andere. Ich seufzte und richtete meine Aufmerksamkeit auf das Büfett. Der Großteil der Speisen war in Häppchen angerichtet, die man mit einem Bissen in den Mund schieben konnte. Sehr praktisch. Ich wählte eine winzige Pastete aus und schloss kurz voller Genuss die Augen, als würziger Fleischsaft meinen Mund füllte. Herrlich.

»Hier Catharina, probiere das. Es schmeckt köstlich«, sagte ich und hielt ihr ein Pastetchen hin, das sie gehorsam nahm und in den Mund steckte. »Und?«, fragte ich neugierig.

Sie nickte, schluckte und lächelte mich an. »Sehr gut.« Dann fing sie an zu kichern.

Ich drehte mich um und sah, dass ein fremder Mann sich zu meiner Mutter und dem Landgrafen gesellt hatte. Neben ihm stand ein Junge von vielleicht zehn Jahren, ebenso herausgeputzt wie die Erwachsenen, nur ohne Perücke. Er versuchte, wichtig auszusehen. Das Grinsen konnte ich mir unmöglich verkneifen, aber da es bei einer Begrüßung durchaus angebracht war, versuchte ich es gar nicht erst. Der Junge wirkte wie ein aufrecht gehender Frosch. Seine Füße waren riesig im Vergleich zum Rest des Körpers, die Beine spindeldürr und sein Oberkörper wie ein Ei, auf dem ein großer Kopf saß. Am Gesicht konnte ich erkennen, dass der Mann neben ihm sein Vater sein musste.

»Es ist mir eine Ehre, Eure Bekanntschaft zu machen, Graf Johann«, sagte meine Mutter und legte mir eine Hand auf den Rücken. »Darf ich Euch meine Tochter Ernestine präsentieren? Ernestine, Graf Johann Arnold von Manderscheid-Blankenheim und sein Sohn Salentin.«

Ich machte den erforderlichen Knicks und hielt den Kopf gesenkt, bis ich meinen Lachdrang wieder unter Kontrolle hatte. Die Verbeugung des jungen Salentin war formvollendet gewesen und er hatte dabei ausgesehen wie ein dressierter Pudel. Der nächste Gedanke jagte allerdings jegliche Heiterkeit aus meinem Gemüt. Hoffentlich kam der Bengel nicht auf die Idee, mit mir tanzen zu wollen! Er starrte mich mit halb offenem Mund an. Ich richtete meine Aufmerksamkeit auf seinen Vater, ohne ein Wort von dem zu verstehen, was er sagte.

Gott sei Dank tauchte Graf Johann in diesem Moment an der

Seite von Graf Johann auf … Meine Gedanken verhedderten sich ob der Namensgleichheit, was zu einem albernen Kichern führte. Der Bruder Graf Georgs bezog es ganz selbstverständlich auf sich und begrüßte mich mit einer vergnügten Formlosigkeit, die meine Mutter kurz stocken ließ. Graf Johann bemerkte es und hielt seinerseits inne, als würde er eine Rüge fürchten. Doch Mutter sprach weiter mit dem Grafen aus Manderheim … Blankenscheid … Blankenheim? Ich hatte es schon wieder vergessen und Graf Johann bot mir seinen Arm an. Etwas zögernd hakte ich mich ein. Wo wollte er hin?

Er führte mich nur ein paar Schritte von der Gruppe um meine Mutter weg und lächelte mich an.

»Ihr habt einen Schatten, werte Komtess«, stellte er mit einem Blick über meine Schulter fest.

Ich sah mich um. Catharina war uns gefolgt und schien eine Vorstellung zu erwarten.

»Das ist meine Zofe, Catharina.«

»Ich bin entzückt.« Er nickte ihr zu, dann kehrte seine Aufmerksamkeit zu mir zurück. »Wird Eure Zofe Euch auch zum Tanz begleiten?« In seinen Augen blitzte der Schalk auf.

Ich vermied es, Catharina noch einmal anzuschauen. Sie lief bestimmt rot an und wünschte sich, in irgendeiner Erdspalte zu verschwinden. »Das denke ich nicht.«

»Das beruhigt mich. Zwei bezaubernde Frauen gleichzeitig zum Tanz zu bitten, würde mich vermutlich ein wenig überfordern. Aber wenn Ihr mir die Ehre erweisen würdet?«

Mein Herz setzte für einen Augenblick aus, bevor es doppelt so schnell weiterschlug wie vorher. Der Blick seiner blauen Augen ruhte auf mir, als gäbe es keinen Saal voller Menschen um uns herum. Mir stockte der Atem. »Sehr gern«, hörte ich mich sagen und klang dabei noch nicht einmal erstickt.

Wie auf Kommando wurde der erste Tanz angekündigt und die Tänzer gebeten, Aufstellung zur Pavane zu nehmen. Graf Johann führte mich hinter meiner Mutter und dem anderen Graf Johann her zur Tanzfläche, vorbei an Salentin, der die Arme verschränkt hatte und einen Schmollmund zog. Neben ihm stand Graf Georg, dessen Miene ich nicht deuten konnte. War es ihm nicht recht, dass sein Bruder mit mir tanzte?

Es war ein merkwürdiges Gefühl, mit all diesen gediegenen Herrschaften im Reigen zu stehen, doch niemand belächelte mich und Graf Johanns Hand führte mich sicher durch die Schrittfolgen. Nicht, dass sie sonderlich schwer gewesen wären, aber es war immerhin mein erster offizieller Tanz und ich schwankte zwischen Euphorie und Panik. Wie erwartet folgte auf die Pavane die deutlich flottere Gaillarde und wir hüpften im Dreivierteltakt durch den Saal, bis ich mich vor Lachen kaum halten konnte. Die kunstvoll getürmten Frisuren der Damen gerieten beträchtlich ins Wanken, den Herren verrutschten schlecht sitzende Perücken und eine Tänzerin verlor ihren Schuh.

Erhitzt und atemlos kehrte ich zu Graf Georg zurück, der dem Treiben vom Rand aus zugeschaut hatte. Graf Johann hielt einen vorbeikommenden Diener an und nahm zwei Becher Wein von dessen Tablett, von denen er mir einen reichte. Er prostete seinem Bruder zu. »Kein Tanz heute, Herr Landgraf?«

»Später vielleicht«, erwiderte Graf Georg. Im nächsten Moment entspannte sich seine Miene, als meine Mutter sich zu uns gesellte.

»Schmiedet Ihr neue Allianzen, Gräfin?«, fragte er, nachdem der andere Graf Johann sich verabschiedet hatte.

Mutter lachte auf und tastete ihre Frisur ab. Sie war schlauer gewesen als einige andere Damen und hatte darauf geachtet, dass ihre Haartracht auch mehrere Tänze unbeschadet überstand. »Ein interessanter Mann, dieser Graf von Manderscheid. Er steht dem Kriegsgeschehen kritisch gegenüber und will sich dafür starkmachen, dass die Bevölkerung endlich geschont wird. Wenn die Heere nicht bald aufgelöst werden, bleibt nichts mehr übrig von unserem Land. Über zwanzig Jahre Krieg kann kein Volk verkraften.«

»Selbst unsere Feinde bedauern uns schon«, stimmte Graf Georg zu. »Alles verödet, als hätte man das Land mit einem Besen leer gefegt, soll einer der Schweden gesagt haben. Ich habe mit allen Mitteln versucht, meine Untertanen zu schützen, habe mich um Neutralität bemüht, und was hat es uns genützt? Gar nichts.«

Die Bitterkeit in seiner Stimme gab mir einen Stich ins Herz. Völlig unbegründet war ich davon ausgegangen, dass der Landgraf bisher in Sicherheit gelebt hatte. Was für ein Unsinn. Er hatte schließlich nicht umsonst ein eigenes Heer zusammengestellt, das unter anderem für unseren Schutz in Friedewald sorgte.

»Ist Manderscheid nicht katholisch?«, fragte Graf Johann.

»Danach habe ich nicht gefragt«, sagte Mutter. »Aber wenn ich schon nicht zu den Sitzungen in diesen Saal gelassen werde, dann will ich jede sich sonst bietende Gelegenheit nutzen, um Eindruck zu hinterlassen.« Sie sah Graf Georg herausfordernd an, als warte sie nur darauf, dass er widersprach.

»Die Waffen einer Frau«, bemerkte er jedoch nur philosophisch und prostete ihr mit seinem Wein zu.

Länger konnte ich der Unterhaltung nicht folgen, denn ein weiterer Graf forderte mich zum Tanz auf, ein Friedrich. Ihm folgte ein Eberhard, dessen schwitzige Hände mich wünschen ließen, ich hätte auf Catharina gehört und würde Handschuhe tragen. Meine Zofe hatte sich jetzt auch auf die Tanzfläche gewagt und machte dabei eine ausgesprochen gute Figur. Da ich ihr einige Tänze voraushatte, war ich geneigt, ihr das Vergnügen zu gönnen, denn es war offensichtlich, dass meine Befürchtungen unbegründet waren.

Kaum hatte ich mich von Eberhard befreit und ein Glas Wein ergattert, stand Salentin vor mir und verbeugte sich artig. Wenigstens hatte er jetzt den Mund geschlossen, aber ich wollte trotzdem keinesfalls mit ihm tanzen. Bevor er die richtigen Worte gefunden hatte, wurde er von einem schneidigen jungen Herrn beiseitegeschoben, als wäre er nicht mehr als ein Möbelstück.

»Gräfin Ernestine?«, fragte der Herr mit einer eleganten Verbeugung. »Darf ich um diesen Tanz bitten?«

Ich willigte ein, ohne zu erfahren, wer er eigentlich war. Hauptsache, ich wurde den Jungen los. Aus dem Augenwinkel sah ich, wie er mit düsterer Miene aus dem Saal stapfte. Hoffentlich kam er nicht wieder.

Die Zeit verstrich in einem Rausch aus Musik und Tanz und Gelächter. Eindrücke verschwammen zu einer wirbelnden Traumwelt, aus der inselgleich einzelne Bilder hervorstachen: das lachende Gesicht meiner Mutter, die sich auf der Tanzfläche an mir vorbeidrehte, der Glanz der Kerzen, der sich in den Gläsern der Umstehenden spiegelte, die roten, geblähten Wangen des Flötenspielers. Ich tanzte, bis mir die Füße schmerzten und mich zum Aufhören zwangen.

Erst als ich still stand, merkte ich, wie müde ich war. Der viele Wein, den ich getrunken hatte, tat sein Übriges, auch wenn er gewässert gewesen war. So war ich nicht böse, als Mutter sich bei mir einhakte und vorschlug, nach Hause zu fahren. Wir verabschiedeten uns von Graf Georg und seinem Bruder und gingen hinaus in die Kühle der Sommernacht.

Ich atmete tief durch. Nach der Hitze des Ballsaals war die frische Luft eine Wohltat. In meinen Ohren summte es regelrecht, als wäre ein Teil der Musik darin hängen geblieben. Auch mein Herz schien noch im Takt der Trommeln zu schlagen.

»Wo ist Catharina?«, fragte Mutter und sah sich suchend um.

»Vielleicht tanzt sie noch?«, mutmaßte ich.

»Nein, sie war nicht mehr im Saal.«

»Wo soll sie denn sonst sein?«

Mutter antwortete nicht. Stattdessen wies sie einen Lakaien an, unsere Kutsche holen zu lassen. »Es wird etwas dauern, bis die Kutsche hier ist. Wir gehen noch einmal rein und suchen nach ihr.«

»Da ist sie!«, rief ich, denn Catharina kam in diesem Moment die Treppe herunter und steuerte in aller Ruhe auf uns zu. Vor meiner Mutter machte sie einen Knicks.

»Ich bitte vielmals um Verzeihung, ich hatte noch etwas zu verrichten.«

Aus dem Augenwinkel sah ich Graf Eberhard am oberen Ende der Treppe erscheinen. Ich schaute schnell in eine andere Richtung.

Eine Kutsche nach der anderen fuhr vor, sodass wir tatsächlich eine ganze Weile auf unsere warten mussten. Als sie endlich eintraf, sank ich seufzend auf die Polster und zog die Füße aus meinen Schuhen. Catharina plumpste neben mir auf den Sitz und fächelte sich mit der Hand Luft zu.

Ich grinste sie an. »Na, wie hat dir der Ball gefallen?«

»Es war … anstrengend«, gestand sie, lachte aber dabei.

»Du hast dich jedenfalls nicht blamiert«, versicherte ich ihr. »Und uns auch nicht.«

Sie erwiderte nichts, sondern sah aus dem Fenster. Ihre Atmung ging noch immer sehr schnell, als hätte sie bis zum letzten Moment getanzt.

Mir fiel plötzlich auf, dass Graf Johann mich nach unserem ersten Tanz nicht erneut aufgefordert hatte. Mit Catharina hatte er hingegen häufig getanzt. Was Korporal Quast wohl davon halten würde? Der hatte uns nicht zum Ball begleitet, auch wenn er Mutter sonst auf Schritt und Tritt folgte und für ihre Sicherheit sorgte. Zu diesem Anlass hatte er andere Mitglieder der Garde mitgeschickt.

»Und du, Ernestine? Wie hat dir der Ball gefallen?«, fragte Mutter. Ihr Gesicht war im Schatten verborgen, sodass ich ihre Stimmung nicht deuten konnte. Sie klang müde, aber das war kein Wunder, denn sie hatte nicht nur viel getanzt, sondern auch viel geredet, um Fürsprecher zu gewinnen. Landgraf Georg hatte sie mit einer Menge Herren bekannt gemacht, ohne ein einziges Mal selbst mit ihr zu tanzen. Ob er das bedauerte?

»Nun?«

»Es war herrlich! Habt Ihr gesehen, wie viele Männer mit mir tanzen wollten?« Ich konnte es noch immer nicht fassen, wie begehrt ich gewesen war.

»In der Tat.«

Mehr sagte sie nicht und ihr Schweigen verunsicherte mich. »Ich … ich habe mich doch auch nicht blamiert, oder?«

Ein leises Lachen kam aus den Schatten der Kutsche. »Nein, meine Tochter, das hast du ganz und gar nicht. Ich denke, du hast heute Abend viele Menschen bezaubert.«

»Oh.« Mein Herz überschlug sich fast vor Glück.

»Hat denn einer der vielen Herren dich bezaubert?«, wollte sie als Nächstes wissen.

Ich ließ in Gedanken die Reihe der Grafen, mit denen ich getanzt hatte, Revue passieren. Abgesehen von dem kurzen, aufregenden Moment, als Graf Johann mich zum Tanz gebeten und mir so tief in die Augen geschaut hatte, war da nichts, was ich als zauberhaft empfunden hätte.

»Nein, eigentlich nicht«, gab ich zögerlich zu.

Eine Antwort blieb aus. Neben mir schnaubte Catharina leise; es klang amüsiert. Dann gähnte sie herzhaft und steckte mich damit an. Als ich den Mund wieder zuklappte, kicherte ich und schloss die Augen. Das Rumpeln der Wagenräder und das Schaukeln der Kutsche wirkten extrem einschläfernd und ich hatte Mühe, nicht einzunicken.

Daheim angekommen, wünschten Catharina und ich Mutter eine gute Nacht und schleppten uns die Treppe hinauf. Ein klein wenig redeten wir beim Auskleiden noch über das Erlebte, doch sobald wir in unseren Betten lagen, fielen uns die Augen zu.

Am nächsten Morgen standen wir alle später auf als gewöhnlich, sogar Mutter. Nach einem ausgiebigen Frühstück machte sie sich aber schon wieder auf den Weg. Wohin, wusste ich nicht. Mir schmerzten die Füße zwar immer noch, doch ich war voller Tatendrang.

»Wie wäre es, wenn wir ans Donauufer fahren und dort ein wenig spazieren gehen?«, schlug ich Catharina vor.

»Spazieren gehen?«

Ich lachte über ihren gequälten Gesichtsausdruck. »Du hast recht, mir tut auch alles weh. Aber bei dem schönen Wetter im Haus bleiben?«

»Vielleicht machen wir lieber eine Ausfahrt, Komtess?«

»Das ist eine hervorragende Idee!«

Bis wir aufbrechen konnten, verging noch eine Weile. Die Diener mussten eine andere Kutsche organisieren, die uns zum Flussufer fahren würde, da Mutter mit unserer unterwegs war. Von der Leibgarde mussten sich vier Mann bereit machen, um uns zu begleiten, was ich vollkommen übertrieben fand, aber Mutter hatte es so angeordnet. Korporal Quast war bedauerlicherweise mit ihr unterwegs. Ich hätte mich gern versichert, dass zwischen ihm und Catharina nicht mehr war als ein paar sehnsüchtige Blicke. Für heimliche Treffen ließen ihnen ihre jeweiligen Pflichten gewiss zu wenig Zeit.

Zu guter Letzt wurden noch Proviant und Decken eingepackt, damit wir an der Donau eine genüssliche Pause einlegen konnten. Als endlich alles so weit war, hatte auch Catharina die Abenteuerlust gepackt und wir stiegen fröhlich schwatzend in die offene Kutsche.

Die Fahrt durch die Stadt dauerte wie immer eine halbe Ewigkeit, auch wenn sie alles andere als langweilig war. Menschen aus aller Herren Länder hielten sich in Regensburg auf und es war faszinierend, die unterschiedliche Kleidung zu betrachten und Fetzen der verschiedensten Sprachen aufzuschnappen. Französisch beherrschte ich ganz gut und war überrascht, wie oft ich es in den Straßen hörte. Vom Italienischen und Spanischen erkannte ich nur den Klang, verstehen konnte ich es nicht.

Als die Kutsche endlich die Stadtmauern hinter sich gelassen hatte, ging es im flotten Trab durch die Wiesen und Felder am Ufer des großen Flusses entlang. Tief sog ich die frische Luft in meine Lungen. Die Stadt war staubig und immer vom Qualm der vielen Herdfeuer überschattet und erst hier draußen fiel mir auf, wie sehr ich die kühle Waldesluft meiner Heimat vermisste. Der weite Blick über die Flussebene gefiel mir jedoch sehr.

Auf Anraten unserer Leibgarde entfernten wir uns nicht allzu weit von der Stadt und machten auf einem Hügel Rast, auf dem man eine besonders schöne Aussicht hatte. Immer wieder zogen Kutschen oder Reitergruppen an uns vorbei, während wir unsere mitgebrachte Mahlzeit genossen.

»Du hast gestern ziemlich oft mit Graf Johann getanzt«, stellte ich fest.

»Er hat mich immer wieder gefragt«, erwiderte Catharina, als wäre es das Selbstverständlichste von der Welt.

»Aber nicht nur er.«

»Nein.« Sie lächelte in sich hinein, als wäre es eine Offenbarung gewesen, dass Männer mit ihr hatten tanzen wollen. Vielleicht war es das sogar. »Aber Ihr habt auch den ganzen Abend getanzt. Ich habe gesehen, wie die Herren Euch umschwärmt haben wie die Bienen eine süße Blume.«

Grinsend prostete ich ihr mit meinem Becher zu. »Auf uns! Die hübschesten Blumen des Balls!«, rief ich übermütig und trank einen tiefen Schluck. »Lass das nur Korporal Quast nicht hören, sonst wird er eifersüchtig.«

»Ich habe es ihm schon erzählt«, sagte sie.

»Du hast … wann denn das?« Wir waren doch die ganze Zeit zusammen gewesen und da war vom Korporal keine Spur gewesen.

»Heute Morgen«, behauptete sie ungerührt und ließ den Blick über die Gegend schweifen. »Seht nur, die Boote! Seid Ihr schon einmal in einem Boot gefahren, Komtess?«

»Nein, noch nie.« Meine Augen folgten ihrem ausgestreckten Finger, während ich noch immer überlegte, wann sie morgens aus dem Zimmer gegangen sein könnte. Je länger ich überlegte, desto sicherer war ich mir, dass sie die ganze Zeit bei mir gewesen war. Entweder sie war ganz früh aufgestanden und zurückgekehrt, als ich noch schlief, oder sie log mich an. Doch warum sollte sie das tun?

Zwei Reiter näherten sich unserer Kutsche und ich stellte mit Entsetzen fest, dass einer der beiden der kleine Junge von gestern Abend war.

»Oh nein, nicht der schon wieder!«, stöhnte ich und duckte mich hinunter zu unserem Vorratskorb.

»Wie schön, Euch wiederzutreffen, Gräfin Ernestine.«

Am liebsten hätte ich geflucht. Ich richtete mich auf und setzte ein kühles Lächeln auf. Irgendwie würde ich ihn schon loswerden. »Graf Salentin«, grüßte ich mit einem Nicken.

»Macht Ihr auch einen Ausflug?«, fragte der Junge. Im nächsten Moment wurde er nach vorn gerissen, da sein Pferd den Kopf senkte, um zu grasen. Er kämpfte eine Weile mit den Zügeln, konnte das Tier aber tatsächlich überzeugen, vom Gras abzulassen. »Mein Vater hat mir gestattet, einen Ausritt zu machen. Ich habe schon öfter Großpferde geritten.«

An dem leichten Beben neben mir spürte ich, dass Catharina ihr Gelächter nur unter größter Anstrengung beherrschte. Mir ging es ähnlich. Mehr als ein gepresstes »Soso« bekam ich nicht heraus. Es genügte dem Junggrafen als Motivation, mehr zu erzählen.

»Ich gehe in Köln zur Schule und kann schon sehr gut Latein. Mein Lehrer lobt meinen Fleiß sehr. Ich kann auch schon hervorragend rechnen.«

»Wie überaus faszinierend«, kiekste ich und presste mit aller Gewalt die Lippen aufeinander, um ihm nicht ins Gesicht zu lachen. Wenn er so weitermachte, würde das allerdings sehr bald passieren.

Er musste es mir angesehen haben, denn er runzelte erst die Stirn und sah dann fragend zu seinem Begleiter. Der machte nur eine kleine, auffordernde Kopfbewegung in Richtung Stadt.

»Ja, also, dann …« Enttäuscht sah Graf Salentin mich an,

bis ihm offenbar noch ein Geistesblitz durch den Kopf schoss. »Wusstet Ihr, dass mein Zweitname Ernst ist? Salentin Ernst. Und Ihr seid Ernestine Salentine, richtig? Ist das nicht ein schöner Zufall?«

Das war zu viel. Sowohl Catharina als auch ich prusteten los. Aus dem Augenwinkel sah ich den verletzten Ausdruck in seinen Augen und wie er sein Pferd von der Kutsche weglenkte. Ein bisschen leid tat er mir schon, aber die Heiterkeit war stärker. Ich musste mir den Bauch halten vor Lachen. Selbst die Männer der Leibgarde gluckten leise. Ich wischte mir die Tränen aus den Augen und schaute über die Schulter. Die beiden Pferde waren schon ein ganzes Stück entfernt. Gelogen hatte er nicht, der junge Graf. Er saß tatsächlich sicher im Sattel.

»Der arme Junge«, sagte Catharina mit einem Bedauern, das ich ihr keine Sekunde abkaufte. »Warum habt Ihr gestern nicht mit ihm getanzt? Er hat es sich so sehr gewünscht.«

»Hat er dir das gesagt?«

»Das brauchte er nicht. Man konnte es ihm deutlich ansehen.«

»Er wäre bestimmt höher gehüpft als alle anderen, der kleine Frosch«, erwiderte ich und löste damit die nächste Lachsalve aus. Es war schlimm. Auf dem gesamten Rückweg konnten wir nicht mehr ernst bleiben. Alles, aber auch wirklich alles brachte uns zum Lachen. Der Kutscher musste uns für völlig verrückt halten und war sicher froh, als er uns zu Hause abgeliefert hatte.

Geheimnisse

Je länger wir in Regensburg blieben, desto mehr blühte Catharina auf. Vielleicht hätte ich sie nicht bestärken sollen, aber es gefiel mir zu sehen, wie sie sich in den adeligen Kreisen immer sicherer bewegte und man schon sehr bald nicht mehr merkte, dass sie eigentlich eine Bauerstochter war. Ich war stolz darauf, ihr so viel Mut zugesprochen und sie durch meine sprachlichen Korrekturen und das Erläutern der Verhaltensetikette so weit gebracht zu haben. Wir machten uns einen Spaß daraus, sie als meine entfernte Cousine vorzustellen – wenn Mutter nicht dabei war, und auch nur bei den Damen. Mutter hatte wenig Interesse, sich mit den Frauen der Grafen und Fürsten zu unterhalten. Sie war viel zu sehr mit ihrem Rechtsstreit beschäftigt, um sich »mit albernem Tratsch« zu befassen, wie sie es nannte. Das kam mir gerade recht. Catharina und ich warfen uns mit Begeisterung in den gesellschaftlichen Trubel, der abseits der Beratungen in den Gaststuben tobte. Noch nie hatte ich so viele Freiheiten genossen und so viel Abwechslung gehabt. Mir graute es schon vor der Rückkehr in den Westerwald.

Begleitet wurden wir weiterhin grundsätzlich von mindestens einem Leibwächter, was uns beiden gegen den Strich ging. Wir überlegten hin und her, wie wir den lästigen Plagegeist abschütteln könnten, aber mir fiel beim besten Willen nichts ein. Es war Catharina, die irgendwann mit einem listigen Blitzen in den Augen vorschlug, ihn zu bestechen.

»Bestechen?«

»Ja, bestechen.« Sie schaute sich nach allen Seiten um, ob uns jemand belauschte, denn wir saßen in einer kleinen Wirtschaft. Der Leibwächter lehnte draußen gelangweilt an einer Mauer, wo wir ihn durch die Fenster beobachten konnten. »Ich weiß, dass er gern mal einen über den Durst trinkt, aber Korporal Quast ist schrecklich streng, was das angeht. Wenn er einen seiner Männer betrunken erwischt, hagelt es Strafen.«

»Ich weiß. Aber wie soll uns das nützen?«

Catharina lachte. »Ganz einfach, wir handeln mit ihm aus, dass er einen Abend im Wirtshaus verbringen kann, während wir uns anderweitig vergnügen. Er verpfeift uns nicht und wir ihn nicht.«

»Das funktioniert nie im Leben!«, rief ich und Catharina legte sofort den Finger auf die Lippen.

»Pst! Natürlich funktioniert das. Ich weiß schon, wie ich ihn überzeugen kann.« Sie zwinkerte mir zu. »Vertraut mir.«

Ich spürte, wie meine Wangen zu glühen begannen. Wenn das herauskam, würde es fürchterlichen Ärger geben. Mutter würde mich garantiert in meinem Zimmer einsperren, und was es für Catharina bedeuten konnte, wollte ich mir gar nicht ausmalen. Aber wenn es nicht herauskam … Ich blickte in Catharinas verschwörerisch funkelnde Augen und konnte nicht anders, als zu grinsen.

Ich wusste nicht, wie sie es angestellt hatte, aber eines Abends, als nur dieser eine Wachmann bei uns war, nickte er uns plötzlich zu und bog an einer Straßenecke in eine andere Richtung ab. Catharina, die sich bei mir eingehakt hatte, zog mich unbeirrt weiter in Richtung Marktplatz, auf dem an diesem Abend ein Puppentheater aufgeführt werden sollte. Wir hatten uns schlicht gekleidet, denn der Marktplatz am Abend war eher das Reich der Bürgerlichen als der Adeligen und wir wollten nicht unnötig auffallen.

Mir klopfte das Herz bis zum Hals. Es war völliger Wahnsinn, sich hier allein in die Menge zu begeben, und für einen kurzen Moment war ich geneigt, auf dem Absatz kehrtzumachen und nach Hause zu rennen. Allein Catharinas Nähe und die unbändige Energie, die sie verströmte, hielten mich zurück. Sie schien alles in sich aufzusaugen und strahlte vor Begeisterung. Ungeniert drängte sie sich zwischen den Menschen durch, bis wir einen guten Platz vor den Bühnenwagen gefunden hatten, die im Halbkreis aufgestellt waren. Auf jedem Wagen war ein anderes Szenenbild aufgebaut. Sobald die Schausteller mit ihren Masken und Puppen auf dem ersten Wagen erschienen, waren alle meine Sorgen vergessen.

Es war eine ganz andere Art von Spektakel als das, was in den Schauspielhäusern geboten wurde, aber nicht minder prächtig und faszinierend. Die einsetzende Dämmerung, die flackernden Lichter der Fackeln, die die Bühnen erhellten, die Maskierten, die plötzlich aus den Schatten der Szenenbilder sprangen, all das kreierte eine unwirkliche, berauschende Atmosphäre, als wäre ich inmitten eines magischen Traums. Wir bewegten uns mit der Menge, wenn die Puppenspieler von einer Bühne zur nächsten wechselten, jubelten, lachten und schrien mit und ich fühlte mich so frei wie noch nie in meinem Leben.

Die Kirchturmuhr schlug Mitternacht und riss mich jäh aus meinem Rausch. »Mitternacht? Um Himmels willen, Catharina! Wir müssen nach Hause!«

»Geht nur, ich bleibe noch«, sagte sie und lachte ausgelassen.

»Nein, komm mit! Ich kann dich doch nicht hier allein zurücklassen!« Panik stieg in mir auf. Ich packte ihren Arm und zog mit aller Kraft.

»Schon gut, schon gut! Reißt mir nicht den Arm ab, ich komme ja«, erwiderte sie. »Vermutlich sollten wir tatsächlich besser unseren Wachmann wieder einsammeln, bevor er nicht mehr laufen kann.«

Im Gegensatz zu ihr konnte ich über diese Äußerung nicht lachen. »Wie sollen wir das alles nur erklären?«

»Keine Sorge, ich mache das schon.«

Bald hatten wir das Gedränge des Marktplatzes hinter uns gelassen und die Ecke erreicht, an der der Wachmann abgebogen war.

»Wartet hier«, sagte Catharina knapp und ließ mich einfach stehen.

Ich zog mein Schultertuch enger um mich und schaute nervös in alle Richtungen. Wenn mich nun ein Fremder ansprach? Was sollte ich tun? Meine mir eben noch so kostbar erschienene Freiheit sorgte jetzt dafür, dass sich mir vor Angst die Kehle zuschnürte. Gott sei Dank kam Catharina schon kurz darauf mit dem torkelnden Wachmann zurück, der ein seliges Grinsen im Gesicht hatte. Seinen Arm hatte er sehr vertraulich um Catharinas Taille gelegt.

Auf meinen entsetzten Blick hin winkte sie ab. »Keine Sorge, der tut mir schon nichts.«

Im gleichen Moment beugte er sich herab und versuchte, sie zu küssen, was sie mit einem beherzten Schlag gegen seine Brust verhinderte. Sie flüsterte ihm irgendetwas zu und sein Grinsen wurde breiter.

»Nun geht schon. Ich will nicht ewig hier auf der Straße herumstehen«, sagte Catharina ungeduldig.

Ich schluckte mein Entsetzen herunter und machte mich eilig auf den Weg. Kurz vor unserem Haus rief Catharina mich zurück. »Ihr geht voraus. Ich sorge dafür, dass der Kerl hier unbemerkt in seine Kammer kommt. Haltet Euch noch im Erdgeschoss auf, bis ich da bin. Falls jemand nach mir fragt, musste ich eine Notdurft verrichten.«

»Aber …«

»Lasst Euch bloß nicht anmerken, dass irgendetwas ungewöhnlich ist. Am besten tut Ihr so, als wärt Ihr schon zu müde, um noch einen klaren Gedanken zu fassen. Los, los!« Mit einer Handbewegung scheuchte sie mich in Richtung Haus. Als ich die Treppe zur Haustür hinaufstieg, sah ich gerade noch, wie der Wachmann Catharina mit beiden Armen umfasst hielt, ehe er mit ihr zum Seiteneingang hinter der Hausecke verschwand. Ich schluckte. Was sollte ich machen? Wenn er ihr etwas antun wollte, könnte ich ihn sicherlich nicht davon abhalten. Aber ich konnte auch niemanden hinschicken, denn dann würden wir auffliegen.

Noch ehe ich eine Entscheidung treffen konnte, ging die Haustür auf. Ein Diener sah mich verdutzt an. »Die Komtess ist allein?«

Ich riss mich zusammen und gähnte erst einmal herzhaft, um Zeit zu gewinnen. »Natürlich nicht. Catharina ist gleich da, sie musste noch …« Ich wedelte mit der Hand, führte aber nicht weiter aus, was sie noch musste. »Unseren Leibwächter habe ich direkt nach hinten geschickt.« Ich ging am Diener vorbei in den Salon, in dem noch ein Feuer brannte. Zum Glück war Mutter nicht anwesend.

»Ist die Gräfin noch auf?«, fragte ich sicherheitshalber.

»Sie ist noch aus.«

Mit Mühe unterdrückte ich ein erleichtertes Seufzen. Das bedeutete, dass auch Korporal Quast nicht im Haus war. »Bring mir ein Glas Wein.«

»Sehr wohl«, sagte der Diener und verschwand mit einer Verbeugung.

Ich ließ mich in den Sessel vor dem Kamin sinken und starrte in die Flammen. Meine Gedanken kreisten. Wo blieb Catharina? Sollte ich dem Diener sagen, er solle nach ihr sehen? Oder doch selbst gehen? Auf dem Kaminsims verstärkte eine Uhr jede einzelne Sekunde mit einem Ticken. Ich stand wieder auf und ging zur Tür. Sollte ich? Sollte ich nicht? Besser nicht. Catharina hatte sehr selbstbewusst geklungen und auch nicht beunruhigt gewirkt, obwohl der Wachmann sich ihr so aufgedrängt hatte. Was hatte sie ihm eigentlich zugeflüstert? Auf jeden Fall hatte es ihm gefallen, das hatte man sehen können. Sie würde doch nicht …? Nein, ganz gewiss nicht. Catharina war ein anständiges Mädchen. Ich drehte um und setzte mich wieder.

Dieses Spiel wiederholte sich noch zweimal, ehe endlich die Tür aufging. Nicht der Diener kam herein, sondern Catharina, mein Glas Wein in der Hand.

Ich sprang auf. »Da bist du ja endlich! Ist dir was passiert?«, fragte ich besorgt.

»Nein, nein, alles in Ordnung«, sagte sie und lächelte verschmitzt, während sie mir den Wein reichte. Dann trat sie dicht an mich heran. »Der Wachmann schnarcht süß und selig in seinem Bett. Keiner hat etwas gemerkt«, flüsterte sie mir ins Ohr.

Ich atmete lange aus und legte die Hand aufs Herz. »Noch mal mache ich das nicht«, stellte ich leise fest und ließ mich wieder in den Sessel sinken.

Catharina setzte sich auf einen Stuhl an meiner Seite. »Findet Ihr nicht, dass es sich absolut gelohnt hat? Das Puppenspiel war zauberhaft!«, raunte sie mir zu.

»Ja, das war es.« Jetzt, wo die Anspannung von mir abfiel, konnte ich mir gestatten, die Bilder des Abends noch einmal Revue passieren zu lassen.

So kam es, dass wir ganz still und friedlich vor dem Kamin saßen, als Mutter nach Hause kam.

»Ihr seid noch auf?«, fragte sie erstaunt.

»Wir haben uns Märchen ausgedacht«, erwiderte Catharina. »Das hat uns lange amüsiert.«

Ich sah sie an. Was für eine überaus schlaue Idee. Wenn wir jetzt von dem Puppenspiel sprachen, konnten wir einfach sagen, es wäre das Märchen, das wir uns ausgedacht hatten. Ich prostete ihr mit meinem Weinglas zu und sie nickte zurück.

»Nun, ich für meinen Teil bin hundemüde. Ich gehe zu Bett.«

»Gute Nacht, Mutter.«

»Angenehme Träume«, wünschte Catharina und lächelte ihr hinterher. »Wollt Ihr auch zu Bett gehen, Komtess?«, fragte sie dann, ohne mir ihren Blick zuzuwenden.

Irgendwie hatte ich den Eindruck, dass sie das gern so hätte. Ich folgte ihrem Blick und sah im Flur eine Gestalt stehen. Natürlich. Korporal Quast. Er war mit Mutter heimgekommen.

Ich stand auf, stellte das Weinglas auf das Kaminsims und

streckte mich. »Ja, ich denke, ich gehe jetzt schlafen. Du brauchst mir nicht zu helfen.«

»Wie Ihr wünscht«, sagte sie und klang dabei sehr zufrieden.

Als ich in den Flur trat, verbeugte sich der Korporal vor mir. »Ich wünsche der Komtess eine gute Nacht«, sagte er.

»Die wünsche ich Euch auch, danke.« Ich ging die Treppe hinauf und den Flur entlang zu meinem Zimmer, öffnete die Tür und schloss sie geräuschvoll wieder. Dann schlich ich auf Zehenspitzen zurück und linste um den Treppenabsatz herum, bis ich den Korporal unten im Flur sehen konnte. Er stand jetzt im Türrahmen des Salons. Im nächsten Moment kam Catharina dicht an ihn heran und legte ihm die Arme um den Hals.

»Nicht«, hörte ich ihn leise mahnen. Er warf einen Blick über die Schulter, ohne mich zu sehen.

Catharina lachte leise und schmiegte sich auf eine Art an ihn, die mir die Hitze in die Wangen trieb. Hatte ich eben noch gedacht, sie wäre ein anständiges Mädchen? Sie fuhr dem Korporal mit beiden Händen in die Haare und zog seinen Kopf zu sich herunter. Ich legte mir die Hand über den Mund. Er küsste sie! Und zwar nicht gerade keusch und zurückhaltend. Der Kuss dauerte an. Es war offensichtlich, dass es nicht der erste zwischen den beiden war. Ich war von einer grässlichen Faszination gefangen. Noch nie war ich Zeuge solcher Vorgänge geworden, obwohl ich schon oft versucht hatte, mir Derartiges vorzustellen. Neid und Eifersucht flammten in mir auf, während ich gleichzeitig eine wohlige Wärme verspürte, als wären es meine Arme, die um den Hals dieses Mannes lagen, und meine Lippen, die er liebkoste. Dazu regte sich die Scham. Ich sollte nicht zusehen.

Abrupt richtete sich Korporal Quast auf, nahm Catharinas Arme und zog sie energisch von seinem Hals weg. Er trat zurück, krächzte ein heiseres »Gute Nacht« heraus und hastete mit langen Schritten den Flur entlang zum hinteren Teil des Hauses, in dem die Leibgarde untergebracht war.

Catharina lehnte sich an den Türrahmen und sah ihm hinterher, eine Hand am Hals, die andere locker um die Hüfte gelegt. »Gute Nacht«, hörte ich sie murmeln, dann ging sie zurück in den Salon.

Ich nutzte die Gelegenheit, um unbemerkt in mein Zimmer zu schlüpfen. Hastig schälte ich mich aus meinen Kleidern und vergrub mich im Bett, da ich erwartete, dass Catharina jeden Moment hereinkommen würde. Das tat sie jedoch nicht. Wo blieb sie nur? War sie dem Korporal etwa hinterhergeschlichen? Ich warf mich auf die andere Seite und krallte meine Finger in das Kopfkissen. Am liebsten hätte ich geschrien. Wie konnte sie es wagen, sich so an diesen braven, ehrenhaften Mann heranzuwerfen? Voller Empörung setzte ich mich auf, nur um mich im nächsten Moment wieder hinzuwerfen und das Gesicht ins Kissen zu drücken. *Er* hatte *sie* geküsst. Und wenn ich ehrlich war, war es Eifersucht, die in mir brannte, nicht Empörung. Dass es zwischen den beiden knisterte, war mir ja schon länger bewusst. Ich hatte nur nicht gedacht, dass Korporal Quast dem nachgeben würde, und war maßlos enttäuscht. Sollte ich Mutter davon berichten? Nein, auf keinen Fall. Sie war nicht dumm. Vermutlich hatte sie es selbst schon bemerkt und ich wollte nicht den Eindruck erwecken, die beiden anschwärzen zu wollen. Das würde nur unbequeme Fragen aufwerfen.

Ich rollte mich auf die Seite und atmete tief durch. Niemand würde mir irgendetwas anmerken, das schwor ich mir.

Im September brachen wir unsere Zelte in Regensburg ab. Alles Flehen und Betteln meinerseits hatte nichts genützt, Mutter wollte unbedingt nach Hause, bevor das Herbstwetter die Straßen unpassierbar machte. Ich wäre liebend gern den ganzen Winter über in Regensburg geblieben.

Widerwillig und unter großem Protest hatte ich Catharina und eine Magd unsere Koffer packen lassen, die nun unten im Flur aufgestapelt waren und darauf warteten, früh am Morgen in die Wagen verladen zu werden. Der letzte Abend in Regensburg verlief absolut ereignislos und bot einen Vorgeschmack auf das, was mich im Westerwald erwartete. Vorbei war es mit Theaterbesuchen, Bällen und Gasthäusern und vor allem mit den Begegnungen mit den Adeligen.

»Ich werde zu Hause vor Langeweile sterben!«, jammerte ich zum bestimmt hundertsten Mal.

»Ja, das werdet Ihr«, erwiderte Catharina zynisch und ich warf mit einem Kissen von meinem Bett nach ihr.

»Du wirst auch vor Langeweile sterben!«, hielt ich ihr vor und verschränkte schmollend die Arme.

»Ich weiß mich zu beschäftigen«, war ihre lapidare Antwort, was mich nur noch wütender machte. Ich konnte nicht verstehen, wie sie alles so gelassen hinnehmen konnte. Andererseits musste ich mir eingestehen, dass sie anpassungsfähiger war als ich. Wenn unsere Zeit in Regensburg eins gezeigt hatte, dann das.

»Wirst du das schöne Leben hier gar nicht vermissen?«, fragte ich, aber sie lachte nur und zwinkerte mir zu.

Das Abendessen empfand ich als trostlos, obwohl die Köche sich alle Mühe gegeben hatten, uns zum Abschied zu verwöhnen. Mutter hatte mir verboten, ein letztes Mal auszugehen, also zog ich mich aus purem Trotz direkt nach dem Essen ins Zimmer zurück, legte mich ins Bett und starrte an die Decke.

Catharina kam so spät, dass ich schon eingedöst war und nur am Rande mitbekam, wie sie zu Bett ging. Mitten in der Nacht schreckte ich noch einmal hoch, schlief aber direkt wieder ein, als ich sie den Nachttopf benutzen hörte.

Am nächsten Morgen wollte ich die Augen nicht öffnen. Ich lag eine ganze Weile wach und weigerte mich, mich zu bewegen, bis mir auffiel, wie still es im Zimmer war. Ich setzte mich auf. Catharina war schon aufgestanden. Warum hatte sie mich nicht geweckt? Ein Blick auf die Uhr zeigte mir, dass es noch früh war. Ich wusch mich und zog mich in aller Ruhe an, wobei ich mich zunehmend wunderte, dass Catharina nicht wieder auftauchte. Zum Glück hatte ich ein Kleid gewählt, dass man vorn und nicht hinten schnürte, sonst hätte ich sie im Nachthemd suchen müssen.

Als ich die Treppe herunterkam, schlugen mir aufgeregte Stimmen entgegen. Bedienstete hasteten wie aufgescheuchte Hühner durch den Flur, Türen wurden geschlagen, aber erstaunlicherweise stand der Großteil des Gepäcks noch am selben Platz wie gestern. Nur meine große Kleidertruhe fehlte. Ich ging in den Salon, denn von dort hatte ich Mutters Stimme gehört.

Im Türrahmen hielt ich überrascht inne. Korporal Quast saß vor dem Kamin, das Gesicht in den Händen vergraben, während meine Mutter hinter ihm auf und ab ging.

»Was ist passiert?«, fragte ich.

»Catharina ist weg.« Mutters Tonfall verriet ungläubige Wut.

Korporal Quast stöhnte auf.

»Weg?«, fragte ich verständnislos.

»Weg«, wiederholte Mutter. »Sie hat in aller Frühe deine Kleidertruhe gestohlen und ist damit auf und davon.«

»Meine … wie denn das?«

»Es ist alles meine Schuld.« Korporal Quast klang dermaßen gequält, dass ich ihn am liebsten umarmt hätte, um ihn zu trösten. Er hob den Kopf und sah mich vollkommen niedergeschlagen an. »Sie hat mich belogen. Sie sagte, Eure Mutter hätte die Kleider den Töchtern der Landgräfin Sophie versprochen und Catharina sollte sie überbringen. Was für ein Unfug! Wie konnte ich das nur glauben?« Er legte das Gesicht wieder in seine Hände.

»Ihr seid zu solchem Verrat nicht fähig, deswegen habt Ihr es geglaubt«, sagte meine Mutter bitter und erklärte dann an mich gewandt: »Sie hat ihn gebeten, ihr mit der Truhe zu helfen. Auf die Frage, warum er nichts von meiner Anweisung wisse, behauptete sie, ich hätte ihn mit dieser Aufgabe nicht auch noch belasten wollen, deswegen hätte sie sich bereit erklärt, es zu übernehmen. Tatsächlich hat sie eine Kutsche angeheuert und ist auf und davon. Unsere Männer versuchen gerade herauszufinden, wohin die Kutsche sie gebracht hat.«

So langsam sickerten die Informationen zu mir durch. »Meine Truhe? Sie hat meine Truhe mitgenommen?«

Mutter nickte.

»Da waren meine wertvollsten Kleider drin! Und mein Schmuck!« Empörung schnürte mir die Kehle zu. Ich musste mehrmals schlucken, bevor ich weitersprechen konnte. »Das kommt vom Wert her einer Aussteuer gleich.« Ich fing an zu zittern.

»Es tut mir so leid«, flüsterte Korporal Quast kopfschüttelnd.

Mutter deutete auf einen Stuhl. »Setz dich, Ernestine, du bist ganz blass.«

»Was machen wir denn jetzt?« Ich sank auf den Stuhl und sah Mutter zu, wie sie wie ein gefangenes Tier von einer Ecke des Salons in die andere streifte.

»Wir schauen, ob wir sie erwischen. Wenn ja, wird sie bestraft. Wenn nein, fahren wir nach Hause.«

Meine Gedanken und Gefühle drehten sich wie ein Mühlrad. Erst tauchte ein entsetztes »Nein« auf bei dem Gedanken, meine beste Freundin zu bestrafen. Das wurde jedoch im nächsten Moment untergetaucht. *Deine beste Freundin bestiehlt dich nicht!,* rief mein verletzter Stolz. In Gedanken sah ich das Lächeln in ihrem Gesicht, mit dem sie jedes einzelne Kleidungsstück sorgsam in die Truhe gepackt hatte. Tränen stiegen mir in die Augen. Jetzt wusste ich auch, warum die Aussicht auf den Westerwald sie so ungerührt gelassen hatte. Sie hatte bereits gewusst, dass sie nicht dorthin zurückkehren würde.

»Wo kann sie denn hin sein?«, überlegte ich laut.

»Irgendeinen Grafen wird sie schon bezirzt haben, sie als Mätresse zu nehmen«, antwortete Mutter.

Korporal Quast gab einen erstickten Laut von sich.

Schlagartig rückte er in den Fokus meiner Gedanken. Der arme Mann! Er war in sie verliebt und sie hatte seine Gutmütigkeit so niederträchtig ausgenutzt! Wäre sie jetzt in den Raum gekommen, ich hätte sie geschlagen.

Die Haustür ging auf und zwei Männer der Leibgarde kamen hereingepoltert.

»Habt ihr sie gefunden?«

»Nein, gnädige Frau. Wir haben den Kutscher ausfindig gemacht, der sie gefahren hat, aber er sagte, er hätte sie nur zu einer anderen Kutsche gebracht.«

»Was für eine Kutsche?«

»Es war wohl eine private Kutsche, möglicherweise französisch. Die Mietkutschen kennt er alle, sagte der Kutscher, und diese hier war ihm fremd.«

»In welche Richtung ist sie gefahren?«

»Aus der Stadt hinaus nach Süden, gnädige Frau. Mit Verlaub gesagt, wir haben zwar eine Beschreibung der Kutsche und der Pferde, aber bei mehreren Stunden Vorsprung ist es äußerst unwahrscheinlich, dass wir sie in näherer Zukunft finden.«

Mutter nickte und lief wieder auf und ab, die Stirn tief in Falten gelegt. Dann blieb sie plötzlich stehen.

»Packt die Wagen, wir brechen auf.«

»Ihr lasst sie laufen?«, fragte ich verblüfft.

»Ich weigere mich, meine Zeit und meine Nerven für eine derart hinterhältige Person zu verschwenden. Ich wollte ihr eine Chance im Leben geben, die hat sie nun weidlich ausgenutzt. Soll sie bleiben, wo der Pfeffer wächst. Korporal Quast?«

Er quälte sich auf die Füße. »Zu Euren Diensten.«

»Betrübt Euch nicht. Ich betrachte Euch ebenso als Opfer ihrer Verschlagenheit wie uns. Die Schuld liegt bei ihr, nicht bei Euch. Und jetzt kümmert Euch um das Beladen der Wagen. Wir sind spät dran.«

»Jawohl, Gnädigste.« Mit scheinbar größter Willensanstrengung schob er die Schultern zurück und nickte seinen beiden Wachmännern zu. »Ihr habt die Gräfin gehört.« Die drei Männer verließen den Salon und ich hörte, wie sie im Flur Befehle erteilten.

Mutter trat zu mir und nahm mich in die Arme. Sie drückte ihre Wange an meinen Kopf und hielt mich einen Moment lang einfach nur fest. »Ich habe es nicht kommen sehen«, gestand sie und klang dabei unendlich traurig und enttäuscht.

Die Tränen, die sich in meinen Augen gesammelt hatten, kullerten mir über die Wangen.

Die Fahrt war trostlos. Einige Tage zuvor hatte ich am Rande mitbekommen, wie Mutter mit Korporal Quast und Herrn Henner intensiv über unsere Reiseroute diskutiert hatte, damit wir keinesfalls in die Nähe eines Heeres gerieten. Das aufregende Leben in Regensburg hatte die Tatsache, dass im ganzen Land immer noch Krieg herrschte, völlig aus meinem Kopf gedrängt, doch in meiner geknickten Stimmung wurde es plötzlich sehr bedeutsam.

»Wären wir in Regensburg nicht viel sicherer als im Westerwald?«, fragte ich. Dass eine so große Stadt mit so vielen Herrschern und ihrem Gefolge angegriffen werden könnte, hielt ich für ausgeschlossen.

»Nein.«

Überrascht sah ich Mutter an. Die knappe Antwort enthielt eine unfassbare Fülle an Emotionen. In ihren Augen spiegelte sich das Wissen um namenloses Grauen, gepaart mit der flehentlichen Hoffnung, dass uns ein solches Schicksal niemals ereilen würde.

»Was …?«

»Vor knapp zehn Jahren fiel Tillys Heer in Magdeburg ein, einer Stadt wie Regensburg.«

»Der Tilly, der auch in unserer Grafschaft gewütet hat?«

»Sein Onkel. In drei Tagen ermordeten sie die gesamte Bevölkerung der Stadt. Männer, Frauen, Kinder. Man nennt es die Magdeburger Bluthochzeit.«

Ich schluckte. Das *wollte* ich mir nicht nur nicht vorstellen, ich *konnte* es gar nicht.

»Ich weiß, dass du gern noch in Regensburg geblieben wärst,

Ernestine. Aber das können wir uns nicht leisten. Ich habe alles in Bewegung gesetzt, was mir möglich war, und Herr Sinoll wird mit Landgraf Georg unsere Rechte weiter beim Reichstag vertreten. Wir müssen zurück. Glaube mir, unser abgeschiedenes Friedewald ist zurzeit einer der sichersten Orte in diesem Land. Mir ist es deutlich lieber, du stirbst dort vor Langeweile als … alles andere.«

Darauf wusste ich nichts zu erwidern.

Nach dem, was heute geschehen war, würde mir nicht nur die reichhaltige Abwechslung des gesellschaftlichen Lebens einer großen Stadt fehlen, sondern auch meine engste Vertraute. Mit wem sollte ich reden, lachen, mir die Zeit vertreiben? Mit Nanni? Ich seufzte und versank immer tiefer in trübe Stimmung. Der Betrug schmerzte so sehr und mit jedem neuen Kleidungs- und Schmuckstück, das mir in den Sinn kam, schien die Wunde in meinem Herzen weiter aufzureißen. Wie hatte sie das nur tun können? Wie hatte sie mir in die Augen sehen und mit mir lachen können, während sie gleichzeitig ihren Diebstahl plante? Und wer hatte ihr geholfen? Ich grämte mich ohne Ende.

Das Wetter half auch nicht wirklich. Obwohl wir Glück hatten und es nicht die ganze Zeit regnete, war es doch ständig bedeckt, kalt und windig. Wir übernachteten in kleinen Herbergen und fuhren durch Schleier wirbelnden Laubs, das kaum mit den üblichen fröhlichen Herbstfarben aufwartete, sondern sich unmittelbar in ödes Braun färbte und frühzeitig von den Zweigen der Bäume gerissen wurde. Bei unserer Ankunft in Friedewald waren sie schon fast kahl.

Es war ein merkwürdiges Gefühl, mit Hochrufen und Jubel von den Einwohnern des Orts begrüßt zu werden – einerseits schön, die lachenden Gesichter zu sehen, andererseits traurig, dass nicht mehr als eine Handvoll Männer, Frauen und Kinder am Wegesrand standen und winkten. Wo mich die Menschenmassen in der Stadt zunächst erschreckt hatten, vermisste ich sie jetzt. Keine bunten Kleider, keine kunstvollen Frisuren, keine Scharen von

Dienern in eleganten Uniformen, nur Hauben, Filzkappen und die einfache Tracht des Bauernvolkes.

Mutter winkte freundlich lächelnd zurück und stieß mich mit dem Fuß an. Ich verdrehte die Augen und winkte ebenfalls, auch wenn mir das Lächeln nicht so recht gelingen wollte. Ich war froh, als die Kutsche durch den Torbogen des Schlosses fuhr und sich die starken Tore hinter uns schlossen.

Wir hatten noch nicht angehalten, da hörte ich bereits meine kleine Schwester schreien.

»Sie sind da! Sie sind da!« Nanni hopste aufgeregt auf der obersten Stufe der Treppe auf und ab.

Jetzt konnte ich doch lächeln und beeilte mich, aus der Kutsche zu kommen. Nanni flog wie eine Kanonenkugel auf mich zu und klammerte sich an mich, als hätte sie mich jahrelang nicht gesehen anstatt drei Monate.

»Bist du gewachsen?«, fragte ich.

»Ich bin jetzt acht und wir müssen meinen Geburtstag noch feiern. Ohne euch wollte ich das nicht. Wenn ich mitgekommen wäre, hätte es bestimmt eine ganz große Feier gegeben mit ganz vielen Gästen! Wie war es? Ist Regensburg sehr groß? Sind da viele Leute? Warst du wirklich auf einem richtigen Ball? Mutter!« Der Redeschwall riss ab und Nanni warf sich Mutter in die Arme.

Bestürzt beobachtete ich, wie meine Schwester zu weinen anfing.

»Ich habe Euch so vermisst!«, schluchzte sie, während Mutter ihren Kopf mit Küssen bedeckte.

»Jetzt sind wir ja wieder da, meine Kleine«, sagte Mutter leise.

Inzwischen hatte sich die Dienerschaft auf der Treppe und in der Eingangshalle versammelt. Das Gepäck wurde bereits vom Wagen abgeladen, die Leibgarde brachte die Pferde in den Stall, die Kutsche rollte zum Kutschenhaus und wir wurden von strahlenden Gesichtern in Empfang genommen.

Korporal Quast hatte einen Boten vorausgeschickt, um unsere Ankunft anzukündigen, wofür ich ihm sehr dankbar war. So wartete eine warme Mahlzeit auf uns, die Feuer brannten in den Kaminen, und als ich in mein Zimmer kam, spürte ich eine große Last von mir abfallen. Die Reise war sehr anstrengend gewesen und ich war froh, wieder in meinem eigenen Bett schlafen zu können.

Wo Catharina jetzt wohl war? Saß sie lachend in einem meiner Kleider im Theater? Oder tanzte sie gar fröhlich auf einem Ball, während Korporal Quast sich hier die Augen ausweinte? Selbst nach den Strapazen der Reise wirkte er noch immer bedrückt, sprach kaum und aß zu wenig. Jedenfalls hatte ich den Eindruck, dass er dünner geworden war. Nanni hatte mich beim Essen nach Catharina gefragt. Ich hatte geschwiegen. Am liebsten hätte ich ihr erzählt, dass sie gestorben war, denn ich brachte es nicht über mich, von ihrem Betrug zu berichten.

Interessanterweise schien es Mutter ähnlich zu gehen. »Sie hat uns in Regensburg verlassen und eine andere Stellung angenommen«, war ihre Antwort gewesen.

Mir war klar, dass die Wahrheit in der Dienerschaft die Runde machen würde. Trotzdem fühlte ich mich mit dieser Erklärung wohler. Es war besser zu ertragen als: »Sie hat uns belogen und bestohlen und ist weggelaufen, und wir haben sie laufen lassen.« *Wir haben sie laufen lassen.* Wie konnte sich etwas gleichzeitig richtig und vollkommen falsch anfühlen?

Als ich an diesem Abend allein in meinem Zimmer saß, schaute ich noch eine ganze Weile ins Feuer. Wie still es war! Außer dem leisen Knistern der Flammen und dem Wind, der gegen das Fenster drückte, war nichts zu hören. In Regensburg waren die ganze Nacht über Geräusche von der Straße hereingedrungen. Schritte, Hufgeklapper, der Ruf des Nachtwächters, das Schlagen der Rathausuhr, das alles hatte meine Träume begleitet. Hier konnte ich maximal auf den Ruf eines Käuzchens in der Nacht hoffen oder vielleicht noch das Geschrei, wenn sich zwei Katzen balgten.

Ich blies die Kerze aus und legte mich ins Bett, froh, nach der langen Reise zwischen den eigenen frischen Laken zu liegen. Was würde die Zukunft bringen, außer Langeweile? Hatten die vielen Unterredungen meiner Mutter auch mich zum Thema gehabt? Gab es unter den Grafen jemanden, der mich heiraten wollte? Die ungeklärte Situation bezüglich unserer Besitztümer war sicherlich nicht sehr verlockend. Und wenn ich ehrlich war, hatte keiner der Grafen einen bleibenden Eindruck bei mir hinterlassen. Jedenfalls keinen, der mich dazu bewogen hätte, ihn heiraten zu wollen. Graf Johann war zwar freundlich gewesen und als Landgraf eine gute Partie, aber obwohl wir uns noch auf zwei weiteren Bällen begegnet waren und miteinander getanzt hatten – so wie bei unserer ersten Begegnung hatte er mich nie wieder angesehen. Sonst war in der ganzen Menge keiner gewesen, der einen Reiz auf mich ausgeübt hätte.

Schade. Ich war mir so sicher gewesen, in Regensburg meinem Zukünftigen zu begegnen. Vor einer arrangierten Heirat graute es mir. Eine der Gräfinnen hatte mir erzählt, dass sie mit sechzehn Jahren mit einem Mann verheiratet worden war, den sie noch nie zuvor in ihrem Leben gesehen hatte. Glücklich hatte sie nicht gewirkt. Würde Mutter so etwas tun? Ich seufzte und klammerte mich an dem Gedanken fest, dass meine Eltern sich geliebt hatten. Bestimmt wünschte sich Mutter das auch für ihre Töchter.

Teil 3

September 1644 – Februar 1649

Schloss Friedewald

Verantwortung

Da lag er, der Entwurf des Ehevertrages. Hochwohlgeborener Graf Friedrich Magnus von Sayn-Wittgenstein und die hochwohlgeborene Gräfin Ernestine Salentine von Sayn-Wittgenstein. Mein Finger wanderte unruhig über die Zeilen. Was für ein Gekrakel. Überall waren Sätze ausgestrichen und andere danebengeschrieben worden. Drei verschiedene Handschriften waren zu erkennen und ich wusste nicht, ob eine davon meinem künftigen Gemahl gehörte. Ich hatte ihn noch nie gesehen.

Seit Graf Ludwig Casimir letztes Jahr auf einer Reise erschossen worden war, herrschte reger Schriftverkehr zwischen den Wittgensteinern und meiner Mutter. Sie versuchten mit aller Überzeugungskraft, eine Ehe mit mir zu arrangieren, und hatten sich jetzt auf diesen Friedrich Magnus geeinigt. Er war ein Cousin meines Vaters. Mutter kannte ihn auch nicht, war aber nach langem Hin und Her zu der Auffassung gelangt, dass es besser war, die Grafschaft auf diese Art in der Familie zu halten, als sie aus der Hand zu geben. Nicht, dass die Verhältnisse inzwischen geklärt gewesen wären. Vor zwei Jahren hatte das Reichskammergericht endlich die Annullierung des unsäglichen Abtrittes der Grafschaft an Ludwig Casimir bestätigt, doch dieses Dokument zeigte ebenso wenig Wirkung wie der Schutzbrief des Kaisers. Im Gegenteil: Graf Christian, der Halbbruder meines Vaters, war in Altenkirchen einmarschiert, hatte es besetzt und sich als Regent ausrufen lassen, obwohl er dazu keinerlei Recht hatte. Er und seine beiden Brüder hatten verschiedene Vorschläge gemacht, nach denen Mutter die Grafschaft gegen eine hohe Abfindung an sie abtreten sollte. Sie hatte alle abgelehnt.

Ich mochte schon gar nicht mehr darüber nachdenken und verstand nicht, warum Mutter immer noch kämpfte und kämpfte und kämpfte. Sie gab einfach nicht auf. Wie viele Fässer Tinte hatte sie über die Jahre schon verbraucht? Ich stieß ein kurzes Lachen aus. Mindestens vier, wenn nicht noch mehr. Und damit meinte ich nicht die kleinen Tintenfässchen, in die man die Feder eintauchte.

Graf Friedrich Magnus. Wie er wohl aussah? Mutter hatte mir nicht gesagt, wie alt er war, und ich befürchtete das Schlimmste. Er sollte bald eintreffen. Marlene hatte mich hübsch zurechtgemacht, wobei ich mich wie eine Strohpuppe gefühlt hatte, leer und leblos. Ach, hätte ich doch in Regensburg jemanden gefunden! Dann wäre mir das alles erspart geblieben.

Von unten drangen Geräusche zu mir herauf. Jetzt war es wohl so weit. Seufzend erhob ich mich, nahm die Papiere und ging zur Tür. Draußen wartete Nanni auf mich.

»Was ziehst du denn für ein Gesicht? Freust du dich gar nicht?«, fragte sie.

»Mich freuen? Worauf soll ich mich denn freuen?«, knurrte ich sie an.

»Vielleicht ist dieser Friedrich Magnus ein ganz wunderbarer Mann.«

»Deinen Optimismus hätte ich gern.« Mit zwölf hatte ich den auch noch gehabt. Jetzt, mit achtzehn, war er mir abhandengekommen. Wenn dieser Friedrich Magnus ein wunderbarer Mann wäre, hätte ich bestimmt schon einmal von ihm gehört.

Eine Kutsche war draußen vorgefahren und ich gesellte mich zu Mutter ins Empfangszimmer.

»Hast du alles gelesen?«, fragte sie und nahm mir die Entwürfe aus der Hand.

»Ja«, log ich.

»Irgendwelche Anmerkungen?«

»Das wird doch noch ins Reine geschrieben, oder?«

»Natürlich.« Mutter warf noch einen kritischen Blick auf das Schriftstück und legte es dann achtlos auf den Tisch.

Ihre Geste gab mir Hoffnung – sie war selbst nicht überzeugt von dieser Sache.

Es klopfte und ein Diener führte drei Männer herein. Einer war offensichtlich ein Advokat, die beiden anderen mussten Grafen sein. Welcher war Friedrich Magnus?

Der ältere und größere der beiden ging mit selbstbewussten Schritten auf Mutter zu und verbeugte sich. »Meine liebe Louise Juliane, was für eine Freude, Euch bei so strahlender Gesundheit zu sehen.« Seine Stimme dröhnte durch das Zimmer und troff nur so vor Sarkasmus. Mir war augenblicklich klar, dass er meiner Mutter die Pest an den Hals wünschte.

Sie erwiderte seinen Gruß mit eisigem Gesicht und einem knappen Nicken. »Ernst und, wie ich annehme, Friedrich Magnus?« Sie sah den kleineren Mann prüfend an.

Er trat langsam näher und verbeugte sich ebenfalls. »Zu Euren Diensten, gnädige Frau.« Sein Blick sprang zu mir und dann sofort wieder zurück zu Mutter.

Mein Herz sank. Seine Stimme klang irgendwie brüchig und er war nicht nur einen halben Kopf kleiner als ich, sondern auch noch weiß wie eine Wand. Seine Lippen schimmerten bläulich, als wäre ihm entsetzlich kalt. Er atmete schwerfällig. Wie alt mochte er sein? Zwischen zwanzig und vierzig war alles möglich. Hässlich war er nicht, aber … Ein Schauer lief mir über den Rücken bei dem Gedanken, von diesen kalten, blauen Lippen einen Kuss zu empfangen.

Mutter richtete ihre Augen wieder auf Graf Ernst, von dem mir noch nicht ganz klar war, wer genau er eigentlich war. Er hatte die Stirn gerunzelt und beobachtete Mutter unter seinen buschigen Augenbrauen hervor.

»Nein«, sagte sie klar und deutlich. Sie drehte sich zum Tisch um, nahm den Vertragsentwurf und reichte ihn dem Advokaten. »Diese Ehe wird nicht geschlossen.«

»Louise, Ihr könnt unmöglich innerhalb von zwei Minuten über die Qualitäten eines Mannes befinden, der nicht mehr als Guten Tag gesagt hat!«, wetterte Graf Ernst los.

»Ich war lange genug mit einem kranken Mann verheiratet, um zu wissen, was ich hier vor mir sehe«, fuhr Mutter dazwischen. »Ich werde meiner Tochter keine solche Last aufbürden. Es tut mir leid.« Der letzte Satz war an Friedrich Magnus gerichtet, der wirkte, als hätte sie ihn geohrfeigt. Er drehte sich wortlos um und verließ den Raum.

»Ihr begeht einen großen Fehler«, knurrte Graf Ernst drohend, machte auf dem Absatz kehrt und stapfte ebenfalls hinaus.

Der Advokat schaute einen Moment hilflos zwischen Mutter und mir hin und her, murmelte etwas Unverständliches und eilte den anderen hinterher.

Ich stand da wie vom Donner gerührt. »Dann werde ich nicht heiraten?«, fragte ich schließlich.

»Nein, vorerst nicht.« Mutter stieß einen tiefen Seufzer aus. »Ich wusste, die Sache hat einen Haken. Ich habe mich die ganze Zeit schon gewundert, warum Graf Ernst sich eingemischt und mir seinen Cousin mit so blumigen Worten angepriesen hat.«

»Was hat er denn für eine Krankheit?«

»Vermutlich ein Herzleiden, wie dein Vater. Das blasse Gesicht, die blauen Lippen, die Luftnot … Das kenne ich alles. Ebenso die ständige Sorge, wie lange er wohl noch leben wird. Nein, Ernestine, das tue ich dir nicht an.«

»Danke, Mutter.« Das sagte ich aus tiefstem Herzen. »Wird es Konsequenzen haben?«

Sie lachte auf. »Wir werden sehen. Ärger haben wir mit der Sippe ja sowieso ständig.« Sie ging zur Tür und schloss sie. »Setz dich, Ernestine.«

Ich folgte ihrer Aufforderung und nahm vor dem Kamin Platz.

»Du weißt, dass in Osnabrück Friedensverhandlungen begonnen haben?«

»Friedensverhandlungen? Nein, davon habe ich noch nichts gehört.«

Mutter nickte nachdenklich. »Endlich sind die Fürsten bereit, sich an einen Tisch zu setzen, um dieses unsägliche Leiden zu beenden. Endlich. Landgraf Georg wird auf jeden Fall daran teilnehmen und für uns einstehen. Ich habe auch Kontakt zu einigen einflussreichen Schweden aufgenommen, zusätzlich zu den Beziehungen, die ich in Regensburg knüpfen konnte. Ich habe die Hoffnung noch nicht aufgegeben, dass wir die Grafschaft zurückbekommen.«

Ich schwieg, denn ich teilte ihre Hoffnung nicht. Ich hatte gar keine Hoffnung. Das Leben in Friedewald war nicht unangenehm. Wir hatten genug zu essen, wurden nicht direkt bedroht und die täglichen Aufgaben, die die Führung eines solchen Anwesens mit sich brachte, füllten meine Tage mit genug Beschäftigung, dass ich doch nicht vor Langeweile verging. Mutter hatte relativ bald nach unserer Rückkehr aus Regensburg begonnen, mir Verantwortung in der Haushaltsführung zu übertragen, was mich von meinem Kummer abgelenkt und mich auch ein wenig stolz gemacht hatte. Mit der Zeit war es mehr geworden, denn Mutter hatte so viel mit ihrer Korrespondenz zu tun, dass sie sich um diese banalen Dinge nicht auch noch kümmern konnte. Trotzdem fehlten mir das kulturelle Leben und der Austausch mit meinesgleichen. Dadurch, dass wir mit allen Grafen um uns herum im Streit lebten, war ich von gegenseitigen Besuchen und Feierlichkeiten ausgeschlossen, sofern sie denn stattfanden. Und Catharina fehlte mir. Immer noch. Sie war mir eine Freundin gewesen und es verging kein Tag, an dem ich nicht zumindest kurz an sie dachte.

»Ich möchte dich mehr in die Regierungsgeschäfte einbinden.« Mutters Worte rissen mich jäh aus meinen Gedanken.

»Wie bitte?«

»Du hast mich richtig verstanden. Vielleicht dauert es noch viele Jahre, bis wir die Grafschaft wiederbekommen, vielleicht aber auch nur wenige. Hier im Haus hast du gezeigt, dass du vernünftige Entscheidungen fällen kannst und einen guten Überblick hast. Ich bin sehr zufrieden mit dem, was du leistest.«

»Danke«, sagte ich, überrascht von dem Lob. Es kam mir gar nicht so vor, als würde ich etwas leisten. Eigentlich hatte ich gedacht, Mutter hätte mir die Aufgaben nur übertragen, um mich zu beschäftigen.

»Es wird Zeit, dass wir deinen Horizont erweitern. Du musst lernen, ein Verständnis für das Zusammenspiel der Faktoren in einer Grafschaft zu entwickeln. Welche Rolle Ernährung und Bildung der Bevölkerung spielen. Was wirtschaftliches Wachstum fördert und was ihm schadet. Welche Gewerbe dringend benötigt werden, um das Wohl aller zu sichern, auch unseres. Welche Versorgung wir denen angedeihen lassen können, die sich selbst nicht mehr versorgen können. Welchen Glauben die Menschen ausüben dürfen. All diese Dinge wollen bedacht und entschieden werden.«

Mir schwirrte der Kopf. »Das ist aber viel zu bedenken.«

»Ja, das ist es. Und je eher du anfängst, dich damit zu beschäftigen, desto besser wirst du regieren können, wenn die Zeit kommt.«

»Ich soll regieren? Ich denke, ich soll heiraten.«

Mutter lachte leise. »Glaubst du wirklich, das eine schließt das andere aus? Ernestine, ich habe vom ersten Moment an regiert, nachdem ich deinen Vater geheiratet hatte. Du hast Graf Friedrich Magnus gesehen. Die Reise hierher hat ihn schon so angestrengt, dass er kaum sprechen konnte. Was glaubst du, warum *ich* überall hingereist bin, während dein Vater zu Hause im Bett lag? Er konnte es nicht. Hätte ich nicht in seinem Namen regiert, wäre die Grafschaft schon lange vor seinem Tod verloren gewesen.« Eine Weile schaute sie gedankenverloren in die Flammen des Kaminfeuers. »Wir wissen noch nicht, was für einen Mann du heiraten wirst. Ich will alles daransetzen, dass es ein guter Mann ist, der sich um sein Volk sorgt und es nicht sinnlos zu seinem

Vergnügen ausbeutet, wie so viele Grafen und Fürsten es heutzutage tun. Ein gottesfürchtiger Mann, der seine Verantwortung für die ihm anvertrauten Untertanen ernst nimmt. Das wünsche ich mir für dich, Ernestine. Solch ein Mann wird froh sein, eine kluge und umsichtige Frau an seiner Seite zu haben.«

Ich schluckte. Gerade fühlte ich mich, als hätte ich mein Leben lang in einem kleinen Garten gelebt und geglaubt, er wäre die ganze Welt. Bis Mutter mich zum Tor geführt und es aufgestoßen hatte und ich ein riesiges, weites Land vor mir sah. Ich dachte an den Blick aus den oberen Zimmern von Schloss Hachenburg und spürte, wie mein Herz zu pochen begann. Bisher hatte ich gar kein Bild von unserer Grafschaft gehabt. Es waren nur einzelne Stationen gewesen, an denen wir uns aufgehalten hatten. Doch jetzt fügten sich diese Orte plötzlich in meinem Kopf zusammen und ich erkannte die Größe unseres Landes. Die vielen Menschen darin, die auf unseren Schutz und unsere Führung angewiesen waren. Die diesen Schutz, diese Führung seit Jahren vermissten und der Willkür maßloser Herren ausgeliefert waren.

Mit einem Schlag verstand ich, warum Mutter immer noch kämpfte. Es ging nicht um unsere Rechte, nicht nur. Es ging um unsere Pflichten. Meine Pflicht bestand nicht nur darin, einem Ehemann einen Erben zu schenken. Warum ich das bis zu diesem Zeitpunkt geglaubt hatte, obwohl meine Mutter mir tagtäglich etwas anderes vorlebte, wusste ich selbst nicht. Dieses durch und durch neue Bild von mir, das meine Mutter gerade gezeichnet hatte, erfüllte mich ebenso mit Aufregung wie mit Ehrfurcht. Es war keine kleine Sache, für so viele Menschen Verantwortung zu tragen.

»Das traut Ihr mir zu?«, flüsterte ich und sah Mutter mit großen Augen an.

Sie musste die Erkenntnis in meinem Gesichtsausdruck gelesen haben, denn sie lächelte, sanft, aber zuversichtlich.

»Ja, Ernestine, das traue ich dir zu.«

»Dann will ich es versuchen.«

In der ersten Zeit fühlte ich mich stark an meinen früheren unliebsamen Unterricht erinnert. Mutter ließ mich an den Besprechungen mit dem Rentmeister teilnehmen, der die administrative Seite der Finanzen für sie regelte, wie das Eintreiben von Pachten und Zöllen. Anfangs sagten mir die Begriffe und Zahlen gar nichts und ich verspürte häufiger den Wunsch, meinen Kopf auf die Tischplatte zu schlagen, in der Hoffnung, dass die Erschütterung die Dinge in meinem Gehirn zurechtrücken würde. Nach einer Weile wurde aber alles vertrauter und ich begann, Fragen zu stellen. Mutter erklärte mir bereitwillig, wie die Dinge zusammenhingen, was man beachten musste und welche Auswirkungen es hatte, wenn etwas schiefging. Fiel eine Sägemühle aus, hatten die Handwerker kein Material für den Häuser- und Möbelbau. Gab es eine Missernte, musste Getreide aus anderen Landstrichen teuer eingekauft werden, damit die Menschen nicht verhungerten – was in Kriegszeiten gar nicht so einfach war, denn überall war Nahrung knapp. Wurden den Schäfern ihre Tiere von Soldaten gestohlen, gab es keine Wolle und die Menschen mussten frieren. Ersatz musste her. Wo die Heere zu viele Bäume abgeholzt hatten, um ihre Feuerstellen zu betreiben, mussten neue gepflanzt werden, damit auch zukünftige Generationen noch Brennstoff hatten.

Es fühlte sich an, als würde mein Verstand sich immer weiter dehnen und strecken, um die vielen Abläufe und Zusammenhänge erfassen zu können. An manchem Abend sank ich völlig erschöpft in die Kissen und wollte nie wieder denken. Meist träumte ich dann sehr wirr.

Es war die reinste Erholung, wenn Mutter sich mit den Anwälten und Beratern traf, um die Rechtsstreitigkeiten zu besprechen, denn da musste ich nicht dabei sein und hatte nichts weiter zu tun als meine üblichen Aufgaben. Ich begann, Nanni mitzunehmen und ihr alles zu erklären. Wenn ich Mutter unterstützte, dann konnte sie ebenso gut mich unterstützen, zumal wir noch immer keinen Tutor für sie gefunden hatten.

Nanni war ganz anders als ich. Sie hatte große Freude am Auswendiglernen und Schönschreiben, nähte und stickte gern und saß stundenlang am Fenster, um die Vögel zu beobachten, die in unserem Park lebten. Sie schien mit allem zufrieden zu sein und es ärgerte mich. Nie gab sie Widerworte, wenn ich ihr neue Aufgaben zuteilte, egal wie langweilig diese waren. Sie machte sie einfach. Und wenn sie fertig war, lächelte sie mich an und fragte, ob sie noch etwas tun könne. Das war doch nicht normal. Ich hatte ständig rebelliert und versucht, meinen mir auferlegten Pflichten zu entgehen, und sie? Sie erledigte nicht nur alles schnell und ordentlich, sie schien auch noch stolz darauf zu sein. Manchmal wirkte sie regelrecht enttäuscht, wenn ich ihr nichts zu tun gab.

Als ich eines Abends Mutter davon erzählte, fing sie herzhaft an zu lachen.

»Ist dir schon mal in den Sinn gekommen, dass *du* diejenige sein könntest, deren widerspenstiges Verhalten unnatürlich ist?«

Ich schaute Mutter mit großen Augen an, was sie noch mehr zum Lachen brachte.

»Nanni ist sittsam und brav, fleißig und pflichtbewusst. All das sind Tugenden, die bei Frauen gern gesehen sind.«

Mir stieg die Hitze in den Kopf. Sie brauchte mir nicht zu sagen, dass mir all diese Tugenden fehlten, auch wenn sich mein Pflichtbewusstsein mit zunehmendem Alter stark verbessert hatte. Trotzdem ließ ich manchmal alles stehen und liegen und rannte lieber durch den Park, versteckte mich vor den Dienern und träumte von den Bällen in Regensburg. Es gab eine kleine Lichtung am äußersten Ende des Parks, wo mich niemand sehen konnte und ich schon oft zu den Melodien in meinem Kopf getanzt hatte.

»Gräme dich nicht, Ernestine«, sagte meine Mutter leise. »Du bist eine Kämpferin. Es sind Frauen wie wir, die die Welt verändern.« Sie seufzte.

Ich wusste nicht, was ich sagen sollte. Hatte sie mich gerade auf eine Stufe mit sich selbst gestellt? Sie war immer so streng gewesen, hatte mich so oft gerügt, gelegentlich auch geschlagen, wenn ich einfach nicht hören wollte. Und jetzt so etwas? Es war für mich kaum zu fassen.

»Meine Eltern waren noch viel strenger mit mir als ich mit dir, meine Tochter«, fuhr sie fort und mich überlief ein Schauer. Manchmal hatte ich den Eindruck, sie konnte meine Gedanken lesen.

»Wart Ihr auch widerspenstig?«

Sie kicherte und nickte. »Sehr sogar«, flüsterte sie und zwinkerte mir zu.

»Aber trotzdem findet Ihr, dass Nanni besser ist als ich?«

»Das habe ich nie gesagt. Ihr seid beide, wie ihr eben seid, und jede für sich ist gut so. Gott hat euch unterschiedlich geschaffen und ich denke, er hat auch ganz verschiedene Aufgaben und Lebenswege für euch im Sinn. Was soll man da vergleichen? Vergleiche lähmen nur. Würde ich mich mit anderen Gräfinnen vergleichen, ich hätte schon längst aufgegeben. Aber ich habe ein Ziel. Und ich werde es erreichen.«

»Wie denn?«

»Mit allen Waffen, die mir zur Verfügung stehen.«

»Feder, Papier und Advokaten?«

Ihre verbissene Miene lockerte sich wieder. »Ja, ebenso wie Charme und Beharrlichkeit. Und eine große Portion Glauben an die Verantwortung, in die Gott mich gestellt hat.«

Ich atmete tief durch. »Ihr seht es als eine von Gott gegebene Aufgabe an, über eine große Grafschaft mit vielen Untertanen zu herrschen?«

»Natürlich.« Sie löste ihren Blick vom Kaminfeuer und sah mich eindringlich an.

»Du kennst doch die Schöpfungsgeschichte. Schon im Garten Eden gab Gott Adam und Eva die Aufgabe, über die Welt zu herrschen. Weißt du, was einen guten von einem schlechten Herrscher unterscheidet?«

»Der schlechte Herrscher denkt nur an sich?«, vermutete ich.

»Genau. Ein guter Herrscher benötigt Weitsicht. Er muss sein Land und sein Volk lieben, wie eine Mutter ihr Kind liebt. Er muss es hegen und pflegen, damit es wächst und gedeiht. Wenn er das nicht tut, sondern sich einfach nimmt, was ihm nicht zusteht, dann wird früher oder später alles zugrunde gehen. So wie Adam und Eva aus dem Garten vertrieben wurden, weil sie sich die eine Frucht nahmen, die ihnen nicht zustand. Die Folge waren Mühsal und Hunger und Leid.«

»Alles um uns herum ist Mühsal und Hunger und Leid«, sagte ich bitter. »Warum lässt Gott all dieses Leid zu? Jahrzehntelang Krieg und dann noch die Pest. Heere, die alles verwüsten. Müsste er den Fürsten und Königen nicht Einhalt gebieten? Liebt er die Menschen denn nicht?«

»Doch, aber die Menschen lieben ihn nicht. Wer Gott nicht liebt, tut grausame Dinge. Ihm fehlt die warme Stimme der Gewissheit im Herzen, dass die eigenen Opfer geringer wiegen als das Wohl der anderen.«

Das Gespräch ging mir noch lange nach. Es bewegte mich, arbeitete in mir, denn es beinhaltete so viele Facetten, die ich im ersten Moment gar nicht hatte begreifen können. Mutters Anerkennung bedeutete mir viel, doch musste ich mich fragen, warum das so war. Wenn ich ehrlich war, erkannte ich in mir durchaus die Anlagen einer schlechten Herrscherin. Ich kniff noch immer peinlich berührt die Augen zusammen, wenn ich daran dachte, wie ich mich Catharina gegenüber benommen hatte, als sie damals meine Zofe geworden war. Wenn Glaube und Herrschen so eng miteinander verwoben waren, wie Mutter es sagte, dann musste ich meine Haltung Gott gegenüber gründlich überdenken.

Nach unserer Flucht hatte ich Mutters Festhalten am Glauben wie den reinsten Hohn empfunden und mich davon abgewandt.

Seither waren alle Gebete und Gottesdienstbesuche rein gewohnheitsmäßige Handlungen, die ich ausführte, ohne dass sie mir etwas bedeuteten. Ich hatte Gott vollkommen ignoriert. Vermutlich ahnte Mutter das, weswegen sie mir diese kleine Geschichte aus der Bibel erzählt hatte. Sie hatte mich damit tatsächlich neugierig genug gemacht, es selbst noch einmal nachzulesen. Sie hatte recht. Erst stand dort, der Mensch sollte sich die Erde untertan machen und herrschen, doch etwas später hieß es »bauet und bewahret«. Dass Adam und Eva den Garten hatten verlassen müssen, daran erinnerte ich mich natürlich noch. Die Schlange hatte ihnen die Frucht vom Baum der Erkenntnis als besonders schmackhaft angepriesen und sie hatten zugegriffen. Genommen, was ihnen nicht zustand. Ja, man konnte diese Geschichte so übertragen.

Andererseits saßen überall in unserer Grafschaft hohe Herren, die sich genommen hatten, was ihnen nicht zustand, ohne von Gott gestraft oder vertrieben zu werden. Das ganze Land stöhnte unter den Horden, die sich ungestraft nahmen, was ihnen nicht zustand. Ob die Pestilenz, die auch unter den Truppen wütete, eine Strafe Gottes war? Die aber machte keinen Unterschied zwischen Soldat und Bauer. Das ergab alles keinen Sinn.

Bis zum Gottesdienst am Sonntag war ich zu der Einsicht gelangt, dass es müßig war, sich darüber Gedanken zu machen, wer wann welche Strafe erhielt und ob sie gerecht war. Viel wichtiger war die Frage, was für eine Herrscherin ich sein wollte, sollte es einmal zu meiner Regentschaft kommen. Diese Antwort war relativ einfach: Ich wollte eine gute Herrscherin sein. Ich wollte, dass die Menschen mir so zujubelten, wie sie meiner Mutter zujubelten: aus tiefstem Herzen und voller Dankbarkeit. Das Volk liebte seine Gräfin.

Doch konnte das ohne Gottes Hilfe gelingen? Ich wusste, wie viele Stunden meine Mutter auf den Knien verbrachte, wie viel Kraft für ihren endlosen Kampf sie aus dem Gebet zog. Wie oft sie weinte und klagte und ihren Kummer vor Gott herausschrie, um dann gestärkt aufzustehen und das nächste Schreiben aufzusetzen, mit neuen Argumenten gegen alte Feinde anzurennen und neue Verbündete zu gewinnen.

Mit diesen Fragen saß ich nun im Gottesdienst und starrte auf das Kreuz. Ich hatte seit Jahren nicht gebetet. Ich hatte nur Formeln aufgesagt. Mein Herz glich einer Festung, zu der Gott keinen Zutritt hatte. Wollte er überhaupt Zutritt? Oder war es ihm egal, dass ich mich verschanzt hatte? Die Erinnerung brachte einen unangenehmen Gedanken mit sich: Würde Gott mich auch aus meiner Festung aushungern, wenn ich ihm nicht öffnete, so wie der Bischof uns hatte aushungern wollen?

Ich schluckte. Einerseits wollte ich über diesen albernen Gedanken lachen, andererseits fuhr er mir mit einer solchen Eiseskälte in die Glieder, dass ich zu zittern begann. Meine lebhafte Fantasie zeigte mir eine Hand, die gegen ein Holztor klopfte. Ich fuhr regelrecht zusammen, denn ich erwartete ein Dröhnen wie von Rammböcken. Aber nein, das Klopfen war leise. Fragend.

»Siehe, ich stehe vor der Tür und klopfe an. So jemand meine Stimme hören wird und die Tür auftun, zu dem werde ich eingehen und das Abendmahl mit ihm halten und er mit mir.«

Die Worte des Pfarrers trafen mich wie ein Hammerschlag. Das konnte doch nicht sein! Er konnte doch nicht genau in diesem Moment diese Worte aus der Offenbarung lesen! Tränen rannen mir über die Wangen. Ich sah mich im Geiste zu der Tür gehen. Drückte zaghaft die Klinke herunter und hielt die Luft an, während ich zog. Die Tür klemmte und wollte sich nicht öffnen lassen. Mir schnürte sich die Kehle zu, der Kirchenraum verschwamm und ich sah nur noch diese Holztür vor mir, von der ich wusste, dass ich sie irgendwie aufbekommen musste. Ich packte die Klinke mit beiden Händen und rüttelte daran, bis das Holz endlich nachgab und sich mit einem erbärmlichen Knarzen bewegen ließ. Das Geräusch fuhr mir bis in die tiefsten Tiefen meiner Seele und erschütterte meine Grundfesten. Im gleichen

Moment, in dem ich die Finsternis in mir begriff, fiel Licht herein. Warmes, sanftes Licht, begleitet von einer Stimme, die leise sagte: »Fürchte dich nicht.«

Ich spürte Arme um mich. Ein Taschentuch wurde mir in die Hand gegeben und ich presste es gegen meine überlaufenden Augen. Gesang umhüllte mich und mir wurde allmählich wieder bewusst, dass ich mich in der Kirche befand. Mutter hielt mich fest an sich gedrückt, während die Gemeinde einen Psalm sang. Wie gut, dass es nur eine winzige Kirche ohne Empore war, wo uns jeder im Kirchsaal hätte sehen können. Wir saßen ganz vorn, hinter uns die Dienerschaft und erst dahinter das gemeine Volk. Ich kämpfte darum, mich wieder in den Griff zu bekommen. Es war mir ausgesprochen peinlich, in aller Öffentlichkeit so die Fassung verloren zu haben. Andererseits war das Erlebnis so überwältigend schön, dass ich am liebsten aufgesprungen wäre und getanzt hätte, allen Tränen zum Trotz.

Erst als ich wieder allein in meinem Zimmer war, wagte ich einen neuerlichen Blick in mein Inneres. Von dem Bild der Tür, die mir so deutlich vor Augen gestanden hatte, dass ich die Eisenbeschläge und die Maserung im Holz hatte ausmachen können, war nichts mehr übrig. Aber das Gefühl der Wärme, die das Licht mit sich gebracht hatte, war noch da.

Es klopfte. Erst war ich mir nicht sicher, ob es nur meine Einbildung war, doch dann ging die Tür auf und Mutter trat ein.

»Geht es dir gut, Ernestine?«, fragte sie behutsam.

Ich nickte.

Sie setzte sich zu mir und sah mich fragend an, aber nicht fordernd. »Hat Gott zu dir gesprochen?«

Wieder nickte ich. Einen Moment lang fürchtete ich, meine Sprache verloren zu haben wie damals, nach unserer Flucht.

»Hatte es mit dem Vers zu tun?«

»Ja«, sagte ich leise und seufzte erleichtert. Die Sprache war noch da. »Ich kann es nicht beschreiben«, fügte ich entschuldigend hinzu.

Sie lächelte und legte ihre Hand auf meine. »Das musst du nicht. Aber ich bin froh.«

Schachzug

Das Gefühl blieb. Es war, als wäre ich nicht mehr allein, und dieses Bewusstsein gab mir einen inneren Frieden, wie ich ihn noch nie erlebt hatte. Trotzdem dauerte es noch einige Tage, bis ich den Mut fand, mit diesem Neuen in mir zu sprechen. Es musste der Herr Jesus gewesen sein, der an die fest verschlossene Tür meines Herzens geklopft hatte, und wenn das so war, dann konnte ich mit ihm reden. Selbst wenn die Bibel nicht voller Beispiele dafür gewesen wäre, wusste ich es von meiner Mutter. Doch was sagte ich zu ihm?

Ich kam mir beinahe so nervös und hilflos vor wie beim ersten Ball. Konnte er nicht zuerst mit mir reden? Ich starrte in den Spiegel, vor dem ich saß und meine dunklen Haare bürstete. Strich für Strich, bis sie wie ein weicher Mantel um meine Schultern lagen.

»Du bist feige«, sagte ich zu meinem Spiegelbild und runzelte die Stirn. Jesus war kein Bittsteller, der mir erst Ehre erweisen musste, ehe ich mit ihm sprach. Nach kurzer Überlegung stellte ich fest, dass auch ich keine Bittstellerin war, die *ihm* erst Ehre erweisen musste. Er war in mein Haus gekommen und ich war demnach seine Gastgeberin. Als solche musste ich ihn willkommen heißen. Das gehörte sich so.

So albern es klingen mochte, der Gedanke half mir enorm. »Ich heiße Euch in meinem bescheidenen Heim willkommen, werter Herr Jesus«, flüsterte ich und musste lachen. Es war wirklich lächerlich und doch spürte ich ein Echo in meinem Herzen. Ein Echo meines Lachens, als würde jemand sagen: »Es ist schön, hier zu sein.« Gehört hatte ich nichts, aber ich fühlte es.

Die Tür ging auf und Marlene trat ein. Sie trug ein sauberes

Kleid über einem Arm und frisch geputzte Schuhe in der anderen Hand. »Guten Morgen, Komtess. Habt Ihr wohl geruht?«

»Das habe ich, danke Marlene.« Ich legte die Bürste weg. Gewaschen hatte ich mich schon und stand auf, um mir von ihr in das Kleid helfen zu lassen.

»Ihr strahlt, meine Liebe«, sagte sie nach einer Weile.

»Tue ich das?« Im gleichen Moment merkte ich, wie ich sie anlächelte. Ja, ich strahlte. Ich fühlte mich aber auch so leicht und unbeschwert und – glücklich.

»Seid Ihr verliebt?«

Die Frage brachte mich dazu, laut zu lachen. »In wen denn?«

Marlene lächelte ebenfalls. »Früher habt Ihr sehr für Korporal Quast geschwärmt.«

»Ach Marlene, da war ich noch ein Kind. Obwohl der Korporal ein wirklich guter und edelmütiger Mann ist. Nur leider kein Graf. Und Grafen bekomme ich hier im Wald ja keine zu Gesicht.«

»Ihr lasst es klingen, als würden wir bei Gnomen und Zwergen leben«, schalt Marlene, während sie meine Haare flocht und hochsteckte.

»Es erscheint mir wahrscheinlicher, einem Zwerg zu begegnen als einem Grafen, in den ich mich verlieben könnte. Selbst in Regensburg ist das nicht geschehen, obwohl dort Hunderte Grafen anwesend waren.« Ich seufzte theatralisch und verdrehte die Augen.

»Eure Schwester ist schon zum Frühstück gegangen.«

Marlene mochte das Thema Regensburg nicht, das wusste ich. Nanni hatte mir einmal anvertraut, dass Marlene die ganze Zeit über panische Angst gehabt hatte, sie würde uns nie wiedersehen. Ich sah sie an und drückte ihr einen versöhnlichen Kuss auf die weiche, runzelige Haut ihrer Wange. Sie war alt geworden, meine Kinderfrau, und ich war froh, dass Mutter sie nicht weggeschickt hatte, nur weil es keine Kinder mehr zu hüten gab. Sie war für uns da gewesen, solange ich denken konnte, und ich war nicht bereit, auf sie zu verzichten. Da kam ich lieber ohne Zofe aus.

Als ich den Essenssaal betrat, stellte ich überrascht fest, dass das Frühstück heute eine formelle Angelegenheit war. Wir hatten Gäste, die sich bei meinem Eintreffen umgehend erhoben und mich freundlich begrüßten.

»Landgraf Georg, wie schön, Euch wiederzusehen«, erwiderte ich mit aller gebührenden Höflichkeit. »Herr Sinoll, Herr Henner.« Ich sah Mutter fragend an, die mich mit einer Handbewegung einlud, mich zu setzen.

»Landgraf Georg hat vor, zu den Friedensverhandlungen zu reisen, und fragt, ob wir ihn begleiten möchten.«

Ich horchte auf. »Möchten wir das denn?« Ich klang so hoffnungsvoll, dass die Herren sich ein Grinsen nicht verkneifen konnten.

Mutter seufzte. »Ich möchte das gewiss, die Frage ist nur, ob wir es uns leisten können. Die Reise wäre ungemein kostspielig.«

Jetzt ergriff Landgraf Georg das Wort: »Gerüchten zufolge verbringen die Grafen und Fürsten mehr Zeit mit Spiel, Tanz und Feierlichkeiten als mit den tatsächlichen Verhandlungen. Die Preise für Unterkunft und Verpflegung sind dadurch rasant in die Höhe geschossen, insbesondere, was die Unterbringung der Damen angeht. Eine starke Leibwache wäre unabdingbar.«

Nanni rutschte unruhig auf ihrem Stuhl hin und her. »Wir haben doch eine Leibwache«, flüsterte sie mit leuchtenden Augen. Ich konnte ihren sehnlichen Wunsch, endlich auch einmal am gesellschaftlichen Leben teilzuhaben, förmlich greifen.

Mutter sah uns mitleidig an. »Bitte macht euch keine großen Hoffnungen. Später kommt der Rentmeister und wir werden gemeinsam beraten, ob unsere Teilnahme möglich ist. Das Problem ist, dass niemand weiß, wie lange diese Verhandlungen andauern werden.«

»Nach den Erfahrungen vom Reichstag ist es sogar möglich, dass sie sich über Jahre hinziehen«, warf Graf Georg ein. »Da geht es nicht nur um die großen Allianzen des Kaisers und der Schweden. Jeder Fürst versucht, das Beste für sich herauszuschlagen. Das ist Eure Chance, endlich zu Eurem Recht zu kommen, liebe Louise, und gleichzeitig ist es die Garantie, dass es ewig dauern wird, bis eine Einigung erzielt wird.«

»Wisst Ihr, ob die Wittgensteiner schon dort sind?«

Er nickte.

»Dann muss ich unbedingt hin.« Ihre Finger krallten sich in das Tuch, mit dem sie sich beim Essen die Hände und den Mund abwischte.

»Soll ich bei der Besprechung anwesend sein?«, fragte ich.

»Ich bitte darum.«

Mutter rief mich schon, bevor der Rentmeister eingetroffen war. Sie musste den Herren erklärt haben, dass sie mich inzwischen in die Geschäfte mit einbezog, denn sie stellten keine Fragen über meine Anwesenheit und nahmen meine Äußerungen – so wenige es auch waren – ernst.

Ich traute meinen Ohren kaum, als Herr Henner uns vorrechnete, welche Summen wir benötigen würden, um einen mehrwöchigen Aufenthalt in Osnabrück zu finanzieren. Je länger er addierte, desto klarer wurde mir, dass wir den Rentmeister und seine Einschätzung gar nicht brauchten. Es war unmöglich.

»Und die Grafen können sich das alle leisten?«, wagte ich zu fragen.

Landgraf Georg lachte auf. »Die wenigsten. Der größte Teil von ihnen dürfte sich bis über die Hutschnur verschulden, nur um dabei zu sein und den anderen in nichts nachzustehen.«

»Ihr auch?«, rutschte es mir heraus.

Mutter warf mir einen tadelnden Blick zu, aber Graf Georg lächelte milde. »Nein. Ich mache mir nichts aus dem eitlen Gehabe. Mir geht es darum, dass endlich eine friedliche Lösung gefunden wird und die Menschen in unserem Land wieder angstfrei leben können. Insofern reise ich nicht mit meinem Hofstaat an, sondern begnüge mich mit einer einfachen Unterkunft und ein paar Leibdienern.«

Ich konnte mir lebhaft vorstellen, was seine Frau von dieser Einstellung hielt. Dass ich selbst so schnell eingesehen hatte, wie undurchführbar diese Reise für uns war, überraschte mich. So war ich kaum enttäuscht, dass der Rentmeister zu dem gleichen Urteil gelangte.

Mutter war diejenige, die argumentierte, widerlegte und noch einmal und noch einmal alles durchrechnete, bis auch sie zähneknirschend zugeben musste, dass es nicht machbar war. Unsere bescheidenen Einkünfte reichten gerade aus, um unseren täglichen Bedarf zu decken.

»Ich kann mich nicht weiter verschulden. Ich kann es nicht, es geht nicht! Schlimm genug, dass ich dem Kurfürsten von Köln noch Gelder schuldig bin.«

»Dem Kurfürsten?«, fragte ich überrascht.

Sie winkte ab. »Eine alte Geschichte im Zusammenhang mit dem Lehen. Nicht, dass ich vorhabe, ihm das zurückzuzahlen, wenn er mir meine Lebensgrundlage raubt.« In ihren Augen funkelte es auf eine Art, die mich fast damit rechnen ließ, sie würde gleich anfangen zu knurren. Inzwischen wusste ich, dass es ihre Hilflosigkeit war, die sie am meisten in Rage brachte. Und nicht zu den Friedensverhandlungen fahren zu können, um dort alles Menschenmögliche für die Rückgewinnung der Grafschaft zu tun, fiel in diese Kategorie.

»Wer wird dann in Osnabrück für unsere Rechte einstehen?«, fragte ich, bevor sie noch explodierte. Die Ablenkung war erfolgreich. Ihr Blick heftete sich auf die beiden Räte, die sich augenblicklich verneigten.

»Es wird uns eine Ehre sein, die gnädigste Gräfin bei den Verhandlungen zu vertreten«, verkündete Herr Henner feierlich und rieb sich die Hände. Er sah aus, als wüsste er schon ganz genau, was er der Versammlung alles präsentieren wollte, und als freute er sich auf den Disput.

Mutter ging zur Tür und rief einen Diener herein. »Begleite die Herren Sinoll und Henner in ihre Zimmer und sorge dafür, dass sie alles haben, was sie brauchen. Meine Herren?« Sie wandte sich an die beiden Räte. »Wir werden uns später zusammensetzen und alles durchsprechen. Bitte, ruht Euch erst ein wenig aus.«

Die Männer verneigten sich und folgten dem Diener, während Mutter zum Tisch zurückging. »Du kannst auch gehen, Ernestine. Ich habe mit Graf Georg noch etwas unter vier Augen zu besprechen.«

»Natürlich, Mutter«, sagte ich und verabschiedete mich höflich.

Ich war kaum durch die Tür getreten, als ich von Nanni bestürmt wurde. »Und? Und? Fahren wir?«

»Nein.« Es tat mir leid, die Enttäuschung in ihren Augen zu sehen. Meine Schwester fiel regelrecht in sich zusammen.

»Wie schade! Warum denn nicht?«

»Es ist zu teuer.« In kurzen Worten schilderte ich ihr die Hintergründe.

»So viel Geld?«, fragte sie ungläubig. »Das ist ja vollkommen verrückt.« Mit einem tiefen Seufzer schob sie die Sache beiseite. »Wollen wir uns um das Essen kümmern? Wenn wir Gäste haben, sollten wir dafür sorgen, dass sie auch ordentlich bewirtet werden.«

»Das machen wir.« Gemeinsam gingen wir in die Küche, um mit der Köchin die Einzelheiten abzustimmen. Danach schlug ich einen Spaziergang im Park vor. Nach der langen Besprechung mit der vielen Rechnerei musste ich den Kopf wieder frei bekommen.

»Ich frage mich, was Mutter mit Landgraf Georg noch zu bereden hat«, überlegte ich laut, während wir über die Brücke des Grabens schlenderten, der die Schlossmauern umgab. Das dahinterliegende Waldstück war ebenfalls eingezäunt, weswegen wir keine Begleitung benötigten.

»Vielleicht geht es um einen Ehemann für dich«, erwiderte Nanni grinsend.

»Oder für dich«, gab ich postwendend zurück, nur um sie zu ärgern.

»Für mich?« Einen Moment lang schaute sie völlig entsetzt, dann lachte sie. »Sei doch nicht albern! Ich werde ganz bestimmt nicht vor dir heiraten.«

Ich grinste. »Nein, das denke ich auch nicht. Ich wünschte, ich müsste gar nicht heiraten. Mutter ist doch auch nicht verheiratet.«

»Aber wer erbt die Grafschaft, wenn du keine Kinder bekommst?«

Früher hätte ich jetzt geschnaubt und gesagt, dass mir das egal sei, aber das stimmte so nicht mehr. Wann hatte sich das geändert? »Deine Kinder«, sagte ich und zwinkerte ihr zu, um meine Nachdenklichkeit zu überspielen. Hatte es mit der zunehmenden Verantwortung zu tun, die Mutter mir übertrug, oder war es eine Folge dieses neuen Gefühls, mit Gott verbunden zu sein? Vielleicht sollte ich für einen Ehemann beten? Mit vierzehn hatte ich das laufend getan, aber … Ich schmunzelte in mich hinein. Aber das waren nur leere Worte gewesen. Einfältiges Gebrabbel, das ich zur Zimmerdecke geschickt hatte, ohne jemals zu erwarten, dass es irgendwo Gehör finden würde. Um dann mit Fug und Recht behaupten zu können, Gott hätte meine Gebete ignoriert. Beschämt senkte ich den Blick und entschuldigte mich innerlich für mein Verhalten.

»Sieh nur, die Kaninchen!«, rief Nanni und schon stoben die kleinen Tiere davon.

»Du solltest inzwischen wissen, dass du still sein musst, wenn du sie nicht verscheuchen willst.«

»Ach, ich weiß. Aber sie sind so putzig, wenn sie herumhoppeln. Ich wünschte, ich könnte eins auf den Arm nehmen und streicheln.«

»Das würde dich bestimmt ordentlich kratzen«, vermutete ich.

Nanni sah hinauf in die Baumkronen. »Wir sollten zurückgehen. Ich glaube, es regnet bald.«

Im November 1645 brachen die Herren Sinoll und Henner endlich nach Osnabrück auf und die Berichte, die sie uns schickten, waren alles andere als Mut machend. Die Wittgensteiner stemmten sich mit aller Macht gegen unsere Forderungen. Das Memorandum, das Mutter im April 1646 vorlegen ließ, wurde von Graf Johann zu Wittgenstein aufs Schärfste torpediert und auch die Kurfürsten waren nicht gewillt, ihre Ansprüche auf Hachenburg und die Freusburg fallen zu lassen.

Ein von Graf Johann erstelltes Rechtsgutachten, in dem er darauf verwies, dass Weibspersonen in der Grafschaft Sayn niemals Bestandteil der Erbfolge gewesen seien, trieb meine Mutter zur Weißglut. Sie ließ sich alle Akten kommen, die irgendwo verfügbar waren, und schloss sich tagelang in ihren Gemächern ein, bis sie Beweise gefunden hatte, dass der Graf unrecht hatte. Triumphierend schickte sie ein entsprechendes Schreiben nach Osnabrück. Es hatte zur Folge, dass eine Kommission eingerichtet wurde, die die Aktenlage prüfen und zwischen den Parteien vermitteln sollte, was meiner Mutter einen Trumpf in die Hand gab.

Als ich sie eines Morgens nach Ankunft eines Briefboten im Empfangszimmer antraf, grinste sie wie eine Katze vor einer Schale voll Sahne.

»Gute Neuigkeiten?«, fragte ich gespannt.

Ihr Grinsen wurde noch breiter. »Sie möchten, dass ich Kopien von den Akten anfertigen lasse und sie an meinen Schwager Christian übergebe.« Ein leises Lachen schlüpfte aus ihrem Mund. »Den Teufel werde ich tun.« Sie setzte sich an den Tisch und zückte die Feder. »Graf Christian darf die Akten gern haben, sofern er meine Restitution unterschreibt.«

»Eure Restitution?«

»Die Rückführung aller mir geraubten Güter und Ländereien. Die Schweden haben bereits vor einigen Jahren angeordnet, dass alle Verbündeten ihre durch den Krieg abhandengekommenen Rechte zurückerhalten sollen. Und wir« – sie hob den Blick vom Schriftstück und schaute mich an – »sind zweifelsfrei Verbündete der Schweden. Die Audienz bei König Gustav war ein außergewöhnliches Privileg, und dass er uns militärischen Schutz zugesichert hatte, ist unumstößlich. Jetzt kriege ich sie. Ich kriege sie klein, alle, wie sie da sind.« Ihre Feder flog über das Papier, während sie immer wieder leise vor sich hin lachte.

Nachdem sie den Brief versiegelt hatte, stand sie auf und trat auf mich zu. »Ich muss dir etwas mitteilen.«

Die Art, wie sie das sagte, ließ meine Knie weich werden. Was auch immer jetzt kam, es würde tiefgreifende Auswirkungen auf mein Leben haben.

»Landgraf Georg und ich haben beschlossen, dass eine Verbindung zwischen unseren Häusern ein notwendiger Schachzug ist, um unsere Position zu stärken.«

Ich hielt die Luft an. Das konnte nur eines bedeuten: Heirat.

»Er konnte seinen Bruder dafür gewinnen, diese Verbindung einzugehen.«

»Ich soll Graf Johann heiraten?«, fragte ich mit erstickter Stimme.

»Nicht du. Johannette.«

Einen Augenblick lang glaubte ich, mich verhört zu haben. »*Was?*«, platzte es aus mir heraus. »Sie ist vierzehn! Sie ist noch ein Kind!«

»Sie ist im rechtlichen Sinne erwachsen und heiratsfähig. Bis die Hochzeit stattfindet, wird sie fünfzehn sein.«

»Mutter! Das könnt Ihr nicht tun!« Ich war vollkommen außer mir. Meine kleine Schwester sollte verheiratet werden, mit einem Mann, der mehr als doppelt so alt war wie sie?

»Ich kann und ich werde. Graf Johann ist ein guter Mann mit

viel Einfluss beim Friedenskongress. Es wird Johannette an nichts mangeln und sie wird gut behandelt werden.«

Vor Aufregung lief ich im Raum auf und ab. »Warum sie? Ich bin die Ältere, ich sollte zuerst verheiratet werden!«

»Das haben wir erörtert.« Ihr kühler, sachlicher Tonfall stoppte mich. »Landgraf Georg und ich sind uns einig, dass Johannette die passendere Wahl ist. Graf Johann wäre mit dir ... überfordert.«

»Was soll denn das heißen? Bin ich so ein ungestümer Drache, dass ein einflussreicher Graf sich vor mir fürchten müsste?«

Sie verschränkte die Arme, zog eine Augenbraue hoch und schaute mich nur an. Es genügte, um mir zu verdeutlichen, wie ich mich gerade aufführte. Nach einer kurzen Pause sprach sie weiter. »Ich brauche dich hier, Ernestine. Diese Verhandlungen verlangen mir alles ab, selbst wenn ich nicht vor Ort bin. Du bist mir eine Stütze, auf die ich nicht verzichten kann. Johannette wird sich in ihr Schicksal fügen und das Beste daraus machen, dessen bin ich mir sicher.« Jetzt klang sie deutlich versöhnlicher. »Und wie gesagt, sie ist dort gut aufgehoben.«

Ich atmete tief durch und versuchte, meine Tränen herunterzuschlucken. Es fühlte sich wie ein Verrat an meiner kleinen Schwester an und ich wollte sie unter allen Umständen beschützen, auch wenn das vielleicht gar nicht notwendig war. »Weiß sie es schon?«

»Noch nicht. Ich werde es ihr heute sagen. Bitte sei vernünftig und behalte deine Bedenken für dich. Mach ihr Mut und stärke sie. Graf Johann war sehr freundlich zu dir bei deinem ersten Ball. Erzähl ihr davon. Sie sollte mit einem guten Gefühl in diese Ehe gehen.«

Stumm nickte ich. Es stimmte ja, Graf Johann war kein Unmensch.

»Kann ich mich auf dich verlassen?«

»Ja, Mutter.« Ich verließ das Empfangszimmer, zog mich in meine eigenen Gemächer zurück und ließ meinen Tränen freien

Lauf. Es schmerzte auf mehreren Ebenen. Bei all meinen Überlegungen und Zukunftsfantasien war es mir nie in den Sinn gekommen, dass meine sechs Jahre jüngere Schwester vor mir heiraten könnte. Und es war mir schon gar nicht in den Sinn gekommen, dass meine Mutter sie derart hemmungslos dazu benutzen würde, ihren Kampf um die Grafschaft zu untermauern. Herzlos erschien es mir, kaltblütig und berechnend, obwohl ich wusste, dass sie im Grunde recht hatte. Sie stürzte Nanni nicht ins Unglück und so, wie ich meine Schwester kannte, würde sie dem Ganzen widerspruchslos zustimmen. Das hätte ich nicht getan. Ich hätte tagelang getobt und gewettert und mich gegen diese Zweckheirat gewehrt. Was Mutter zweifelsohne bewusst war.

Die Tränen versiegten und ich starrte aus dem Fenster. Wie würde es hier sein ohne Nanni? Ich seufzte. Noch einsamer. Wir hatten bloß einander zur Gesellschaft. Es gab keine Freundinnen, keine Gleichgestellten, nur Bedienstete. Marlene war zwar eine Vertrauensperson, aber sie war alt und mit ihr konnte man nicht über alles reden, was jungen Frauen so durch den Kopf schwirrte. In diesem Moment vermisste ich Catharina wieder einmal sehr.

Ich stand auf und lief im Zimmer herum, denn ich wusste nichts mit mir anzufangen. Ich war nervös und fühlte mich gleichzeitig wie gelähmt. Meine Gedanken sprangen wie die Kaninchen im Park hin und her – unmöglich, einen von ihnen zu packen. Erinnerungen schossen ebenso durch meinen Kopf wie Hoffnungen und Ängste, bis alles ein wirres Knäuel darstellte, das ich nie mehr würde ordnen können. Ich blieb am Fenster stehen und legte die Stirn gegen die kühle Scheibe.

Wie von selbst öffneten sich meine Lippen und ich begann zu beten. »Ach Herr, bitte bewahre meine kleine Schwester. Hilf uns, diese Trennung zu meistern, ihr wie auch mir. Bitte sei genauso bei ihr, wie du bei mir bist. Gib mir die richtigen Worte …«

Es klopfte leise an meiner Tür.

»Herein!«, rief ich und wandte mich um.

Die Tür wurde nur ein Stück weit geöffnet und Nanni schlüpfte durch den Spalt. Ihre blauen Augen wirkten wie riesige Seen in ihrem Gesicht.

»Weißt du es schon?«, flüsterte sie.

Ich nickte.

Sie kam zu mir, schlang ihre Arme um meine Taille und drückte ihr Gesicht an meine Schulter. Sie weinte nicht, aber ich spürte ihren Aufruhr, ihre Angst und streichelte ihren Rücken. Wie gern hätte ich etwas Ermutigendes gesagt, aber mir kam kein Ton über die Lippen.

Nach einer Weile atmete sie einmal tief durch und ließ mich los. Sie wirkte gefasster. »Mutter sagte, du hättest Graf Johann in Regensburg kennengelernt.«

»Ja, das stimmt.« Ich nahm ihre Hand und führte sie zum Bett, wo wir uns nebeneinandersetzten, die Rücken an das Kopfteil gelehnt. »Er war sehr nett zu mir beim ersten Ball. Ich war so schrecklich nervös, aber nachdem er erst freundlich mit mir geredet und dann die ersten Tänze mit mir getanzt hatte, war alles nur noch halb so schlimm.«

»Wie sieht er aus?«

»So ähnlich wie Landgraf Georg. Er ist etwas jünger und seine Haare sind dunkler. Er ist auch schmaler gebaut, aber ganz und gar nicht hässlich. Wenn ich es mir recht überlege, finde ich es seltsam, dass er noch nicht verheiratet ist.«

»Vielleicht ist seine Frau gestorben.«

»Möglich. Aber in Regensburg war er nicht verheiratet, da waren nämlich einige Frauen, die ihn sich gern geangelt hätten.« Die Erinnerung brachte mich zum Lächeln. »Er kann sich sehr gewählt ausdrücken und Gedichte rezitieren. Davon waren die Damen ganz angetan.«

»Du nicht?«

»Ich habe nur die Hälfte von dem verstanden, was er gesagt hat.«

»Oh je, hoffentlich geht mir das nicht auch so. Ich werde mich furchtbar blamieren und er wird mich für dumm halten!«

»Nein, ganz gewiss nicht! Du warst immer so fleißig im Unterricht und hast schon viel mehr Bücher gelesen als ich.« Das brachte mich auf eine Idee. »Vielleicht liest er ja genauso gern wie du! Dann könnt ihr euch gegenseitig vorlesen und darüber reden.«

»Das wäre schön«, seufzte sie.

»Es wird alles gut werden, ganz bestimmt.«

»Wenn er nur nett zu mir ist …«

»Wenn nicht, dann schreibst du mir und ich hetze ihm Korporal Quast auf den Hals!«

Das brachte sie zum Lachen. »Wir werden uns immer schreiben, nicht wahr? Ach Stine, ich werde dich so schrecklich vermissen!«

»Ich dich auch«, gab ich zu und dann lagen wir uns in den Armen und weinten beide.

An diesem Abend aßen wir nicht viel und beschlossen, nach langer Zeit mal wieder die Nacht gemeinsam in einem Zimmer zu verbringen. Mutter verbot es uns nicht. Sie nahm mich jedoch kurz beiseite und fragte, ob ich mich an mein Versprechen gehalten hätte. Die Frage verletzte mich.

»Natürlich habe ich das, was denkt Ihr denn von mir?«, fragte ich deutlich bissiger, als ich sie normalerweise ansprach.

Sie runzelte die Stirn. »Und warum schaut ihr dann beide so traurig?«

»Weil wir uns lieb haben und die Trennung uns schmerzt, deswegen!«, schleuderte ich ihr ins Gesicht, drehte mich um und rannte davon. Mir liefen schon wieder die Tränen über die Wangen und gleichzeitig kochte ich vor Wut, dass meine Mutter uns auf diese Art auseinanderriss. Ich hatte meine kleine Schwester immer als selbstverständlich betrachtet. Sie war eben da. Erst jetzt, wo sie bald fort sein würde, wurde mir bewusst, was ich an ihr hatte. Wie sehr ich sie liebte. Es zerschnitt mir das Herz, sie gehen lassen zu müssen.

Ich lief nicht in mein Zimmer, denn dahin war Nanni vorausgegangen. Sie sollte mich so nicht sehen, völlig in Tränen aufgelöst. Meine Füße trugen mich hinaus auf den Schlosshof, vorbei an dem Brunnen und dann den Hang hinunter zum Garten mit dem Pavillon. Nanni saß gern hier, wenn schönes Wetter war, und las oder stickte. Ich zog die wildere Schönheit des Parks vor, doch jetzt war es genau der richtige Ort. Ich ließ mich auf die Bank fallen und schluchzte in mein Taschentuch. Nanni. Meine kleine Nanni. Allein unter Fremden.

»Komtess.«

Ich fuhr zusammen und sah in das besorgte Gesicht von Johannes Quast.

»Was ist denn geschehen, Komtess?« Er sah aus, als wollte er sich zu mir setzen, auch wenn sich das nicht gehörte. Zaghaft streckte er eine Hand nach mir aus, ohne mich zu berühren. Ich ergriff sie und klammerte mich daran, als wäre sie ein rettendes Seil, das mich aus dem tiefen Schlund meiner Trauer ziehen könnte.

Er setzte sich nun doch neben mich und legte die zweite Hand auf meine. »Ich sah Euch vorbeilaufen …«

Ich wischte mir die Tränen ab und schluckte mehrmals. »Nanni, sie wird heiraten … und von hier weggehen!« Es auszusprechen, machte alles nur noch schlimmer. Eine neue Welle von Tränen rollte über mich hinweg. Mit zusammengekniffenen Augen vergrub ich mein Gesicht im Taschentuch. Was mochte er nur von mir denken, dass ich so die Beherrschung verlor? »Es tut mir leid«, stammelte ich und spürte plötzlich seinen Arm um mich. Das war unerhört! Das durfte er nicht!

»Es muss Euch nicht leidtun, Komtess. Von einem geliebten Menschen getrennt zu werden, ist immer schmerzhaft.«

Ich knickte ein und lehnte mich an ihn. Wie oft hatte ich mich danach gesehnt?

Er wusste, wovon er sprach. Seit Catharina in Regensburg geflohen war, hatte sich eine stille Traurigkeit wie ein Mantel um ihn gelegt. Jetzt schien sie mich mit einzuhüllen und meinem Schmerz die Schärfe zu nehmen. Wenn er es aushalten konnte, konnte ich es auch.

In dem Moment, in dem ich mich aufrichtete, ließ er mich los und erhob sich. »Lasst mich Euch zurück zum Haus begleiten, Komtess.«

Ich nickte und stand ebenfalls auf, ohne ihn anzusehen. Er ging neben mir her, stumm und aufrecht. Wie lange ich dort gesessen und geweint hatte, wusste ich nicht, aber es musste deutlich länger gewesen sein, als ich gedacht hatte, denn es begann bereits zu dämmern. Das melodische Lied einer Amsel stieg klar in der kühlen Abendluft auf. Für mich klang sie sowohl melancholisch als auch hoffnungsvoll.

An der Treppe blieb der Korporal stehen. Ich wandte mich ihm zu und legte eine Hand auf seinen Arm. »Ich danke Euch«, flüsterte ich und eilte die Stufen hinauf ins Schloss.

»Wo warst du?«, fragte Nanni, als ich ins Zimmer kam.

»Im Pavillon«, antwortete ich wahrheitsgemäß. »Ich … ich brauchte noch einen Moment für mich.«

»Du sollst nicht meinetwegen weinen«, schalt sie mich, dabei konnte ich sehen, dass sie selbst auch wieder Tränen vergossen hatte.

»Tue ich doch gar nicht«, brummte ich und runzelte die Stirn. Dann streckte ich ihr die Zunge heraus und wir lachten und zogen Fratzen, bis Marlene kam, um uns Gute Nacht zu sagen. Bis zum Tag der Hochzeit schliefen wir in einem Bett.

Finsternis

Sie sah aus wie ein Engel. Die Zofe der Landgräfin Sophie hatte Nanni die blonden Haare kunstvoll hochgesteckt und mit Perlen geschmückt. Das cremefarbene Kleid war ebenfalls mit Perlen und Goldfäden bestickt und um ihren Hals lag eine dreireihige Perlenkette. Es war die perfekte Wahl für ihre blasse Haut, die selbst wie zartestes Perlmutt schimmerte.

Graf Johann blinzelte mehrmals, als er seine Braut erblickte. Einen Moment lang sah er sie nur an, ehe er sie mit einer formvollendeten Verbeugung begrüßte.

Landgraf Georg hatte sein Schloss für die Vermählung zur Verfügung gestellt, was ich angemessen fand. Es waren eine ganze Reihe von Gästen geladen, deren Namen bei der Vorstellung an mir vorbeigerauscht waren wie ein weit entfernter Fluss.

Inzwischen wussten wir, dass Graf Johann als Feldherr unterwegs gewesen war und dadurch keine Zeit zum Heiraten gehabt hatte. Er hatte dem Schwedenkönig Gustav bis zu dessen Tod mit einer eigenen Reitertruppe gedient. Jetzt kämpfte er unermüdlich für den Frieden und nutzte seine guten Beziehungen zu den Schweden, um sich auch für uns und unsere Sache starkzumachen. Natürlich hatte er jetzt einen gewichtigen Grund mehr dazu. Durch die Verbindung mit Nanni als Erbin würde die Grafschaft mit an ihn fallen, sofern wir sie denn zurückgewannen.

Ein bisschen neidisch musste ich zugeben, dass die beiden ein hübsches Paar abgaben, trotz des großen Altersunterschieds. Graf Johann behandelte Nanni wie ein rohes Ei und ich hoffte inständig, dass er das auch weiterhin tun würde. Sobald die Feierlichkeiten beendet waren, würde das Paar zurück nach Osnabrück reisen, damit Graf Johann die Verhandlungen weiterführen konnte.

Auch das machte mich neidisch. Ich sagte mir, dass es nur gerecht war, immerhin hatte Nanni nicht mit nach Regensburg kommen dürfen. Damit ging es mir besser. Für einige Minuten.

Meine kleine Schwester wirkte überraschend ruhig und gefasst in dem ganzen Trubel. Gestern Abend hatte sie sich noch vor Aufregung übergeben, abwechselnd hysterisch gelacht und geweint und war sich sicher gewesen, dass sie das alles niemals überleben würde. Doch heute war sie die Ruhe selbst, sprach die vorgegebenen Worte, ohne zu stocken, und legte vertrauensvoll ihre Hand in die ihres Gemahls.

Stattdessen verlor Mutter die Fassung. Es versöhnte mich etwas, dass sie sich während der Zeremonie mehrmals schnäuzen und die Augen wischen musste. Ihr fiel es doch nicht so leicht, ihre jüngste Tochter herzugeben, wie es auf mich den Anschein gemacht hatte. Sie saß zwar kerzengerade auf ihrem Stuhl, doch ihre Hand krallte sich so fest um das Taschentuch, dass die Knöchel weiß hervorstachen. Fragte sie sich wohl, ob es das Opfer wert war? Ich selbst fragte mich das immer wieder, fand jedoch keine Antwort. Noch hatten wir die Grafschaft nicht zurück. Noch erlebten wir das Wunder nicht, dass uns unsere angestammten Rechte wieder übereignet wurden. Noch saßen wir im beschaulichen Friedewald, ohne wirklich auf die Geschicke der Menschen in der Grafschaft Einfluss nehmen zu können. Wie lange noch?

Vor zwei Jahren hatten wir unsere Räte zu den Verhandlungen geschickt. Seit zwei Jahren flogen Forderungen, Weigerungen, Anschuldigungen und Rechtfertigungen hin und her. Die Grafschaft Sayn war wie ein Knochen, um den sich eine Meute räudiger Hunde balgte, und meine Mutter mittendrin. Wie viele Hunde waren es? Ich zählte im Geiste an den Fingern ab: der Kurfürst von Köln, der Kurfürst von Trier, die Grafen Wittgenstein, die Schwager meiner Mutter, die zwar auch Grafen zu Wittgenstein waren, aber einer anderen Linie angehörten, der Bischof von Osnabrück … nein, der zählte zum Kölner Kurfürsten. Oder? Ich gab es auf und ließ meinen Blick durch den Raum schweifen. Ich fühlte mich beobachtet. Eigentlich hätte es mich nicht verwundern sollen, immerhin saßen wir als Familie der Braut ganz vorn auf den Ehrenplätzen. Und eine gute Portion des Getuschels war der Tatsache geschuldet, dass meine jüngere Schwester vor mir heiratete. Es nagte nach wie vor an mir, egal wie gut ich die Gründe für Mutters Entscheidung nachvollziehen konnte. Was ich auf mir spürte, war jedoch nicht die allgemeine Aufmerksamkeit der Gäste, die sich das Maul über mich zerrissen. Es war zielgerichteter, als würde eine Person mich unentwegt anstarren. Diese Person saß irgendwo hinter mir und ich konnte sie nicht ausfindig machen, ohne mich komplett umzudrehen. Ich würde auf das Ende der Zeremonie warten müssen.

Gott sei Dank dauerte es nicht mehr lange. Braut und Bräutigam führten die Gäste feierlich in den Speisesaal, wo sie zunächst die Gratulationen entgegennahmen. Für den Moment hatte ich meinen Beobachter vergessen. Jetzt zählte nur Nanni. Während Mutter noch Graf Johann beglückwünschte, schob ich mich an ihr vorbei und nahm meine kleine Schwester in die Arme.

»Du hast das ganz wunderbar gemacht«, flüsterte ich ihr ins Ohr. »Ich bin so stolz auf dich!«

Sie strahlte mich an und dabei blieb es. Auch Mutter drückte sie fest an sich, dann folgte die Reihe der Gratulanten. Ich hatte gerade mal Gelegenheit, Graf Johann zuzunicken, was er mir aber nicht krummzunehmen schien. Etwas abseits bezog ich Position und beobachtete Nanni. Johannette, Landgräfin zu Hessen-Braubach. Sie strahlte und strahlte und nahm jeden für sich ein, dessen war ich mir sicher.

»Möchtet Ihr etwas trinken?« Landgraf Georg tauchte neben mir auf und bot mir ein Glas Wein an.

»Vielen Dank«, erwiderte ich und nahm einen Schluck.

»Ich hoffe, Ihr grämt Euch nicht«, fuhr er fort.

»Wie könnte ich? Seht nur, wie sie lächelt. Ich wünsche ihr alles Glück der Welt«, sagte ich und meinte es auch so. Ich wollte gerade noch ein lobendes Wort über Graf Johann anfügen, als mein Blick auf eine Dame am anderen Ende des Raumes fiel. Dunkle Haare, anmutige Haltung und ein Kleid mit einem schon fast skandalös offenen Ausschnitt nach der neuesten französischen Mode. Neben ihr stand ein streng wirkender Herr mit einer schwarzen, kunstvoll gekräuselten Perücke.

»Kennt Ihr die Dame?«, fragte Graf Georg.

Ich sah ihn an. »Ihr nicht?«

Er lächelte. »Ich kenne ihren Begleiter, Graf Eberhard. Er hatte bei seiner Zusage nur angegeben, dass er in Begleitung kommen würde, aber nicht, mit wem.«

Als ich wieder zu ihr hinschaute, hob sie ihr Glas und prostete mir zu. Dann drehte sie mir betont langsam den Rücken zu, sagte etwas zu ihrem Begleiter und ging Richtung Ausgang davon. Die Bewegungen waren vertraut. Die Erkenntnis traf mich wie ein Blitz. Catharina!

Graf Georg schaute mich noch immer erwartungsvoll an. Was sollte ich jetzt tun? Ich konnte unmöglich meiner Schwester die Hochzeit ruinieren, indem ich eine Szene machte und meine ehemalige Zofe vor allen Leuten des Diebstahls bezichtigte. Ich musste ihr folgen.

»Ich dachte, vielleicht würde ich sie kennen, aber …«, stammelte ich.

»Sie hat Euch gegrüßt.«

Ich schluckte.

»Wer hat dich gegrüßt?«, fragte Mutter, die in diesem Moment zu uns trat.

»Die Begleiterin von Graf Eberhard«, antwortete der Graf. »Ich kenne sie nicht, auch wenn ich das merkwürdige Gefühl habe, sie schon einmal gesehen zu haben.«

Mutter sah ihn fragend an.

»Sie ist in diesem Moment rausgegangen«, sagte ich. »Vielleicht sollten wir einmal nachsehen.«

»Nachsehen?«

Ich lächelte Graf Georg entschuldigend an und zog Mutter ein paar Schritte von ihm weg. »Catharina«, raunte ich ihr ins Ohr und sah sie erstarren.

»Darum muss ich mich kümmern«, sagte sie zu Graf Georg und ließ ihn einfach stehen.

Wir hasteten so schnell zum Ausgang, wie wir konnten, ohne zu rennen. Sobald wir aus der Tür kamen, sahen wir Catharina am Ende des Ganges um die Ecke biegen. Mit stummem Einverständnis ignorierten wir die neugierigen Blicke einiger Diener und liefen den Flur entlang. Sie hatte bereits das Ende der weiten, geschwungenen Eingangstreppe erreicht, als wir oben am Treppenabsatz auftauchten, gerade noch rechtzeitig, um zu sehen, wie Korporal Quast ihr in den Weg trat und sie am Arm packte.

»Lass mich los, du tust mir weh!«, rief sie und versuchte, sich aus seinem Griff zu winden. Erfolglos. Einen Moment später hatten wir sie umringt.

»Dass du dich hierherwagst!«, zischte Mutter ihr ins Gesicht.

Catharina gab ihren Kampf auf und hob aufsässig das Kinn. »Was soll ich tun, wenn Graf Eberhard meine Begleitung wünscht?«

»Ich kenne dich, Kind«, flüsterte Mutter. »Ich habe dir eine Chance im Leben gegeben, eine zweite hast du dir unrechtmäßig genommen. Eine dritte gibt es nicht.«

Mir fuhr unwillkürlich eine Gänsehaut über die Arme. Die Drohung in den Worten meiner Mutter war unmissverständlich.

Catharina erbleichte.

»Die Kette. Gib sie her«, forderte Mutter.

Erst als Catharinas Hand zu ihrem Hals wanderte, bemerkte ich, dass sie meine Perlenkette trug. Mir blieb die Luft weg bei so viel Dreistigkeit.

»Es ist ein Familienerbstück. Entweder du gibst sie mir jetzt zurück oder das Spiel ist aus.«

Korporal Quast ließ ihr gerade so viel Bewegungsspielraum, dass sie die Kette abnehmen konnte. Während sie sie in Mutters ausgestreckte Hand legte, sagte ich: »Die Ohrringe auch.«

Die braunen Augen, in die ich so oft voller Vertrauen geschaut hatte, richteten sich hasserfüllt auf mich, doch sie gehorchte.

»Lasst sie los! Diese Dame steht unter meinem Schutz!«, ertönte eine männliche Stimme. Graf Eberhard kam mit schweren Schritten die Treppe herunter.

Korporal Quast zog seine Hand weg, als hätte er sich verbrannt. »Wie konntest du nur?«, flüsterte er.

Während ihr Beschützer die Stufen heruntergetrampelt kam, kehrte der Hochmut in ihren Blick zurück. »Du hast einfach zu lange gezögert, lieber Johannes«, sagte sie in einem zuckersüßen Ton und wandte sich Graf Eberhard zu.

Jetzt kehrte die Erinnerung zurück. Der erste Ball in Regensburg. Graf Eberhard mit den schwitzigen Händen. Catharinas Verschwinden, als wir hatten fahren wollen. Ihr gerade noch rechtzeitiges Erscheinen. Graf Eberhard, der hinter ihr auf der Treppe aufgetaucht war, fast so wie jetzt. Hatte sie da schon mit ihm angebandelt?

Offensichtlich wusste er genau, wer wir waren, denn sein Gesicht wirkte wie versteinert.

»Ihr wisst selbstverständlich, mit wem Ihr es hier zu tun habt, nicht wahr?«, fragte Mutter fast beiläufig. »Gebt gut auf Eure Habe acht, dieser Person ist nicht zu trauen.« Sie streifte Catharina mit einem vernichtenden Blick und bedeutete Korporal Quast mit einer Kopfbewegung, sich zurückzuziehen, was er umgehend tat.

»Komm, meine Liebe, wir gehen. Wir haben unsere Schuldigkeit getan«, sagte Graf Eberhard und begleitete Catharina nach draußen.

Korporal Quast sah aus, als hätte man ihm ein Messer in die Eingeweide gestochen und es mehrfach umgedreht. Ich wünschte innigst, etwas für ihn tun zu können, doch es gab nichts, absolut nichts, was seine Pein hätte lindern können.

»Was geht hier vor sich?« Landgraf Georg war ebenfalls die Treppe herabgekommen.

»Das war unsere ehemalige Zofe, die uns in Regensburg bestohlen hat und dann weggelaufen ist«, sagte Mutter vollkommen sachlich. »Ihr habt sie sicher bei dem einen oder anderen Ball gesehen.«

Landgraf Georg zog die Augenbrauen so hoch, dass es aussah, als hätte er einen blonden Balken auf der Stirn. »Zofe?«

»Sie ist niemand, ein Nichts. Ein Bauernkind, das ich aus den Trümmern eines zerstörten Dorfes gezogen und in meine Dienste genommen habe. Ernestine wollte gern, dass sie mit ihr zusammen unterrichtet wird. Sie ist der lebende Beweis, wie wichtig Bildung ist, um seine Lebensumstände zu verbessern.«

»Daraus schließe ich, dass Ihr sie nicht zur Verantwortung ziehen wollt«, sagte Graf Georg gedehnt.

»Nein, will ich nicht. Ich kann ihr ihr Handeln nicht verübeln. Sie hat ihre Chancen genutzt und ehrlich gesagt kann ich ihren Mut nur bewundern, sich hier blicken zu lassen. Lasst uns zu den Feierlichkeiten zurückgehen.«

Graf Georg neigte den Kopf und begleitete Mutter und mich zurück in den Saal. Dort hatte niemand etwas von dem Spektakel mitbekommen.

Erleichtert stellte ich fest, dass auch ich Catharina nicht wirklich anklagen wollte. Es hatte mir ein angenehmes Maß an Genugtuung verschafft, ihr einmal kurz und deutlich zu verstehen zu geben, dass wir es hätten tun können, es aus purer Gnade aber nicht taten.

Ich fühlte mich befreit. Catharinas Verrat hatte die ganze Zeit über wie der leidige Dorn damals in meiner Ferse geschmerzt. Sie hier zu sehen und ihr bewusst den Freibrief zu geben, glich dem Moment, in dem er mir gezogen worden war. Ich hatte mich entscheiden und damit einen Schlussstrich ziehen können.

Spätestens mit Beginn des Tanzes hatte ich Catharina vergessen. Wir feierten ausgelassen bis tief in die Nacht, und als es an der Zeit war, sich zu verabschieden, war ich zu erschöpft für viele Tränen.

»Pass nur gut auf dich auf«, ermahnte ich Nanni und drückte ihr einen Kuss auf die Wange. »Und schreib mir ganz oft, ja? Dann kann ich zu Hause im Wald tanzen und mir vorstellen, ich wäre in Osnabrück.«

Wir lachten und umarmten uns noch einmal.

»Ich werde sie hüten wie meinen Augapfel«, versprach Graf Johann. »Sorgt Euch nicht.« Unsere Blicke trafen sich einen Moment lang und ich hatte das merkwürdige Gefühl, dass er durchaus auch mit mir als Braut glücklich gewesen wäre. Waren Frauen so leicht austauschbar? Von seiner Warte aus war es vielleicht so. Diese Heirat war eine Zweckgemeinschaft, keine Gefühlsfrage.

Auch Mutter zögerte den Abschied nicht unnötig heraus. Wir wurden von einem Diener in unsere Zimmer geführt und ich ließ mir Zeit mit dem Auskleiden. Wenn ich mich schnell ins Bett legte, würde ich mich nur herumwälzen, das hatte ich in Regensburg gelernt. So saß ich dann noch eine Weile bei Kerzenschein im Nachthemd da und bürstete meine Haare aus. Die Klänge der Musik hallten noch in meinen Ohren nach, mein Herz pochte von der Anstrengung und wollte sich nur langsam beruhigen. Gesichter und Kleider wirbelten vor meinem inneren Auge vorbei und meine Nase war ausgesprochen froh, nur noch mit dem Kaminfeuer konfrontiert zu sein.

Einmal noch streiften meine Gedanken Catharina. Ihr hochmütiges Gesicht. Der gehässige Tonfall, mit dem sie dem armen Korporal endgültig das Herz gebrochen hatte. Ohne genau zu wissen, was sich zwischen den beiden abgespielt hatte, war mir klar, dass Johannes Quast seinen Dienst für meine Mutter immer an erste Stelle gestellt hatte. Und Catharina hatte es ihm übel genommen und ihn dafür bestraft – auf ihre Art. Wenn sie wirklich so herzlos war, dann war ich froh, sie nicht mehr um mich zu haben. Anders als meine Schwester.

Morgen zog Nanni in die große, weite Welt hinaus, mitten hinein ins gesellschaftliche Leben – ins *Herz* des gesellschaftlichen Lebens. Es war kaum vorstellbar, dass die Fürsten und Grafen neben den so wichtigen Verhandlungen in Saus und Braus lebten, sich reihenweise porträtieren ließen und Abend für Abend Theater, Ballett und Bälle besuchten, während die Bevölkerung des Umlandes am Hungertuch nagte. Würde ich mir solche Gedanken machen, wenn ich nicht selbst gehungert hätte? In Regensburg hatte ich sie mir nicht gemacht. Ich zupfte die losen Haare aus meiner Bürste und warf sie in den Kamin. Es zischte und knisterte und ein beißender Geruch stieg auf. Verbrannte Haare rochen wirklich nicht gut und doch hatte ich diese Angewohnheit schon als Kind gehabt. *Ein wohliger Ekel,* dachte ich und lachte über mich selbst.

Ich schlüpfte zwischen die Laken und rekelte mich wie eine Katze, ehe ich mich auf die Seite drehte und die Augen schloss. Es hatte wieder keinen Mann gegeben bei diesem Tanz, der meine Aufmerksamkeit erregt hätte. Ich würde als alte Jungfer sterben.

Die Heimfahrt verlief sehr still. Mutter und ich hingen schweigend unseren Gedanken nach, während die Kutsche in Richtung Friedewald schaukelte. Die Landschaft zog an mir vorbei, an manchen Orten wie das Gemälde eines begnadeten Künstlers, der die Fülle seiner Farbpalette ausgeschöpft hatte, an anderen Orten wie Szenen des schlimmsten Albtraums, den man sich vorstellen konnte. Wo Felder hätten stehen sollen, war nur verbrannte Erde zu sehen. Ruinen von Gehöften und ganzen Dörfern reckten ihre verkohlten Kamine wie mahnende Finger in den strahlend blauen Septemberhimmel und über dem Land lag ein unheimliches Schweigen, wo Menschen eigentlich Erntedank hätten feiern sollen.

Am liebsten hätte ich die Augen geschlossen, um die Trostlosigkeit nicht sehen zu müssen, doch es gelang mir nicht. Sie spiegelte die Schwere meines eigenen Herzens, das der Einsamkeit in stiller Vertrautheit zunickte. Wenn wir dann wieder in ein

Waldstück eintauchten, das in den herrlichsten Herbstfarben erstrahlte, atmete ich erleichtert auf. Vogelgesang und das eine oder andere Reh, das vor unseren lärmenden Rädern und Hufschlägen floh, gaukelten eine heile Welt vor. Es war das Echo meines Lebens, das mehrfach zwischen Albtraum und Friede gewechselt hatte.

Zu Hause angekommen, verfiel ich in Lethargie. Wenn Mutter mich nicht antrieb, mich um meine Aufgaben zu kümmern, saß ich nur da und starrte aus dem Fenster. Ich hatte noch nicht einmal mehr Lust, durch den Park zu streifen, denn ohne Nanni, der ich meine Gedanken und Beobachtungen erzählen konnte, verlor es seinen Reiz. Wenn das Wetter es zuließ, saß ich in dem kleinen Pavillon im Garten, auch wenn ich meine Schwester dort noch intensiver vermisste als irgendwo sonst. Es war wie eine Wunde, die man immer wieder berühren musste, um zu sehen, ob sie noch schmerzte.

An einem solchen Tag kam Korporal Quast zu mir. Er hatte mich schon öfter beobachtet, doch heute fasste er den Mut, mir zu folgen. Ich grüßte ihn lächelnd. Seit er mich hier getröstet hatte, fühlte ich mich auf einer emotionalen Ebene mit ihm verbunden, obwohl er nie wieder ein Wort darüber verloren hatte.

»Ihr habt Eure Fröhlichkeit verloren, Komtess«, stellte er ganz unumwunden fest. Dabei sah er mich nicht an, sondern hatte den Blick auf den Schlosshof gerichtet, sodass ich ihn im Profil sah.

Ich seufzte. »Das ist wohl so.« Eine Weile schwiegen wir. »Ihr habt die Eure noch nicht wiedergefunden.«

Ein trauriges Lächeln spielte um seine Mundwinkel. »Das ist wohl so.«

Ich stand auf und stellte mich neben ihn. »Könnt Ihr sie nicht vergessen?«

Er lachte bitter. »Ich hätte mich von ihr fernhalten sollen, aber sie hat mich regelrecht verhext. Sie war unwiderstehlich. Ich wollte einfach nicht glauben, dass sie zu solchem Betrug und Verrat fähig ist. Obwohl ich die Anzeichen gesehen habe.«

»Ihr wusstet, dass sie uns bestehlen würde?«

»Ich wusste, dass sie oft heimlich unterwegs war. Doch ich wollte ihren Beteuerungen und Ausreden glauben. Ich wollte nicht wahrhaben, dass sie mir in die Augen sehen und mich dabei anlügen könnte.« Er studierte seine Stiefelspitzen und seufzte tief. »Sie hat mich eines Besseren belehrt.«

Ich legte meine Hand auf seinen Arm. »Es tut mir leid«, flüsterte ich.

»Mit Euch hat sie dieses Spiel noch ärger getrieben«, sagte er und sah mir in die Augen.

Ich wusste genau, warum er es nicht hatte glauben können. Für ihn war ein solcher Verrat überhaupt nicht denkbar. Er war grundehrlich.

»Ich habe es ihr verziehen«, sagte ich und nahm meine Hand weg. Ein kühler Luftstoß fuhr mir ins Gesicht und zerrte an meinen Kleidern. Ich zog meinen Mantel enger um mich. Die Sonne war hinter den Bäumen verschwunden und nahm die verbliebene Wärme mit sich.

»Dann ist Euer Herz großmütiger als meines.« Er neigte den Kopf und bedeutete mir mit einer Geste vorauszugehen, denn es war offensichtlich, dass ich nicht länger im Pavillon verweilen wollte.

»Ob wir unsere Fröhlichkeit irgendwann wiederfinden?«, fragte ich leise, während ich zum Schloss zurückging.

Er antwortete nicht, doch seine Schritte folgten mir bis zur Eingangstreppe. Ich war schon die Hälfte der Stufen hinaufgestiegen, als ich seine Erwiderung hörte: »Ich hoffe es.«

Ich wandte mich nicht um, sondern ging mit zügigen Schritten ins Schloss. Mir war vollkommen klar, dass keinem von uns beiden geholfen wäre, wenn ich meinem Impuls folgte. Einem Impuls, der mich dazu drängte, die tröstende Nähe wieder herzustellen, die bei unserem letzten Treffen im Pavillon geherrscht hatte.

Ich lief in mein Zimmer und warf mich auf mein Bett. Herr im

Himmel! Keinen von den hässlichen, eingebildeten Grafen wollte ich und den treuen, edelmütigen Korporal, der mir gefallen könnte, durfte ich nicht haben. Das war doch ungerecht!

Mutter wurde allmählich immer ungehaltener mit mir. Die Verhandlungen in Münster und Osnabrück hatten richtig Fahrt aufgenommen und Entscheidungen standen kurz bevor. Die Heirat hatte tatsächlich den gewünschten Effekt erzielt und unserer Sache einen kräftigen Schub gegeben. Neben den Briefen, die sie ständig schrieb, war Mutter zu einigen Treffen mit ihren Schwagern gefahren und verließ sich darauf, dass ich in ihrer Abwesenheit die alltäglichen Dinge regelte. Und ich enttäuschte sie.

Es war keine böse Absicht, nur fiel es mir so unendlich schwer, die nötige Tatkraft aufzubringen, um Anweisungen zu geben. An manchen Tagen stand ich erst auf, wenn Marlene mir die Bettdecke wegzog und mich wie ein kleines Kind ausschimpfte. Ich schämte mich dafür, was aber rein gar nichts änderte, außer dass ich mich noch schlechter fühlte. Hinzu kam ein trüber Winter mit Bergen von Schnee, ständig grauem Himmel und Stürmen, die den eiskalten Wind durch jede Ritze des Schlosses drückten und die langen Nächte mit unheimlichen Geräuschen füllten. Selbst mein Glaube half mir nicht. Zwar fühlte ich mich nach wie vor nicht allein und war dankbar dafür, denn sonst wäre ich vollends verzweifelt, aber das war auch schon alles.

Meine einzigen Lichtblicke waren Nannis Briefe, von denen aber anscheinend nur jeder dritte bei uns ankam. Den Januar über hörten wir gar nichts von ihr, im Februar trafen dafür gleich drei Schreiben auf einmal ein. Ich las sie nach und nach, um länger etwas davon zu haben. Es ging ihr gut. Graf Johann war sehr lieb zu ihr, wenn sie ihn denn zu Gesicht bekam. Meistens war er sehr beschäftigt und führte sie nur ein- oder zweimal im Monat ins Theater oder zu einem Ball aus. Vom Stand der Verhandlungen wusste sie weniger als wir, dafür war sie über den neuesten Klatsch in den Grafenhäusern bestens informiert. Die meisten Namen, von denen sie schrieb, sagten mir gar nichts, aber es war trotzdem eine Freude, ihre kurzweiligen Berichte zu lesen. Ich schrieb selten zurück. Was gab es hier im langweiligen Westerwald schon zu erzählen? Ich wollte sie nicht mit meiner schwermütigen Stimmung belasten, von der ich wusste, dass sie sie zwischen den Zeilen wahrnehmen würde, egal was für Albernheiten ich schrieb. Meine kleine Schwester war sehr feinfühlig. Zum Glück schrieb Mutter ihr regelmäßig, sodass ich diesen Briefen immer ein paar kleine Zeilen beifügen konnte, für die Nanni sich jedes Mal bedankte.

Der Frühling kam spät, aber er kam. Mit den ersten wärmenden Sonnenstrahlen kroch ich wie ein Bär nach dem Winterschlaf aus meiner düsteren Höhle. Die Vögel schmetterten ihr Glück über die neue Helligkeit in die Luft und lockten mich zum ersten Mal seit Wochen in den Park. Schneeglöckchen und Krokusse schoben ihre zarten Blüten aus der Erde und auch in meinem Herzen entdeckte ich kleine Risse in der harten Kruste, durch die ein Hoffnungsschimmer sein Köpfchen steckte. Ich wusste nicht, worauf ich hoffte, aber endlich war mir nicht mehr alles gleichgültig. Ich kam morgens wieder leichter aus den Federn, musste mich nicht mehr zu meinen Aufgaben zwingen und hörte Mutter mit ehrlichem Interesse zu, wenn sie mir von den neuesten Entwicklungen der Friedensverhandlungen erzählte. Auch hatte ich den Eindruck, dass Korporal Quast nicht mehr ganz so bedrückt wirkte. Seine aufrechte Haltung schien weniger erzwungen zu sein und die Sorgenfalte, die den Winter über ständig auf seiner Stirn gestanden hatte, verschwand.

Überall im Schloss brach Geschäftigkeit aus, es wurde geputzt und gewaschen und gelüftet, als wollte man den Winter mit Putzlumpen und Besen vertreiben. Damit einhergehend herrschte eine Spannung, für die ich keine Erklärung hatte. Etwas stand bevor, etwas Großes, und alle spürten es. Wiederholt ertappte ich mich dabei, dass ich in den Wehrturm stieg und Ausschau hielt, ohne zu wissen, wonach. Ich wartete. Auch Mutter wartete mit dieser Aufregung, die ihre Augen aufblitzen ließ und sie unruhig machte.

Mitte April sah ich von meinem Aussichtspunkt auf dem Turm einen einzelnen Reiter im gestreckten Galopp auf das Schloss zukommen. Neuigkeiten! Ich hastete die Treppe hinunter und rannte hinüber ins Schloss.

»Ein Bote!«, rief ich außer Atem, als ich ins Empfangszimmer platzte.

Mutter sprang augenblicklich vom Schreibtisch auf. In ihrer Hast warf sie den Stuhl um. Ich wartete nicht auf sie, sondern lief direkt wieder nach draußen, wo die Wachen bereits die Tore geöffnet hatten und dem Reiter Einlass gewährten. Die Brust seines Pferdes war mit Schaum gesprenkelt und schweißüberströmt. Der Bote selbst wirkte nicht minder abgekämpft, aber er öffnete sofort die Ledertasche an seiner Seite und überreichte Mutter mit einer Verbeugung ein dickes Schriftstück, wobei er fast auf die Knie stürzte. Im letzten Moment fing er sich noch und richtete sich wieder auf. »Der Graf … Johann … zu Hessen-Braubach … grüßt die Gräfin Louise … Juliane«, keuchte er.

»Kümmert Euch um den guten Mann und sein Ross!«, rief Mutter den Dienern zu, die wie Pilze aus dem Boden geschossen waren. »Ich danke Euch für Euren Einsatz«, sagte sie dann zu ihm und nahm sich die Zeit für ein Lächeln. Der Mann lächelte so selig zurück, als hätte sie ihm das teuerste Geschenk gemacht. Wie gelang ihr das nur?

»Komm«, sagte sie zu mir und wir kehrten ins Empfangszimmer zurück. Unterwegs brach sie bereits das leuchtend rote Siegel auf und faltete den Brief auseinander. Ein Schrei entfuhr ihren Lippen.

»Was?«, fragte ich erschrocken. Waren es etwa schlechte Nachrichten?

»Ja! JA! Wir haben gewonnen! Ernestine!«, schrie sie und schlang mir die Arme um den Hals. Dann ließ sie mich wieder los und tanzte wie eine Verrückte um mich herum. »Wir haben gewonnen! Wir haben GEWONNEN!« Jetzt packte sie meine Oberarme und schüttelte mich, wobei das kostbare Dokument zerknitterte. Tränen liefen ihr über das Gesicht. »ENDLICH!«

Neugierige Gesichter drängten sich an der Tür. Die Worte meiner Mutter drangen im Schneckentempo zu mir durch. Gewonnen?

»Du meinst, wir bekommen die Grafschaft zurück?«, fragte ich entgeistert.

»JA!«, schrie sie und lachte aus voller Kehle.

Der Jubel setzte sich augenblicklich in der Eingangshalle fort und tönte bald aus jeder Kehle. Die Bediensteten drängten ins Empfangszimmer und zogen uns hinaus in die Halle, wo wir alle gemeinsam Mutters Freudentanz fortsetzten. Ich kam mir vor wie im Märchen.

»Hoch! Hoch! Ein Hoch auf unsere Gräfin Louise Juliane!« Selbst die Leibwache und Korporal Quast jubelten mit.

Es gab ein Fest. Die Tore des Schlosses wurden geöffnet und das ganze Örtchen Friedewald wurde eingeladen, mit seiner Herrin zu feiern. Die Köchin überschlug sich schier in ihrem Eifer, die vielen Menschen mit Köstlichkeiten zu versorgen, und ich konnte mich nur wundern, was sie in der Kürze der Zeit alles auf die Tafeln zauberte. Fässer mit Wein wurden geöffnet, die schon viele Jahre in den Kellern gelagert hatten. Bier wurde aus der Schankstube herangeschafft und alles Volk ließ uns hochleben und trank auf unsere Gesundheit.

Erst fühlte ich mich vollkommen überrollt von den Ereignissen, denn ich hatte trotz allem, was Mutter mir erzählt hatte, nicht daran geglaubt, dass sie siegen würde. Doch irgendwann realisierte ich, was geschehen war. Wir würden unsere Grafschaft zurückerhalten. Wir würden wieder mit Fug und Recht über die Geschicke des Landes bestimmen. Der Bischof von Osnabrück musste Schloss Hachenburg räumen! Und wenn nicht, dann würden wir *ihn* aushungern. Es war dieser Gedanke, der die letzten Barrikaden meines Herzens niederriss und die Freude einziehen ließ. Freude, wie ich sie nur aus frühesten Kindertagen kannte. Ich lachte und jubelte und tanzte Seite an Seite mit unseren Dienern und Mägden und scherte mich nicht darum. Keine gemächlichen Schreittänze wie auf den Bällen in Regensburg, nein. Hier wurde ein wilder Reigen aufgeführt, ein verfrühter Maitanz mit einer Ausgelassenheit, die mir unter den Adeligen nie begegnet war.

Es war schon lange dunkel und im Hof brannten mehrere Feuer in großen Eisenkörben, als mir auffiel, dass Korporal Quast fehlte. Am Nachmittag hatte ich ihn noch häufig gesehen, meist in Mutters Nähe, doch jetzt suchte ich die Menge vergeblich nach ihm ab. Wo konnte er sein? Einem Impuls folgend wanderte ich hinüber zum Wehrturm und schaute durch die Tür. Tatsächlich drang von oben ein schwacher Lichtschein über die Wendeltreppe. Ich warf noch einen Blick über die Schulter. Niemand beachtete mich, also stieg ich nach oben zur Wachkammer. Im Kamin brannte ein schwaches Feuer, doch sonst war die Kammer unbeleuchtet. Wie ich vermutet hatte, stand Korporal Quast am Fenster und schaute hinaus.

»Wollt Ihr nicht mehr mit uns feiern?«, fragte ich.

»Einer muss wachen«, antwortete er, ohne sich zu mir umzudrehen.

»Und warum müsst immer Ihr das sein?«, rief ich empört.

Er lachte überrascht auf und sah mich an. »Lasst doch die jungen Leute feiern und fröhlich sein. Sie haben es sich redlich verdient.«

»Ihr etwa nicht?«

»Einem alten Soldaten wie mir ist das nicht mehr so wichtig.«

»Ihr könnt nicht immer nur Pflichten erfüllen! Wie viel von

unserem heutigen Fest haben wir Euch zu verdanken? Ihr solltet auch gefeiert und bejubelt werden. Ich will, dass Ihr Euch mit uns freut!« Beim letzten dieser Worte hatte ich ihn erreicht und ergriff nun seinen Arm.

Zu meiner großen Überraschung legte er mir seine Hand an die Wange und lächelte mich so liebevoll an, dass mir die Spucke wegblieb.

»Ernestine, Ihr seid mir wie eine Tochter. Ich wache gern über Euch. Meine größte Freude ist es, Euch wieder lachen zu sehen. Mehr Jubel brauche ich nicht.« Er beugte sich vor und küsste meine Stirn. »Geht, ehe man Euch vermisst.«

Verwirrt gehorchte ich. Mit der Hand stützte ich mich an der Wand ab, um nicht das Gleichgewicht zu verlieren, denn meine Aufmerksamkeit war überall, nur nicht bei den Stufen. Die zärtlichen Worte hatten mich tief berührt. War er nicht genau das für mich? Eine Vaterfigur? Der starke, treue Beschützer und Tröster, ein Bollwerk zwischen mir und den Gefahren der Welt? Mein leiblicher Vater hatte das nie sein können. Selbst wenn er länger gelebt hätte, wäre er es nicht gewesen.

Mitten auf der Treppe hielt ich inne und schaute zurück. Ich konnte den Korporal nicht mehr sehen, aber das Bild der stillen, wachsamen Gestalt am Fenster hatte sich tief in meine Erinnerung gebrannt. Vorsichtig legte ich zwei Finger auf die Stelle an meiner Stirn, die er geküsst hatte. Wie von selbst wanderten sie danach zu meinen Lippen. Wärme durchflutete mich und verwirrte mich noch mehr. Zum ersten Mal überhaupt hatte er mich beim Namen genannt. Und so, wie ich ihn einschätzte, auch zum letzten Mal. Dieser Moment der Zärtlichkeit war den besonderen Umständen geschuldet, nichts anderem. Morgen schon würde er sich wieder verhalten wie immer: dienstbeflissen, respektvoll, umsichtig, distanziert.

Langsam setzte ich meinen Weg fort, suchte und fand meine Mutter in der Nähe eines Feuers und gesellte mich zu ihr.

»Wo warst du?«, fragte sie.

Erleichtert atmete ich auf. Sie hatte mich nicht beobachtet. »Ich wollte die Sterne sehen«, antwortete ich und hakte mich bei ihr ein. »Mir scheint, ich könnte jetzt nach ihnen greifen.«

Berufung

Bei all dem Trubel dauerte es bis zum nächsten Nachmittag, ehe ich den Brief von Graf Johann in Ruhe im Beisein meiner Mutter lesen konnte. Darin berichtete er, dass die evangelischen Reichsstände mit der Unterstützung der Schweden ein Papier aufgesetzt hatten, demzufolge unsere Erbrechte anerkannt und die Grafschaft Sayn meiner Mutter wieder zuerkannt wurden. Sowohl Kurköln als auch Kurtrier mussten ihre Truppen abziehen und auch Graf Christian durfte nicht länger in Altenkirchen residieren. Diese Regelungen würden Bestandteil der Friedensverträge sein und galten bereits jetzt als beschlossen. Die Umsetzung würde sicherlich noch einige Zeit in Anspruch nehmen, dahin gehend sollten wir uns weiterhin in Geduld üben, aber an der Rechtslage war nun nicht mehr zu rütteln. Der Kampfgeist und die Beharrlichkeit meiner Mutter hatten sich nach zwölf Jahren ausgezahlt.

»Ich kann es einfach nicht fassen«, sagte ich und legte das Schreiben zurück auf das Pult. Fast hatte ich den Eindruck, dass Mutter über Nacht eine Handbreit gewachsen war. Sie strahlte von einem Ohr bis zum anderen.

»Fasse es«, sagte sie und legte mir eine Hand auf die Schulter. »Du wirst bald Gräfin sein.«

Ich legte den Kopf schief. »Wie meint Ihr das?«

Sie lachte und nahm eine Mappe aus der Dokumententruhe, in die sie das Schreiben einsortierte. »Du wirst meine Nachfolge antreten.«

»Was?«

»Früher oder später.« Sie drehte sich wieder zu mir um. »Nicht sofort und auch nicht nächstes Jahr, aber irgendwann werde ich mich aus den Regierungsgeschäften zurückziehen und in Stille und Frieden vor mich hin leben. Ich habe weiß Gott genug gekämpft.«

»Das wird Euch doch viel zu langweilig«, rutschte es mir heraus, was sie zum Glück wieder zum Lachen brachte.

»Täusche dich nicht, meine Tochter. Ich werde froh sein, wenn ich nie wieder ein Tintenfass sehe.«

Ich verkniff mir eine weitere Bemerkung und grinste nur. Ohne Tintenflecken an den Fingern kannte ich meine Mutter kaum.

In den folgenden Tagen wirkte sie wie ein junges Mädchen. Sie saß keine einzige Minute am Schreibtisch, sondern spazierte durch Garten und Park und lud mich zu verschiedenen Ausflügen mit der Kutsche ein. Fast schien es mir, als wollte sie ganz bewusst eine Zeit lang nicht nachdenken, keine politischen Schachzüge planen, keine Probleme wälzen, keine Schreiben formulieren, sondern einfach nur sein. Ich ließ mich gern anstecken. Wer wusste schon, wie lange dieser Zustand andauern würde?

Zwei Wochen nach der Nachricht kehrte Advokat Henner aus Osnabrück zurück und hatte die offiziellen Dokumente dabei, die er Mutter mit einer tiefen Verbeugung überreichte. Sein Grinsen schob seine Ohren jedoch so weit nach hinten, dass man es selbst seinem Hinterkopf noch ansehen konnte.

»Mein lieber Herr Henner«, sagte Mutter und nahm seine beiden Hände, nachdem sie die Dokumente abgelegt hatte. »Dieser Erfolg wäre ohne Eure treuen Dienste nicht möglich gewesen.«

»Es war mir eine Ehre und ein Vergnügen, der gnädigsten Gräfin zu diesem Sieg zu verhelfen, wobei nicht unerwähnt bleiben darf, wie geschickt und klug die Gräfin selbst diese Schlacht geschlagen hat.«

»Stellt Euer Licht nicht unter den Scheffel, Herr Advokat. Euer Rat war hervorragend. Sobald wir unseren rechtmäßigen Platz in der Welt wieder eingenommen haben, soll Euch eine gebührende Entlohnung zuteilwerden.«

»Ich weiß die Großzügigkeit Eurer Gnaden zu schätzen«, erwiderte er. »Herr Sinoll ist in Osnabrück verblieben, um sicherzustellen, dass kein listiger Gegner auf die Idee kommt, in letzter Minute die Protokolle zu ändern. Die Friedensverträge stehen unmittelbar vor dem Abschluss, doch es sollte uns gebühren, bereits jetzt in Hachenburg vorstellig zu werden und die Mannen des Bischofs von Wartenberg zur Räumung des Schlosses aufzufordern. Er selbst wird als Gesandter des Kurfürsten von Köln noch geraume Zeit in Osnabrück beschäftigt sein. Ich denke, es wird meiner Gräfin eine besondere Freude sein, ihn an einer Rückkehr nach Hachenburg zu hindern.«

Mutters Augen blitzten auf. »Das wird es in der Tat.«

Ganz so schnell, wie meine Mutter und Herr Henner es sich erhofft hatten, ging es dann doch nicht. Sie fuhren zwar nach Hachenburg – ohne mich, was mich kränkte –, kamen jedoch schon bald unverrichteter Dinge zurück. Der anwesende Verwalter hatte ihr Anliegen zwar zur Kenntnis genommen und Mutter schwor, dass er bereits über den Ausgang der Verhandlungen informiert worden war, jedoch wollte er das Schloss ohne konkrete Anweisung seines Herrn nicht übergeben.

Dies hatte natürlich einen bitterbösen Brief zur Folge, den meine Mutter an ihren Erzfeind schickte, was an der Situation herzlich wenig änderte. Wir waren weiterhin gezwungen zu warten.

Wenn ich geglaubt hatte, jetzt würde sich alles ändern, hatte ich mich getäuscht. Wie zuvor beriet sich Mutter stundenlang mit dem Anwalt und mir waren die täglichen Geschäfte überlassen. Was der Gegenstand der Beratungen war, enthüllte Mutter mir nicht. Meinen Fragen wich sie aus oder sagte mir, ich solle mich in Geduld üben, was mich nicht gerade beruhigte.

Aller Wahrscheinlichkeit nach hatte sie nun doch einen Ehemann für mich auserkoren und sorgte dafür, dass der Ehevertag niet- und nagelfest war und mich nicht benachteiligte. Das war ja alles schön und gut, aber ich hätte doch zu gern gewusst, um wen es sich handelte. Und ob ich ihn kannte. Als ich eines Abends vorwurfsvoll damit herausplatzte, sah sie mich ganz irritiert an und winkte mit einem lapidaren »Nein, nein, darum geht es nicht« ab. Worum ging es denn dann? Und warum sagte sie es mir nicht einfach?

Ich verstand die Welt nicht mehr. Einerseits kündigte sie mir an, ich würde bald allein regieren, andererseits schloss sie mich aus dem Geschehen aus. Aber auch dieser Vorwurf prallte an ihr ab.

»Es ist einfach zu kompliziert, Ernestine. Ich möchte dir das abnehmen, damit du dich damit nicht befassen musst. Es ist nur zu deinem Besten.«

»Ja, aber was denn?«, fragte ich verzweifelt.

»Später.«

Effektiver hätte sie mich nicht in Rage bringen können. Doch bevor ich explodieren und ihr meine Meinung sagen konnte, hatte sie mir schon wieder die Tür vor der Nase zugeschlagen. Ich floh in den Park, wo ich voller Wut die Wege entlangstapfte und mit einem Stock auf Büsche und Brennnesseln eindrosch. Das war sicher nicht sonderlich damenhaft, aber anders wusste ich mir nicht zu helfen. Zum ersten Mal reichte der Respekt vor meiner Mutter nicht aus, um mich wieder zu beruhigen und mich ihrem Urteil zu fügen. Ich konnte einfach nicht mehr warten, bis sie mich vor vollendete Tatsachen stellte. Dazu hatte sie mir inzwischen zu viel Verantwortung übertragen. Ich war kein kleines Kind mehr mit meinen inzwischen zweiundzwanzig Jahren.

Erhitzt und noch immer vor Wut schnaubend kehrte ich ins Schloss zurück und platzte mitten in die Beratung zwischen Mutter und Herrn Henner.

»Ich will jetzt endlich wissen, was hier geplant wird!«, forderte ich nicht eben leise. »Entweder Ihr traut mir zu, Verantwortung zu übernehmen, und dann bindet Ihr mich auch in die Belange der Grafschaft ein, oder Ihr behandelt mich wie ein dummes Kleinkind und …«

»Ernestine! Reiß dich zusammen!«, fuhr Mutter dazwischen und sprang vom Stuhl auf. »Wie führst du dich denn auf?«

»Wie führt *Ihr* Euch denn auf? Warum schließt Ihr mich auf einmal kategorisch aus? Redet mit mir! Diese Ungewissheit treibt mich in den Wahnsinn!« Hätte ich nahe genug am Tisch gestanden, hätte ich daraufgeschlagen.

Herr Henner starrte mich mit offenem Mund und weit aufgerissenen Augen an, während Mutter fest die Lippen zusammenpresste. Dann atmete sie einmal tief durch.

»Nun gut«, sagte sie und setzte sich wieder. »Diese Information darf keinesfalls diesen Raum verlassen. Vor allem darf sie nicht aufgeschrieben und unter gar keinen Umständen an Johannette kommuniziert werden. Hast du das verstanden?«

Ich blinzelte und nickte. Eigentlich hatte ich eine längere Auseinandersetzung erwartet.

»Ich will die Grafschaft zwischen euch aufteilen. Ihr sollt beide gleichberechtigte Erbinnen, aber nicht voneinander abhängig sein. Auch wenn ich euch zutraue, die Grafschaft gemeinsam zu regieren, weiß ich nicht, ob eure jeweiligen Ehemänner dazu auch in der Lage sein werden.« Sie hob die Hand, um meinen Einwurf abzuwehren. »Du wirst irgendwann heiraten, Ernestine. Und ich will unter allen Umständen vermeiden, dass meine Töchter in Streit geraten.« Sie seufzte. »Es ist allerdings ein wirklich kompliziertes Unterfangen, die Teilung gerecht zu gestalten.«

Mir verschlug es völlig die Sprache.

»Du wirst verstehen, dass ich dich in diesen Prozess nicht einbeziehen kann, denn sonst müssten wir uns den Vorwurf gefallen lassen, ich hätte dich bevorzugt. Und nun lass uns allein.«

Wortlos ging ich zur Tür, drehte mich aber noch einmal um, ehe ich den Raum verließ. »Ich bitte um Entschuldigung für meinen Ausbruch«, sagte ich leise.

Mutter nickte mir mit einem knappen Lächeln zu und ich wusste, dass sie mir verzieh. Sie selbst wäre unter solchen Umständen auch auf die Barrikaden gegangen.

Eine Teilung der Grafschaft. Mutter machte also wirklich ernst mit ihrem Vorhaben, sich zurückziehen zu wollen. Es war für mich unvorstellbar, sosehr ich auch darüber grübelte. Ich sollte ihren Platz einnehmen? Ein Teil von mir schreckte vor dem Gedanken zurück, während der andere Teil zufrieden durchatmete. Es wurde Zeit, nicht wahr? Über die Jahre war ich an meinen Aufgaben gewachsen und wusste, was zu tun war. Hatte eigene Vorstellungen entwickelt, steuerte die Geschicke von Friedewald weitestgehend unabhängig und fragte meine Mutter nur selten um Rat. Es würden neue Bereiche dazukommen, ich musste mich mit den Ortschaften, Bürgermeistern und Räten vertraut machen, ihren Zustand und ihre Belange erkunden, aber dann würden es nur die gleichen Abläufe auf größerer Ebene sein.

Ich ging in mein Zimmer und kniete mich vor mein Bett, die Arme auf die Laken gestützt, die gefalteten Hände gegen meine Stirn gepresst. Die gleichen Abläufe, aber so viel mehr Menschen, die mir anvertraut wurden. Ihnen wollte ich gerecht werden und egal, was ich mir selbst inzwischen zutraute, Gott wusste genau, was sie brauchten. Viel besser als ich. Und während mein Herz sich voller Stolz die neuen Aufgaben herbeiwünschte, beugte mein Verstand sich in Demut und erinnerte das Herz an meinen lang gehegten Wunsch: eine gute Herrscherin zu sein.

Die Friedensverträge wurden am 24. Oktober 1648 von allen Parteien unterzeichnet und damit war der scheinbar ewig währende Krieg endlich beendet. Dreißig Jahre hatte er gedauert.

Bischof von Wartenberg kehrte nach Hachenburg zurück, allerdings nur, um seine Sachen zu packen und die Übergabe zu regeln. Damit ließ er sich Zeit, sodass wir zu Weihnachten noch immer in Friedewald weilten. Mich störte das nicht, denn Nanni kam mit ihrem Mann zu Besuch und wir verbrachten wundervolle Tage miteinander. Sie hatte so unglaublich viel zu erzählen, im Gegensatz zu mir. Von der Teilung der Grafschaft durfte ich nach wie vor nichts sagen, aber dafür wollte sie alle Details über unseren rechtlichen Erfolg hören, vor allem über die Freudenfeier, als uns Graf Johanns Brief erreicht hatte.

Wovon Nanni so gut wie gar nichts berichtete, war ihr Eheleben. Das machte mich stutzig. Ich wusste nicht, was ich erwartet hatte – Schwärmerei für ihren Mann oder vielleicht eher Ernüchterung und ein paar Tränen über zerplatzte Träume, aber dass sie ihn in ihren Erzählungen nur als Begleitperson erwähnte, fand ich merkwürdig. Nach einigen Tagen sprach ich sie darauf an, bekam aber zunächst nur ein Schulterzucken zur Antwort.

»Nanni, ich bitte dich!«, rief ich und hätte sie am liebsten geschüttelt. »Ihr redet doch miteinander, oder?«

Sie wickelte sich ein Haarband um den Finger, löste es wieder und sah mich dann an. »Natürlich reden wir miteinander. Es ist nur …« Erneut verstummte sie.

»Es ist nur was?«, bohrte ich nach.

»Er hat ganz andere Interessen als ich. Was er mir erzählt, verstehe ich oft nicht. Und wenn ich ihm etwas erzähle, habe ich schnell das Gefühl, dass er mit den Gedanken ganz woanders ist. Er ist auch sehr oft unterwegs. Oder sitzt in seinem Arbeitszimmer und verfasst irgendwelche wichtigen Aufsätze für die Fruchtbringende Gesellschaft.«

»Für die was?« Ich sah sie völlig entgeistert an.

»Die Fruchtbringende Gesellschaft. Das ist eine Sprachakademie und jedes Mitglied hat einen eigenen Namen. Seiner ist ›der Stattliche‹.« Nanni kicherte. »Da kenne ich einige, zu denen würde der Name besser passen.«

»Und was macht eine Sprachakademie?«, wollte ich wissen.

»Sie wollen die deutsche Sprache vereinheitlichen. Bei den Verhandlungen wurde sehr deutlich, wie wichtig es ist, dass man sich auf die Bedeutung gewisser Worte einigt. Johann meinte, einer der Gründe, warum die Verhandlungen so lange gedauert haben, war das Sprachproblem. Franzosen, Spanier, Schweden, Deutsche, Niederländer … Bis die alle wirklich verstanden hatten, was im Einzelnen gesagt oder gefordert war, konnten Monate vergehen. Und sogar die Deutschen untereinander haben oft aneinander vorbeigeredet, weil in verschiedenen Gegenden Wörter unterschiedliche Bedeutungen haben. Das wusste ich vorher auch nicht.«

»Und diese Akademie will das ändern?«

Nanni nickte. »Sie schreiben Richtlinien und Aufsätze, wie bestimmte Dinge zu verstehen sind und wie sie in Verträgen und rechtlichen Dokumenten formuliert werden sollten.«

»Du scheinst ja schon eine Menge darüber gelernt zu haben.«

»Mir bleibt ja nichts anderes übrig! Sonst hätte ich gar kein Thema, über das ich mit meinem Mann reden kann. Man nennt die Gesellschaft übrigens auch den Palmorden. Und jeder hat ein Motto. Johanns ist ›Gib Stärke und Kraft‹.«

Ich sah sie prüfend an. »Aha. Und sonst? Du scheinst nicht schwanger zu sein.«

Ein Hauch von Rosa zog sich über ihre Wangen. »Nein, bisher nicht.«

Angesichts meiner hochgezogenen Augenbraue seufzte sie. »Er scheint da nicht so sehr viel Interesse dran zu haben.«

Sie verblüffte mich immer mehr. »Nicht so sehr … Nanni, ich bitte dich! Nach allem, was ich bisher gehört habe, haben Männer an kaum etwas anderem Interesse.«

»Er ist eben anders«, sagte sie, als müsse sie ihn rechtfertigen. »Aber er hat mir gesagt, dass es nicht an mir liegt. Er hätte mich sehr gern und er ist wirklich sehr lieb zu mir. Ich glaube ja …«

»Was?«

»Ich glaube, ich bin ihm viel zu jung. Er behandelt mich mehr wie seine Tochter als wie seine Ehefrau. Was ich nicht schlimm finde.«

»Aber ihr habt die Ehe doch vollzogen, oder?« Das war grässlich neugierig von mir, aber ich hatte mir die Frage nicht verkneifen können.

»Ja, haben wir. Es ist alles rechtens.« Meine Schwester verschränkte die Arme und schaute mich entschlossen an. Den Blick kannte ich. »Bis hierher und nicht weiter«, bedeutete das.

Ich hob beide Hände und lehnte mich auf meinem Stuhl zurück. »Hauptsache, du bist nicht unglücklich.«

Der strenge Blick verschwand augenblicklich. »Das bin ich ganz und gar nicht. Mir geht es gut, auch wenn du mir oft fehlst.«

Jetzt war es an mir zu seufzen. »Du fehlst mir auch sehr. Hier ist alles nur Arbeit und kein Vergnügen. Ich bin gespannt, wie es in Hachenburg wird, wenn der widerliche Bischof endlich das Feld räumt.«

»Oh, darum beneide ich dich! Schloss Hachenburg ist traumhaft schön. Jedenfalls habe ich es so in Erinnerung. Mutter hat mir gesagt, wir sollen bleiben, bis der Bischof weg ist, damit wir zu dritt die Huldigungen des Volkes entgegennehmen können.«

»Wirklich?« Ich sprang auf, zog sie von ihrem Stuhl und drückte sie an mich. »Dann kann der Bischof noch ein halbes Jahr brauchen, bis er auszieht!«, lachte ich, hob sie hoch und wirbelte sie im Kreis.

Nanni kreischte vergnügt auf und schlug mir auf die Schultern, bis ich sie wieder absetzte. Atemlos lachend ließen wir uns wieder auf die Stühle sinken.

»Ich bin so froh, dass der Krieg endlich vorbei ist«, sagte sie leise. »In Osnabrück haben wir ja nichts davon mitbekommen, aber die Fahrt hierher …« Schmerz huschte über ihr Gesicht. »So viel Zerstörung, verbrannte Felder und Dörfer, solche Trostlosigkeit.« Sie schüttelte den Kopf.

»Das dachte ich schon, als wir zu eurer Hochzeit gefahren sind.«

»Weiter im Norden ist es noch viel schlimmer. Es sind ebenso viele Menschen von Soldaten getötet worden wie verhungert. Ist das nicht furchtbar?«

Ich sah in ihren Augen, dass auch sie sich sehr wohl an den Hunger erinnerte, obwohl sie noch so klein gewesen war. »Wir werden es besser machen«, sagte ich zuversichtlich. »Wir sorgen dafür, dass unsere Untertanen ein gutes Leben führen können.«

Sie lächelte mich an. »Sind das deine Worte oder Mutters?«

»Meine«, erwiderte ich fest. »Ich habe auch viel gelernt in den letzten Jahren.«

»Warum hast du mir den Vortritt gelassen?«, fragte sie plötzlich ganz ernst.

»Den Vortritt gelassen?«

»Ja. Eigentlich hättest du doch zuerst heiraten müssen.«

»Mutter meinte, du würdest besser zu Johann passen als ich.«

»Oh.« Sie sah mich mit großen Augen an. »Er denkt, du hättest ihn nicht gewollt.« Im nächsten Moment hielt sie sich den Mund zu. »Das hätte ich dir nicht sagen dürfen!«, fügte sie gedämpft hinzu.

Ich schürzte die Lippen und presste sie dann aufeinander. Was sollte ich darauf erwidern? Dass Mutter mich wegen der Regierungsgeschäfte nicht hatte entbehren wollen, behielt ich lieber für mich. Meine arme kleine Schwester sollte sich nicht nutzlos oder überflüssig fühlen. »Ich weiß gar nicht, ob ich überhaupt heiraten will. Je mehr Grafen ich kennenlerne, desto lieber bleibe ich meine eigene Herrin.«

Damit brachte ich Nanni wieder zum Lachen. »Ich bin mal gespannt, welcher Kerl es mit dir aufnimmt«, kicherte sie, zwinkerte mir aber gleichzeitig zu. Sie machte nur Spaß.

»Weiß der Himmel«, sagte ich und verdrehte die Augen.

Eine blasse Februarsonne schien auf uns herab, als unsere Kutsche durch die Stadttore Hachenburgs rollte. Menschen säumten die Straßen und winkten mit Taschentüchern und bunten Wimpeln. Sechs Mann unserer Leibgarde ritten mit Korporal Quast an der Spitze voraus, sechs weitere folgten uns. Dahinter kamen Graf Johanns Kutsche, in der auch Nanni saß, mit seinem Gefolge sowie die Wagen mit unserem Gepäck und einigen Bediensteten.

Mein Herz hämmerte wie verrückt. Das Gefühl des Triumphs war überwältigend und ich konnte mir gar nicht vorstellen, was gerade in meiner Mutter vorgehen musste, die so lange und so hart um diesen siegreichen Einzug gekämpft hatte. Das Volk dankte es ihr mit Jubel und Hochrufen. Kusshände flogen, Menschen liefen ein Stück neben der Kutsche her und legten ihre Hände gegen die Scheiben der Fenster, als könnten sie ihre zurückgekehrte Herrin so berühren.

Die Wachen am Schlosstor hatten alle Hände voll zu tun, die Menge davon abzuhalten, in den Schlosshof zu stürmen.

Mutter wartete nicht, bis ein Diener ihr aus der Kutsche half. Kaum waren die Stufen heruntergeklappt, stand sie schon draußen, die Schultern gestrafft, das Kinn erhoben. Ihre Haltung war eine einzige Kampfansage. Ich konnte es kaum erwarten zu sehen, wie sie den Bischof hinauskomplimentierte. Sobald Nanni und Graf Johann an unserer Seite waren, gingen wir hinein.

Franz Wilhelm von Wartenberg erwartete uns in der Eingangshalle. Er war wesentlich dicker, als ich ihn in Erinnerung hatte. Es war mehr Grau in seinen Haaren, aber der feindselige Blick war der gleiche wie vor Jahren. Seine Kutsche stand schon im Hof bereit, er war zum Ausgehen gekleidet und es war ihm deutlich anzusehen, dass er dieses Zusammentreffen sehr gern vermieden hätte.

»Eure hochwürdigste Exzellenz«, grüßte Mutter ihn mit einem Knicks, der absolut nichts Unterwürfiges an sich hatte.

Ich folgte ihrem Beispiel, so gut ich konnte.

»Gräfin Louise Juliane von Sayn und Wittgenstein«, presste er unwillig hervor. »Es ist mir ein Rätsel, durch was für Ränkeschmiedereien Ihr Euch diesen Flecken Erde erschlichen habt, aber …«

»Ich habe mir gar nichts erschlichen«, fiel Mutter ihm ins Wort. »Diese Grafschaft gehörte die ganze Zeit über mir und meinen Töchtern und ich kann nur hoffen, dass Ihr sie nicht zugrunde gerichtet habt.«

Die feisten Wangen des Bischofs röteten sich und sein stechender Blick richtete sich auf Graf Johann, der einen halben Schritt hinter Nanni und Mutter stand, hoch aufgerichtet und mit verschränkten Armen. Einen Moment lang hatte ich den Eindruck, dass zwischen den beiden Männern Funken des Hasses flogen, dann senkte der Bischof den Kopf. Ich legte eine Hand auf den Mund, um meine Häme im Griff zu behalten. Der mächtige Handlanger des Kurfürsten war ein schlechter Verlierer. Ich glaubte, ein leises Knurren zu vernehmen, als er Mutter die Schlüssel überreichte. Dann fiel sein Blick auf mich. Er ließ ihn in aller Gemütsruhe über meinen Körper nach unten und dann wieder nach oben wandern. »Die ältere Tochter, nehme ich an.«

Ich schluckte angesichts des Kalküls in seinen hellgrauen Augen.

»Schert Euch zum Teufel«, sagte Mutter kaum hörbar und machte einen Schritt zwischen mich und den Bischof.

»Wir werden uns wiedersehen, Hungergräfin.« Damit schob er sich an uns vorbei und verließ das Schloss.

Alle Umstehenden hatten nach Luft geschnappt, auch ich.

»So eine Unverschämtheit!«, polterte Graf Johann los, doch Mutter stoppte ihn mit einer Geste.

»Ich betrachte diese Bezeichnung als Ehrentitel«, sagte sie, drehte sich mit tiefer Genugtuung im Blick langsam einmal um sich selbst und atmete tief durch, als wolle sie die Atmosphäre im Raum in sich aufsaugen. »Es ist etwas, was mich mit meinem Volk verbindet. Gemeinsam werden wir diese Grafschaft zu neuer Blüte bringen. Der Hunger soll nur noch eine dunkle Erinnerung sein. Und jetzt«, fuhr sie fort und klatschte energisch in die Hände, »bereitet alles vor! Morgen werden wir vor das Volk treten und es wissen lassen, dass bessere Zeiten anbrechen!«

Mir schnürte sich die Kehle zu, als wir durch den Bogengang in die Kirche gingen. Obwohl ich ewig nicht an die Nacht unserer

Flucht gedacht hatte, stürmten die Erinnerungen nun so heftig auf mich ein, dass es mir den Atem raubte. Es war helllichter Tag, keine betrunkene Wache lag uns im Weg und durch die Fenster des Ganges konnten wir die Menschenmenge auf dem Marktplatz sehen, die wie ein aufgeregter Bienenschwarm klang.

Dennoch fühlte ich mich bedroht und kämpfte meine Angst nur mit Mühe nieder. Wieder und wieder schoben sich die düsteren Bilder der Flucht vor mein inneres Auge und verbargen den siegreichen Glanz des Moments. Erst als wir durch den Mittelgang der Kirche schritten, anstatt den Treppen in die Gruft zu folgen, wurde es etwas besser.

Nanni fasste meine Hand, als die Leibgarde die Doppeltür der Kirche aufstieß. Im gleichen Augenblick schwoll das Raunen der Menge zu einem gewaltigen Ruf der Begeisterung an, der wie eine Welle über uns hinwegfegte. Mutter trat vor und winkte mit beiden Händen, während vor ihr Hüte und Kappen in die Luft flogen. Ich musste Nanni loslassen, denn Graf Johann drängte sie neben Mutter, während eine Hand in meinem Rücken mich sanft an deren andere Seite schob.

Ich sah mich um und blickte in das angespannte Gesicht von Korporal Quast. Er nickte mir kurz zu, dann kehrten seine aufmerksamen Augen zu der Menge zurück. Die Jubelschreie waren ohrenbetäubend, aber es war klar, dass keine Gefahr für uns bestand. Die Menschen waren außer sich vor Freude. Zaghaft hob ich die Hand zum Gruß und sah aus dem Augenwinkel, dass Nanni dasselbe tat.

Mutter hielt jetzt beide Hände ausgestreckt und allmählich ebbte der Jubel ab. Erwartungsvolle Stille senkte sich über den Marktplatz.

»Ihr lieben Bürger von Hachenburg und Umgebung«, eröffnete Mutter ihre vorbereitete Rede. »Ihr könnt Euch nicht vorstellen, welche Freude es für mich ist, endlich wieder als Eure Regentin vor Euch zu stehen.« Erneuter Jubel brandete auf und Mutter musste eine ganze Weile warten, ehe sie fortfahren konnte. »Ihr habt mir und meinen Töchtern seinerzeit Eure Liebe bewiesen, indem Ihr uns in unserer Not versorgt und uns zur Flucht verholfen habt. Das werde ich Euch niemals vergessen.«

Während des folgenden Beifalls sah ich nicht nur viele strahlende Gesichter, sondern auch einige Tränen.

»Wir haben alle gelitten unter dem Krieg, der Pest und dem Hunger. Wir haben alle geliebte Menschen verloren und ums Überleben gekämpft. Doch jetzt brechen neue Zeiten an! Der Krieg ist vorbei!«

Die Menschen brüllten. Sie brüllten wie geschundene, gefangene Tiere, die sich mit letzter Kraft aus ihren Fesseln reißen und die Freiheit begrüßen. Ich trat unwillkürlich einen Schritt rückwärts ob des gewaltigen Lärms, der mir jetzt entgegenschlug, und spürte wieder die Hand an meinem Rücken, stützend, schützend.

Mutter wich nicht zurück, im Gegenteil, sie richtete sich noch mehr auf und trat ganz an den Rand der obersten Stufe. »Ich werde alles, *alles* dafür tun, dass jeder von Euch …« Ihr brach die Stimme. Obwohl ich ihr Gesicht nicht sehen konnte, wusste ich, dass ihr die Tränen über die Wangen liefen. »… jeder von Euch ein gutes Leben führen kann. Gemeinsam lassen wir unsere Grafschaft in neuem Glanz erstrahlen! Gott segne Euch!«

Sie hatte noch mehr sagen wollen, doch das war nicht möglich. Die Menschen jubelten und lachten, lagen sich weinend in den Armen, hüpften und tanzten außer Rand und Band. Wie zuvor abgesprochen kamen jetzt Burschen mit großen Körben in die Menge gelaufen und verteilten Brot an die Bevölkerung. Irgendwo fing Musik an zu spielen und der Bürgermeister verlas die offizielle Verkündigung, dass Gräfin Louise Juliane die Regierungsgeschäfte wieder aufnahm. Niemand hörte ihm zu. Die Leibgarde hatte einen Ring um uns gebildet, um die Menschen zurückzuhalten.

»Zieht Euch zurück, Gräfin!«, hörte ich Graf Johann meiner Mutter zurufen. Sie sah ihn kurz an, zögerte, wandte sich dann aber doch um und kam in die Kirche zurück. Ich folgte ihr nur zu gern, denn ich war mir nicht sicher, wie lange die Leibgarde dem Ansturm der Menge noch standhalten würde.

Die Kirchentüren wurden hinter uns geschlossen und verriegelt. Erst dann nahm ich den Pfarrer wahr, der die ganze Zeit über anwesend gewesen sein musste. Es war derselbe Mann, der damals unsere Flucht eingefädelt hatte. Älter und wesentlich dünner war er, aber er strahlte.

»So wendet sich alles zum Guten«, sagte er und drückte meiner Mutter beide Hände.

»Gewährt Ihr uns noch einen Moment zum Gebet?«, fragte Mutter, was der Pfarrer mit einer einladenden Geste zum Altar beantwortete. Sie setzte sich nicht auf eine der Bänke, sondern kniete sich vor das Kreuz, den Kopf ehrfürchtig gesenkt.

Es ist ein Wunder, schoss es mir durch den Kopf und ich ging neben ihr auf die Knie. In meinen kühnsten Träumen hatte ich nicht mit einer solch überschwänglichen Reaktion des Volkes gerechnet. Die vielfältigen Emotionen, die ich in den Gesichtern gelesen hatte, brachten mich aus der Fassung, denn sie zeigten mir, wie groß unsere Aufgabe war, die Verantwortung, die wir trugen. Diese einfachen Menschen vertrauten darauf, dass wir sie beschützten, ihnen halfen, sie versorgten. Sie waren wie Schafe, in deren Herde ein Rudel Wölfe gewütet hatte, und jetzt waren sie verängstigt und hilflos. Sie brauchten uns.

Nanni kniete sich neben mich. Ihr blasses Gesicht erinnerte mich an die schreckliche Hungerzeit, als ich mir nichts sehnlicher gewünscht hatte, als ihr etwas zu essen zu geben, damit sie wieder fröhlich war. Das Gefühl von damals hallte in meinem Innersten wider und wurde von dem Jubel der Menschen draußen verstärkt. Mutter hatte bewusst dieses Zeichen mit dem Brot gesetzt und ich verstand sie so gut. Es war ihr Dank an die Menschen, die ihr die Treue gehalten hatten, trotz aller Not, trotz eigenem Leid. Gleichzeitig war es ein Versprechen. Ein Versprechen, das ich würde erfüllen müssen. *Gott, steh mir bei.* Ohne die Hilfe des obersten Hirten würde ich versagen.

Wir waren alle still und nachdenklich an diesem Tag. Mutter stieg in regelmäßigen Abständen auf den Wehrturm, um sich dem Volk zu zeigen, das sie jedes Mal mit frenetischem Jubel begrüßte. Ich begleitete sie nur einmal, Nanni ein anderes Mal. Uns beiden war diese ganze Situation unheimlich. Unsere Feier mit den Bürgern von Friedewald war ganz anders gewesen, familiärer, vertrauter. Kleiner. Diese Menschen hier hatten uns zwölf Jahre lang nicht gesehen. Sie jubelten nicht uns zu, sondern der Hoffnung, die wir verkörperten. Vor uns lag eine gewaltige Aufgabe und heute würden wir noch Kraft schöpfen. Ab morgen begann die Arbeit.

Unmittelbar nach dem Frühstück fanden sich der Bürgermeister, der Rentmeister sowie die Stadtschöffen ein, um mit Mutter, Graf Johann, Nanni und mir über die Lage in Hachenburg zu sprechen. Korporal Quast war ebenfalls anwesend, obwohl er zum Umfallen müde wirkte. Er hatte den ganzen Tag und die halbe Nacht mit der Leibgarde dafür Sorge getragen, dass die Feierlichkeiten in der Stadt friedlich verliefen und nicht ausuferten.

Markttage, Zölle, Zustand der Stadtmauer, die Lage in den Dörfern ringsum, Lebensmittelvorräte, Zünfte, Steuern, Schulen, Gesundheitszustand der Bevölkerung – die Liste der Themen war endlos. Es dauerte Stunden, bis wir einen einigermaßen klaren Überblick hatten, was der Bischof uns hinterlassen hatte. Es war desaströs. Während der Bischof es sich mit seinen Soldaten hatte gut gehen lassen, hatten die Menschen am Hungertuch genagt. Handwerker waren ebenso knapp wie Baumaterial und die Bauern hatten kaum Saatgut gehabt, was bedeutete, dass auch dieses Jahr mit Hunger zu rechnen war.

In mühevoller Kleinarbeit heckten wir Pläne aus, wie und wo wir an Nahrungsmittel kommen konnten und wie wir diese finanzieren würden. Während Graf Johann sich eifrig einbrachte, saß Nanni nur mit großen Augen daneben und wirkte völlig überwältigt. Als wir abends erschöpft und mit schmerzenden Köpfen vor dem Kaminfeuer saßen, sah sie mich bewundernd an.

»Was ist?«, fragte ich und nippte dankbar an meinem warmen Würzwein.

»Mir war gar nicht bewusst, wie gut du dich mit all diesen Dingen auskennst«, sagte sie kleinlaut. »Ich komme mir so dumm vor.«

»Ach Nanni, nun sei doch nicht albern. Du weißt doch, wie Mutter mich in Friedewald eingespannt hat.«

»Schon, aber ... du könntest regieren, ich nicht. Ich weiß gar nichts.«

Ich setzte meinen Becher ab und beugte mich vor. »Ich wusste auch rein gar nichts. Man kann alles lernen, Schwesterchen.«

»Aber es ist so kompliziert!«, jammerte sie. »Man nimmt ein Ende in die Hand und dann hängt da ein ganzer Rattenschwanz an Dingen dran, die man auch alle bedenken muss.«

Ich lachte auf. »Das stimmt allerdings. Man wächst da rein mit der Zeit, du wirst schon sehen.«

»Zum Glück habe ich Johann ...«

»Mach nur nicht den Fehler, dich allein auf ihn zu verlassen. Lerne, Johannette. Lerne, was es zu lernen gibt. Du hast doch immer gern gelernt.«

Sie seufzte. »Ein paar Psalmen und französische Vokabeln lernen ist wohl etwas ganz anderes. Ich glaube, mein Kopf ist viel zu klein, als dass da so viele Einzelheiten hineinpassen.«

So allmählich wurde ich ungehalten. »Nanni«, sagte ich und tippte mit dem Zeigefinger an ihre Schläfe. »Dein Kopf ist genauso groß wie meiner und ich würde jederzeit behaupten, dass du die Klügere von uns beiden bist. Aber selbst, wenn du dumm wärst, könntest du immer noch eine gute Regentin sein, wenn du ordentliche Berater hast. Was du brauchst, ist Herz.« Ich stand auf und lief vor dem Kamin auf und ab. »Ich habe lange an Mutter und ihrem endlosen Kampf um die Grafschaft gezweifelt. Habe oft gedacht, warum lässt sie es nicht einfach? Sie hätte so viele Gelegenheiten gehabt, sich mit einer Abfindung ein bequemes Leben zu erkaufen. Was glaubst du, warum sie das nicht getan hat?« Ich blieb vor Nanni stehen und schaute sie herausfordernd an.

Sie antwortete nicht.

»Weil sie ein Herz für diese Menschen hat. Diese Menschen, die sie gestern den ganzen Tag bejubelt haben.«

»Das hat mir Angst gemacht«, gab Nanni leise zu.

»Mir auch. Aber nicht nur. Sie brauchen uns, Nanni. Nicht nur Mutter und mich, sondern auch dich. Gott hat uns die Verantwortung für diese Menschen anvertraut und wir können uns dem nicht entziehen. Es ist unser Schicksal. Dafür wurden wir in ein Grafenhaus geboren.«

»Andere Grafen sehen das nicht so.«

Ich atmete tief durch und schloss die Augen. Ich spürte mein Herz in mir schlagen und sagte aus tiefster Überzeugung: »Aber *wir* sehen das so. Und deswegen liebt uns das Volk. Auch dich. Lass sie nicht im Stich.«

Nanni schwieg. Ich konnte selbst kaum glauben, was ich da alles gesagt hatte. Wann war das geschehen? Wann war diese Überzeugung in mein Herz eingezogen? Bisher hatte ich vieles im Kopf verstanden und rational überlegt, wie man die Dinge handhaben sollte, um möglichst gute Ergebnisse zu erzielen. Ein logisches Rätsel, das in all seiner Komplexität gelöst werden wollte. Aber das war es nicht, was Mutter all die Jahre angetrieben hatte. Und das war es auch nicht, was ich jetzt in meiner Brust brennen spürte. Ich wollte mein Bestes geben, weil diese Menschen mir nicht egal waren. Ich wollte mein Bestes geben, weil ich sie liebte, und plötzlich verstand ich, dass das der Kern einer göttlichen Berufung war: Die Liebe Gottes sprang über auf ein menschliches Herz und trieb es an. Ich lächelte.

»Bete«, riet ich meiner Schwester und strich ihr über die Schulter. Dann ging ich zu Bett.

Teil 4

März 1650 – Januar 1652

Hachenburger Schlosskirche mit Bogengang

Entsetzen

Mich traf fast der Schlag, als ich das Empfangszimmer betrat und Bischof von Wartenberg vor mir stand. Mutter befand sich neben dem Kamin, ihre Miene vollkommen versteinert. Am Schreibtisch saß Advokat Henner und schrieb emsig.

»Exzellenz«, brachte ich tonlos hervor.

Wieder dieser abschätzende Blick, mit dem er mich jedes Mal zu messen schien. Ich wusste nicht genau, ob ich mich wie ein Kaninchen vor der Schlange fühlte, das damit rechnen musste, jeden Moment den tödlichen Biss zu spüren, oder doch eher wie ein Spanferkel auf dem Büfett, neben dem der Koch die Messer wetzte, um die saftigsten Stücke herauszuschneiden.

Einer seiner Mundwinkel verzog sich zu etwas, das vermutlich ein Lächeln darstellen sollte. Offensichtlich hatte er wenig Übung darin. Auch hielt er es nicht für nötig, meinen Gruß mit mehr als einem Nicken zu erwidern. Dann drehte er mir den Rücken zu. »Ich werde den Kurfürsten über die Absprachen unterrichten. Sobald die Gelder geflossen sind, steht einer Heirat nichts mehr im Weg.«

Den Rest seiner Worte nahm ich nicht mehr wahr. Mir sackte sämtliches Blut in die Füße. Wie von Ferne hörte ich Herrn Henner entsetzt »Komtess!« rufen, dann wurde mir schwarz vor Augen.

Ich kam im Nebenzimmer zu mir, umringt von besorgten Gesichtern. Marlene, eine Magd, Korporal Quast und meine neue Zofe Christina, die mir mit einem feuchten Tuch die Stirn abtupfte. Vorsichtig richtete ich mich auf.

»Es geht schon, danke«, flüsterte ich und spürte, wie ich zitterte.

Aus der Eingangshalle drangen erregte Stimmen und Korporal Quast eilte hinaus. Türen knallten, draußen entfernte sich eine Kutsche. Dann kam Mutter herein.

»Ist sie aufgewacht?«, fragte sie dermaßen herrisch, dass ich mich am liebsten sofort wieder hingelegt hätte. Allerdings hatte sie mich schon gesehen. »Alle raus. Ich muss mit meiner Tochter unter vier Augen sprechen.« Sie wartete mit verschränkten Armen und nervös tappendem Fuß, bis die Frauen den Raum verlassen hatten. »Es ist nicht, was du denkst«, sagte sie dann und lief vor mir auf und ab. »Himmel, Ernestine, was ist denn in dich gefahren? Du bist doch sonst nicht so …« Ihre Hände wirbelten durch die Luft, fanden aber kein passendes Wort.

»Der Name von Wartenberg in Kombination mit dem Wort Heirat bereitet mir nicht gerade Hochgefühle«, erwiderte ich bitter.

»Ernestine, jetzt benimm dich doch nicht wie ein dummes Kind!«, fuhr sie mich an. »Der Mann ist katholischer Bischof!«

Ihre Wut sprang auf mich über und brachte mein Blut wieder in Wallung. Ich stand auf. »Der Mann hat versucht, uns umzubringen! Was auch immer Ihr ausgehandelt habt, ich mache es nicht mit!«

»Du weißt doch gar nicht, worum es geht!«, wetterte sie zurück.

»Dann wäre es vielleicht an der Zeit, dass Ihr mich darüber aufklärt.« Ich funkelte sie bitterböse an. »Wie lange verhandelt Ihr schon mit dem Bischof? Wohlgemerkt, ohne mir auch nur ein Wort davon zu sagen?«

Mein angriffslustiger Ton zeigte Wirkung. Sie blinzelte mehrmals und schien sich dann zu besinnen. Sie wischte sich mit der Hand über die Augen und seufzte. »Setz dich«, sagte sie leise und ließ sich neben mir auf das Sofa sinken. Anscheinend wusste sie nicht so recht, wie sie mir das, was geschehen war, beibringen sollte, denn sie holte mehrmals Luft und stieß sie wieder aus, ohne etwas zu sagen.

»Mutter, ich …«

»Zunächst einmal geht es um die Schulden.« Sie sah mir in die Augen. »Wir haben noch einige Zahlungen an Kurköln zu leisten und der Kurfürst ist nicht bereit, noch länger zu warten.«

»Was hat das mit meiner Heirat zu tun?«

Sie seufzte wieder. »Eigentlich nichts. Ich habe nur die Bedingung gestellt, dass du nicht eher heiraten wirst, bis diese Zahlungen abgeleistet sind. Eine Finte, um Zeit zu gewinnen.«

»Und wen soll ich heiraten?«

»Den Neffen des Bischofs, Ferdinand Ernst von Wartenberg.«

Mir wurde wieder kalt. Ungläubig schüttelte ich den Kopf. »Das ist nicht Euer Ernst«, hauchte ich.

»Ernestine, ich …«

»Das könnt Ihr nicht tun! Ihr wollt mich diesen Tieren ausliefern? Diese Ausbeuter wollten uns verhungern lassen, um an unsere Grafschaft zu kommen, und jetzt serviert Ihr sie ihnen auf dem Silbertablett? Das mache ich nicht mit! Lieber stürze ich mich in den Tod, als dass ich in solch einen Plan einwillige!« Mir schossen die Tränen in die Augen.

»Ernestine, jetzt hör mir doch zu!«

»Nein!«, schrie ich. »Niemals!«

Kopflos rannte ich aus dem Zimmer, floh die Treppen hinauf und suchte Zuflucht in meinen Gemächern. Christina fuhr erschrocken zusammen, als ich hereingepoltert kam. Ich flog förmlich an ihr vorbei, warf mich auf mein Bett und gab dem panischen Weinkrampf nach, der mich in seinen Klauen hielt. *Ausgeliefert an den Feind,* schoss es mir durch den Kopf, wieder und wieder. Ich konnte es nicht fassen. Wie konnte Mutter sich darauf einlassen? Wie konnte sie nur?

Sämtliche Versuche Christinas, mich zu trösten, schlugen fehl. Meine Verzweiflung war vollkommen. Jetzt verstand ich die Blicke des Bischofs. Er hatte das alles geplant. Schon als er mich zum ersten Mal gesehen hatte, damals, mit zehn Jahren, hatte er mich als eine Möglichkeit, an die Grafschaft zu kommen, im Hinterkopf behalten. Und nun, vierzehn Jahre später, musste er zwar seine Niederlage eingestehen, aber ich war noch immer unverheiratet. Und Mutter lieferte mich ans Messer.

Hoffte sie etwa, von Wartenberg – egal, ob Bischof oder Neffe – würde zulassen, dass *ich* die Grafschaft in seinem Namen regierte? So blauäugig konnte sie nicht sein. *Wie konnte sie nur?* Eine neue Welle von Tränen brach aus mir heraus. Wie Hohn klangen ihre früheren Versprechen in meinen Ohren. *Ich will alles daransetzen, dass es ein guter Mann ist, der sich um sein Volk sorgt und es nicht sinnlos zu seinem Vergnügen ausbeutet, wie so viele Grafen und Fürsten es heutzutage tun. Ein gottesfürchtiger Mann, der seine Verantwortung für die ihm anvertrauten Untertanen ernst nimmt.* Auf keinen Mann mit dem Namen von Wartenberg konnte dies zutreffen.

Christina gab ihre Versuche irgendwann auf und verließ das Zimmer. Verübeln konnte ich es ihr nicht und wollte sie auch gar nicht um mich haben. Wir hatten uns noch nicht aneinander gewöhnt und nach meinen Erfahrungen mit Catharina traute ich ihr nicht. Lieber heulte ich allein in meine Kissen. Wenn Nanni doch nur hier wäre!

Nach geraumer Zeit klopfte es, aber niemand trat ein. Es war also kein Diener, der vor der Tür stand, und auch nicht Mutter. Ich setzte mich auf. Es klopfte wieder. Noch immer antwortete ich nicht, sondern ging zur Waschschüssel und schöpfte mir mit den Händen Wasser ins Gesicht. Erst als ich mich abgetrocknet hatte, ging ich zur Tür und öffnete. Korporal Quast stand draußen. Er sah mir nicht ins Gesicht.

»Eure Anwesenheit wird im Empfangszimmer gewünscht, Komtess«, sagte er ruhig, aber bestimmt.

»Von wem?«

»Advokat Henner.«

Ich stutzte. Bisher hatte ich noch nie allein mit dem Anwalt konferiert.

»Eure Mutter hält es ob der emotionsgeladenen Situation für besser, dass er Euch mit den Fakten vertraut macht.« Nun begegnete er meinem Blick und schaffte es irgendwie, mir zu signalisieren, dass ich nichts zu befürchten hatte.

Da hatte Mutter mal wieder einen Trumpf ausgespielt. Sie wusste, dass ich diesem Mann bedingungslos vertraute. Er war der Einzige, dessen Aufforderung ich im Augenblick Folge zu leisten bereit war. Ich presste die Lippen aufeinander und nickte, trat jedoch zurück in mein Zimmer.

»Ich brauche noch einen Moment«, erklärte ich und schloss die Tür.

Seine Schritte entfernten sich nicht, also hatte er Anweisung, mich zu begleiten. Langsam ging ich zum Waschtisch und schaute in den Spiegel. Ich sah aus wie ein Geist, aschfahl und mit zerrupften Haaren. Strähne für Strähne löste ich meine Frisur und bürstete mir die Haare aus. Dann flocht ich einen einfachen Zopf und drehte ihn im Nacken auf, wo ich ihn feststeckte. Ich war ja doch nicht mehr als ein Bauer in diesem Spiel, der beim nächsten Zug geopfert werden würde.

Während ich der aufrechten Gestalt des Korporals durch die Flure des Schlosses folgte, fühlte ich mich, als würde ich zur Schlachtbank geführt. Mein einziger Trost war, dass nur der kleine Anwalt mich erwartete. Mutter hätte ich im Moment nicht gegenüberstehen können, ohne ihr die Augen auskratzen zu wollen.

Korporal Quast öffnete mir die Tür.

»Ich danke Euch«, flüsterte ich, als ich an ihm vorbeiging.

Er nickte mir zu. Hinter mir trat ein Diener ein und schloss leise die Tür.

Herr Henner begrüßte mich mit tiefer Verbeugung und besorgtem Blick. »Ich hoffe, der Komtess ist nicht mehr unwohl?«, fragte er, nahm meine Hand und führte mich zum nächsten Stuhl, als könnte ich jeden Moment wieder ohnmächtig werden.

»Es geht mir gut«, versicherte ich ihm und hoffte, dass es stimmte. Er zog einen zweiten Stuhl heran und setzte sich zu mir. Ohne einen Schreibtisch mit Papieren vor sich wirkte er etwas verloren.

»Es ist mir zutiefst unangenehm, dass die Komtess durch die Begegnung mit dem Bischof solche …« Er machte eine hilflose Geste. »Ich darf ihr versichern, dass ihre werte Frau Mutter keine Verbindung mit dem Hause von Wartenberg anstrebt. Es ist vielmehr so, dass der Bischof auf diese Verbindung drängt, aus Gründen, die die Komtess sich sicherlich denken kann.«

»Er will die Grafschaft«, sagte ich kalt.

Wenn Mutter diese Verbindung nicht wünschte, hatte sie eine merkwürdige Art, mir das mitzuteilen.

Herr Henner neigte anerkennend den Kopf. »In der Tat. Unser Dilemma ist, dass wir derzeit keinen triftigen Grund anführen können, der dieser Heirat entgegensteht. Daher spielen wir auf Zeit.«

»Ich will diesen Mann nicht heiraten!«, brauste ich auf. »Ist das kein triftiger Grund?«

Der Anwalt atmete tief durch und sah mich mitleidig an. »Juristisch gesehen – nein«, sagte er dann vollkommen sachlich. »Die Mächtigen dieser Welt scheren sich selten um die Meinung einer Frau und ich darf anmerken, dass das Ego des Bischofs durch den Willen der werten Frau Gräfin bereits massiv Schaden erlitten hat.« Er lächelte alles andere als bescheiden. Mir war vollkommen klar, dass er auf seinen Beitrag zum Erfolg gegen den Bischof ungemein stolz war. »Im Prinzip stehen der Komtess nur zwei Auswege offen: Sie stirbt oder sie heiratet jemand anderen.«

Ich schloss kurz die Augen. »Gibt es jemand anderen?«, fragte ich dann.

»Zurzeit nicht, bedauerlicherweise. Wir sind fieberhaft auf der Suche …«

»Dann bleibt mir wohl nur der Tod«, stellte ich in dem gleichen sachlichen Ton fest, den er eben verwendet hatte.

»Davon möchte ich der Komtess dringend abraten«, erwiderte er ernsthaft. »Das ist überhaupt nicht gut für die Gesundheit.«

»Wie bitte?«, fragte ich verdutzt und musste dann unwillkürlich lachen.

Er lächelte verschmitzt zurück.

»Herr Henner, ich fürchte eine Heirat mit diesem von Wartenberg wäre auch nicht gut für meine Gesundheit. Bitte sorgt dafür, dass es nicht dazu kommt.«

»Ich tue mein Bestes«, versprach er.

Mutter und ich sprachen in den nächsten Tagen nur das Nötigste miteinander. Ich versuchte, mich mit den vielfältigen Aufgaben abzulenken, die mit unserer Residenz in Hachenburg einhergingen, doch das Gefühl der Machtlosigkeit konnte ich nicht abschütteln, egal wie viele Entscheidungen ich auch traf. Meine Füße trugen mich immer wieder in die obersten Etagen des Schlosses, wo ich in die Tiefe schaute und mich fragte, ob ich sicher tot wäre, wenn ich mich hier hinabstürzen würde. Meine Fantasie gaukelte mir ein absolutes Hochgefühl vor, eine vollkommene Freiheit im Fall, losgelöst von allen Zwängen und Erwartungen, die auf mir lasteten. Gleichzeitig wusste ich, dass dieser Ausweg feige wäre und mich im nächsten Schritt unweigerlich durch die Tore der Hölle katapultieren würde. Gott hatte mir mein Leben nicht geschenkt, um es wegzuwerfen. Wann immer ich dem Todeswunsch den Rücken kehrte, ging ich auf die Knie und flehte Gott um eine Lösung an. Doch es wollte sich keine zeigen.

Herr Henner und Mutter taten ihr Möglichstes, um den Bischof hinzuhalten, aber obwohl die letzte Zahlung noch nicht geflossen war, bestand er auf einem Treffen zwischen mir und seinem Neffen. Ich weigerte mich, nach Osnabrück zu reisen, was eine weitere Verzögerung zur Folge hatte. Erschöpfte Boten mit Eilnachrichten waren ein beinahe täglicher Anblick in unserem Schlosshof und schließlich stand ein Termin unausweichlich fest: Bischof von Wartenberg würde mit seinem Neffen am 25. März anreisen. Er erwartete, die Braut auf der Rückreise heimzuführen.

Umfangreiche Eheverträge waren ausgearbeitet worden, die jedes noch so kleine Detail berücksichtigten, auch im Hinblick auf die Aufteilung der Grafschaft zwischen Nanni und mir. Noch war diese Teilung nicht vollzogen, denn Kurtrier hatte sich bisher dagegen gewehrt, die annektierten Landesteile freizugeben, was Kurköln ein Dorn im Auge war. Auch Graf Christian saß noch immer in Altenkirchen und dachte gar nicht daran, das Amt zu räumen.

Ich überließ es Mutter, diesen Kampf weiterzuführen. Je näher die Anreise der von Wartenbergs rückte, desto teilnahmsloser wurde ich. Ich spürte das mit Entsetzen gepaarte Mitleid der Dienerschaft, hörte ihre geflüsterten Spekulationen, die augenblicklich verstummten, sobald ich in Sichtweite kam. Wie gern wäre ich ihnen ein leuchtendes Beispiel an Zuversicht und Hoffnung gewesen, doch das gelang mir nicht. Ich fühlte mich verdammt und die Tatsache, dass Mutter mir nicht mehr in die Augen sehen konnte, machte es nicht besser.

Auch sie suchte verzweifelt nach einer Lösung, so viel hatte ich mitbekommen. Herr Henner hatte mir das ebenfalls mehrfach versichert. Sie fand nur keine. Entweder den Grafen war die Gesamtlage unserer Grafschaft zu unsicher oder sie wollten sich nicht mit dem mächtigen Bischof anlegen. Was auch immer die Gründe waren, ein Retter war nicht in Sicht. Ich saß stundenlang da und starrte ins Feuer oder aus dem Fenster, betrachtete die lodernden Flammen oder fliehenden Wolken und wünschte mich weit weg in ein magisches Land, in dem es weder Kriege noch Grafen noch Machtgeplänkel gab und keine Heirat erzwungen wurde.

Einen Tag vor dem gefürchteten Datum klopfte ein Diener an meine Tür und kündigte mir einen Besucher an.

»Kann die Gräfin sich nicht darum kümmern?«, fragte ich träge.

»Die Gräfin ist außer Haus. Darf ich die Komtess bemühen, den weit gereisten Gast zu empfangen?«

Weit gereist? Ich zuckte zusammen und sprang auf. War der Bischof etwa einen Tag zu früh eingetroffen? »Ich komme!«, rief ich und warf hastig einen Blick in den Spiegel. Zum Glück hatte Christina heute darauf bestanden, dass ich mich wusch und ordentlich anzog, was ich die letzten Tage vernachlässigt hatte. Sie hatte mir auch die Haare hübsch frisiert, sodass ich mich sehen lassen konnte. Mein Magen hatte sich zwar in einen eiskalten Klumpen verwandelt, aber ich folgte dem Diener trotzdem hinunter ins Empfangszimmer. Er war ein ganz junger Bursche und noch neu bei uns. Anders konnte ich es mir nicht erklären, dass er mir wortlos die Tür öffnete und mich dann mit dem Besucher allein ließ. Er hatte mich weder angekündigt noch hatte er mir den Namen des Gasts mitgeteilt.

Es war ein Mann, der dort am Fenster stand und sich bei meinem Eintreten umdrehte. Einen Moment lang starrte er mich unverwandt an, dann verbeugte er sich tief. »Gräfin Ernestine, was für eine unglaubliche Freude, Euch wiederzusehen.«

Seine Stimme war angenehm warm, mir aber überhaupt nicht vertraut. Ich kannte diesen Mann nicht. Er war jung, schlank und hochgewachsen, mit dunklen, schulterlangen Haaren und feinen Gesichtszügen. Gut gekleidet und eine durchaus attraktive Erscheinung, wie ich fand, während ich nach wie vor rätselte, wer er war.

»Ihr erkennt mich nicht«, stellte er fest und klang dabei regelrecht schüchtern.

»Nein«, sagte ich und räusperte mich. »Leider hat mein unmöglicher Diener mir auch Euren Namen verschwiegen«, fügte ich etwas pikiert hinzu.

Ein verlegenes Lächeln erschien auf seinem Gesicht. »Ihr müsst ihm verzeihen«, sagte er leise. »Ich bat ihn darum.«

»Warum denn das?« Das war ja unerhört!

Er senkte kurz den Blick und sah mir dann wieder in die Augen. Eine Erinnerung, die ich nicht recht greifen konnte, rührte sich. Diese braunen Augen hatte ich schon mal gesehen. Aber wo?

»Ich fürchtete, Ihr würdet mich abweisen.«

Ich schüttelte verwirrt den Kopf. »Wer seid Ihr und was wollt Ihr?« Anscheinend handelte es sich bei diesem Herrn nicht um Ferdinand von Wartenberg.

Er richtete sich auf, schob die Schultern zurück und sagte mit wesentlich festerer Stimme: »Ich bin Graf Salentin Ernst von Manderscheid-Blankenheim.«

Eine erwartungsvolle Stille folgte. Der Name sagte mir irgendetwas, aber ich konnte ihn noch immer nicht einordnen. »Wo, sagtet Ihr, sind wir uns begegnet?«

»Das sagte ich bisher nicht, aber es war in Regensburg.«

»In Regensb…« Ich riss die Augen weit auf. Meine Hand hob sich unwillkürlich auf Schulterhöhe und ich sah, wie er die Lippen zusammenkniff.

»Ja, ich war der altkluge kleine Bengel, über den Ihr Euch so köstlich amüsiert habt«, sagte er dann.

Ich schluckte. Eine unangenehme Hitze stieg mir in die Wangen. Sollte ich mich jetzt für mein Verhalten von damals entschuldigen? Das würde die Sache nur noch peinlicher machen. Ich ging an ihm vorbei zum Kamin und schaute für einen Augenblick in die Flammen, um uns beiden Zeit zu geben, uns zu sammeln. »Und was kann ich für Euch tun, Graf Salentin?«, fragte ich dann gefasst und wandte mich wieder zu ihm um. Zu meiner Überraschung sah ich, dass auch seine Wangen merklich gerötet waren.

»Ursprünglich wollte ich mit Eurer werten Frau Mutter sprechen«, sagte er und klang dabei selbstsicherer, als ich angesichts seiner Gesichtsfarbe erwartet hätte. »Es ist wohl eher unschicklich, wenn ich mit meinem Anliegen direkt an Euch herantrete.«

»Hat meine Mutter Euch auf den Plan gerufen?«, fragte ich unumwunden. Wie sonst wäre seine Anwesenheit hier zu erklären?

»Auf den Plan gerufen?«, entgegnete er irritiert. »Nein, ich … wollte ihr schreiben«, fügte er dann hinzu. »Es … Ihr …« Er verstummte.

Wir schauten uns eine Weile ratlos an, bis mir der Gedanke in den Kopf schoss, dass dieser Mann möglicherweise die Antwort auf meine Gebete war. Ich beschloss, den Stier bei den Hörnern zu packen. »Möchtet Ihr Euch setzen, Graf Salentin?« Ich deutete auf einen Stuhl vor dem Feuer.

»Gern, danke.«

Ich setzte mich ebenfalls und holte tief Luft. »Was ich Euch jetzt sage, entbehrt sicherlich jeglicher Etikette, doch meine verzweifelte Situation rechtfertigt es, denke ich.«

»Eure verzweifelte Situation?«, fragte er erschrocken. »Ich dachte, Ihr wärt jetzt, wo Eure Mutter die Grafschaft zurückerkämpft hat, in einer glücklichen Lage.«

»Morgen wird der Bischof von Wartenberg mit seinem Neffen hier erscheinen, dessen Vermählung mit mir er einfordert.«

Graf Salentin wirkte, als hätte ich ihn geohrfeigt. »Dann komme ich wohl etwas spät mit meinem Anliegen«, murmelte er vor sich hin und schaute betreten zu Boden.

»Im Gegenteil, Ihr kommt gerade noch rechtzeitig, um zu verhindern, dass ich diesen Aasgeiern ausgeliefert werde!«, rief ich.

Er machte den Mund auf, klappte ihn aber direkt wieder zu.

»Bischof von Wartenberg hat uns vor Jahren hier in diesem Schloss von der Außenwelt abgeriegelt und wollte uns verhungern lassen. Nur mithilfe der Bevölkerung ist uns die Flucht gelungen. Er hat jahrelang wie ein Schmarotzer unsere Grafschaft und unser Volk ausgesaugt und jetzt will er sich alles endgültig unter den Nagel reißen. Sein Neffe ist vermutlich genauso eine Schachfigur in seinem Ränkespiel wie ich. Solange es niemanden sonst gibt, der an einer Heirat mit mir Interesse hätte, haben wir keine Wahl.« Ich sah ihm eindringlich in die Augen. »Also sagt mir, Graf Salentin, habt Ihr Interesse an mir? Seid Ihr deswegen hier?«

Sein Adamsapfel bewegte sich mehrmals, ehe er nickte. »Ich habe Euch nie vergessen«, flüsterte er.

Diese Worte warfen mich völlig aus der Bahn. Er war nicht

hier, weil er sich Hoffnungen auf ein reiches Stück Land machte oder auf einflussreiche politische Verbindungen? Er war tatsächlich meinetwegen hergekommen? Ich wusste nicht, was ich sagen sollte. In meinem Kopf kollidierten die Erinnerungen an seine tölpelhaften Annäherungsversuche mit meiner verzweifelten Suche nach einem Ausweg und brachten nur Chaos hervor.

Er griff in seine Jackentasche und holte ein Schreiben hervor. Die Unterarme auf die Knie gestützt, balancierte er es auf den Fingerspitzen. »Erst wollte ich diesen Brief an Eure Mutter senden, doch dann dachte ich mir, es wäre besser, wenn ich ihn persönlich überbringe, um meine Situation zu erklären.«

»Eure Situation?«

Er nickte. »Eure Mutter hatte sich in Regensburg eingehend mit meinem Vater unterhalten. Sie hat ihn als eine kluge und weitsichtige Frau beeindruckt und er hat mir signalisiert, dass er später einmal eine Heirat mit einer ihrer Töchter für mich anstreben wollte. Allerdings starb mein Vater, als ich vierzehn war. Seither hatte ich mehr als genug damit zu tun, unsere Grafschaft vor dem Ruin zu bewahren.«

»Ihr habt mit vierzehn die Regierungsgeschäfte übernommen?«, fragte ich verblüfft.

Ein trauriges Lächeln huschte über sein Gesicht. »Mir blieb nichts anderes übrig.« Er richtete sich auf. »Ich bin erst jetzt in der Lage, überhaupt über eine Heirat nachzudenken. Ich hatte nicht damit gerechnet, dass Ihr noch …« Wieder verstummte er und schaute mir so sehnsüchtig in die Augen, dass mir ganz warm wurde. Ein leises Lachen entschlüpfte mir und ich legte schnell die Hand auf den Mund und schaute weg. Ich wurde verlegen und erhob mich, was auch ihn sofort auf die Füße brachte.

»Meine Mutter hatte zu viel mit dem Rechtsstreit zu tun, sodass sie mir viel Verantwortung übertragen hat. Sie konnte mich nicht entbehren«, erklärte ich mit dem Rücken zu ihm.

»Welch ein Glück.«

»Wenn Ihr es so betrachten wollt«, sagte ich und sah über die Schulter zu ihm.

»Ich habe im *Gasthaus zur Krone* Unterkunft gefunden«, sagte er, trat dichter an mich heran und hielt mir den Umschlag entgegen. »Wenn Ihr das Schreiben Eurer Mutter überreichen wollt, werde ich Euch gern morgen gegen den Bischof von Wartenberg zur Seite stehen und verhindern, dass er Euch entführt.«

Mir stiegen Tränen in die Augen. Hastig griff ich nach dem Brief und eilte zur Tür, bevor er sie sehen konnte. »Wir werden nach Euch schicken«, versicherte ich und ging. Draußen wies ich den Diener an, Graf Salentin hinauszubegleiten.

Voller Ungeduld wartete ich auf Mutters Rückkehr. Ich konnte den Brief nicht aus der Hand legen und war hundert Mal versucht, das Siegel aufzubrechen, aber nein. Das durfte ich nicht tun. Ich konnte meine einzige Chance auf Rettung nicht mit einer solchen Albernheit gefährden. Wo steckte sie nur?

»Ihr seid ja so aufgeregt.« Marlene betrat das Empfangszimmer. »Ist etwas vorgefallen? Ich habe Euch überall gesucht.«

»Ich warte auf Mutter. Ach, Marlene, es gibt Hoffnung!«

»Hoffnung?« Die alte Frau setzte sich auf den Stuhl, auf dem zuvor Graf Salentin gesessen hatte.

»Hoffnung, dass wir dem Bischof doch noch ein Schnippchen schlagen können«, erwiderte ich und lachte. *Oh Gott, hoffentlich!* Ich drückte den Brief an die Brust, nahm ihn aber sofort wieder weg und strich ihn glatt.

»Ach Kind, es will mir nicht in den Kopf, warum Ihr Euch so gegen diese Heirat sperrt. Er ist doch ein einflussreicher Mann, dieser von Wartenberg. Ihr werdet dort sicher gut versorgt sein.«

»Marlene! Hast du schon vergessen, was der Bischof uns angetan hat?«, fragte ich entsetzt.

»Vielleicht möchte er es wiedergutmachen«, sagte sie mit einem Schulterzucken.

Erst wollte ich ihr gehörig die Meinung geigen, doch letztendlich schüttelte ich nur den Kopf. Marlene war eine einfache, alte Frau. Was verstand sie schon von den Machenschaften der Grafen? Ich hatte oft genug gehört, wie sie vor sich hin gegrummelt hatte, dass diese ganzen Rechtsstreitigkeiten für die Katz waren und die Gräfin besser wieder heiraten sollte. Auch mich hatte sie immer wieder gefragt, warum ich mir nicht schon in Regensburg einen feinen Grafen geangelt hatte. Das mochte ja ihre Vorstellung vom Besten sein, was einer adligen Frau passieren konnte, doch für mich sah die Welt anders aus. Meine Mutter hatte mir gezeigt, dass es viel mehr zu erreichen und zu bewirken gab, und ich wollte mich nicht mit weniger zufriedengeben. Und schon gar nicht wollte ich mich übervorteilen lassen. Niemals.

Endlich sah ich die Kutsche in den Hof rollen und lief Mutter entgegen. Sobald sie mich sah, wusste sie, dass etwas geschehen war. Ich hielt wortlos den Brief hoch, dann drehte ich mich um und eilte ins Empfangszimmer zurück. Sie folgte mir auf dem Fuße.

»Was hast du da?«, fragte sie, als sich die Tür hinter ihr geschlossen hatte.

»Dieser Brief wurde vom Absender persönlich abgeliefert. Er verweilt in der *Krone* und erwartet unsere Nachricht.«

Mutter zog erstaunt die Augenbrauen hoch, nahm mir das Schreiben ab und brach das Siegel auf. Mehrere Seiten waren mit einer feinen, ordentlichen, aber sehr kleinen Schrift bedeckt. Mutter musste mehrfach die Blätter nahe vors Gesicht halten, um die Nachricht entziffern zu können. Je weiter sie las, desto mehr hellte sich ihre Miene auf.

»Graf Salentin, das ist der Sohn, nicht wahr? Mit dem Vater hatte ich mich doch in Regensburg intensiv unterhalten, ein vernünftiger Mann.«

»Er ist wohl schon vor Jahren verstorben«, sagte ich.

»Ach, wie tragisch. Und der Junge ist hier? In Hachenburg?«

Ich nickte.

»Du hast mit ihm gesprochen?« Mutter warf mir einen merkwürdigen Blick zu. »Was hat das zu bedeuten?«, fragte sie dann misstrauisch.

»Wie meint Ihr das denn jetzt?«, entgegnete ich. »Er hat hier unangemeldet vorgesprochen. Eigentlich wollte er Euch sehen, aber Ihr wart nicht da. Der Diener hat mich gerufen, um den Gast zu empfangen. Sollte ich ihn hinauswerfen?«

»Wie alt ist er?«

»Das habe ich ihn nicht gefragt. Er ist erwachsen, Mutter. Was steht in dem Brief?«

»Er bekundet Interesse an der Heirat mit einer meiner Töchter, sofern eine verfügbar sein sollte.«

»Egal welche?«

»Ja.«

Hatte ich vorhin zu viel in seine Worte hineininterpretiert? Vielleicht ging es ihm doch nicht um mich, sondern er befolgte nur den Rat seines verstorbenen Vaters. Aber dieser Blick … »Reicht das aus, um den Bischof abzuwehren?«, fragte ich. Meine Finger krallten sich ineinander. »Er ist hier. Er hat seine Bereitschaft bekundet, dem Treffen morgen beizuwohnen.«

»Ich werde mit ihm sprechen.« Sie ging zur Tür und gab einem Diener Anweisungen. »Er scheint ja einen guten Eindruck auf dich gemacht zu haben«, bemerkte sie, als sie zu mir zurückkam. Sie sah mich prüfend von oben bis unten an. »Habt ihr in Regensburg miteinander gesprochen?«

Ich lachte auf und wischte mir über die Stirn. »Er war zehn! Er sah aus wie ein verkleideter Frosch und hat so dumme Dinge gesagt, dass ich mich kaum halten konnte vor Lachen. Ich … ich habe ihn furchtbar gekränkt.«

»Das scheint er vergessen zu haben«, bemerkte Mutter zynisch.

»Nein, hat er nicht.« Trotzdem wollte er um meine Hand anhalten, was eigentlich recht merkwürdig war, wenn ich es so betrachtete.

»Dann hat er wohl ein dickes Fell, was auch nicht unbedingt schlecht ist bei deinem Temperament.«

Ich zuckte zusammen und schloss die Augen. Mutter hatte das ganz sachlich festgestellt, nicht, um mich zu verletzen.

»Ich werde mich kurz frisch machen und dann mit Graf Salentin unter vier Augen sprechen. Du kannst gehen.«

»Ja, Mutter.«

Ich konnte nicht still sitzen. Unentwegt lief ich in meinem Zimmer auf und ab, trat immer wieder ans Fenster, schaute kurz, ob ich draußen jemanden entdecken konnte, und setzte meine Runden dann fort. Nach einer halben Ewigkeit wurden die Schlosstore geöffnet und ich sah einen Mann mit raumgreifenden Schritten den Weg heraufkommen. Es musste Graf Salentin sein, auch wenn ich sein Gesicht auf die Entfernung nicht erkennen konnte. Am liebsten wäre ich nach unten gerannt und hätte an der Tür gelauscht. Stattdessen lief ich weiter, hin und her, hin und her. Würde Mutter ihn bitten, zum Essen zu bleiben?

Der Bischof und sein Neffe würden für die Dauer ihres Aufenthaltes im Schloss einquartiert werden. Sollten wir Graf Salentin das nicht auch anbieten? Ich verwarf den Gedanken mit einem Kopfschütteln. Sicher war es besser, wenn die Konkurrenten nicht unter einem Dach wohnten. Wer wusste schon, wie der Bischof auf einen Rivalen seines Neffen reagieren würde? Ihm traute ich so ziemlich alles zu, sogar einen hinterlistigen Mordanschlag. Ich sollte Korporal Quast um besondere Aufmerksamkeit bitten. Ein weiteres Mal blickte ich aus dem Fenster. So ein Unsinn. Ich musste ihn nicht darum bitten. Er würde auch so wissen, wie brisant diese Situation war.

Eine Weile verlor ich mich in Träumereien, in denen Korporal

Quast wirklich mein Vater war und eine ganze Reihe von Verehrern auf Herz und Nieren prüfte, ehe er einen von ihnen akzeptierte. Würde er mich aus pragmatischen Gründen mit Graf Ferdinand verheiraten? Niemals! Korporal Quast würde mir die Wahl lassen, das war so sicher wie das Amen in der Kirche. Was hätte mein Vater entschieden? Ich lehnte den Kopf an die Scheibe und schalt mich eine dumme Gans. Hatte ich keine anderen Sorgen? Diese Warterei machte mich wahnsinnig!

Viele Runden später sah ich Graf Salentin den Weg zurückgehen. Also hatte Mutter ihn nicht zum Essen eingeladen. Ich hastete nach unten ins Empfangszimmer, wo ich sie wie erwartet antraf, allerdings war sie nicht allein. Advokat Henner war bei ihr.

»Ich habe dich nicht rufen lassen, Ernestine«, rügte sie mich.

»Das war auch nicht nötig«, erwiderte ich. »Bitte sagt mir, was Ihr besprochen habt, ich flehe Euch an!« Vielleicht war mein Händeringen etwas zu theatralisch, aber sie durfte mich jetzt auf keinen Fall wieder wegschicken.

Mutter seufzte tief und sah Herrn Henner an, der nur milde lächelte.

»Also gut. Graf Salentin hat seine Absichten deutlich gemacht. Er möchte dich heiraten, all deinen Albernheiten zum Trotz, und ist bereit, gegen den Bischof und seinen Neffen anzutreten. Er versicherte mir, dass auch er gute Beziehungen zum Kurfürsten hat …«

»Ist er etwa auch katholisch?«, fragte ich entsetzt. Darüber hatte ich noch gar nicht nachgedacht.

»Ja, er ist katholisch, aber aus einem ganz anderen Holz geschnitzt als der Bischof. Er ist ein sehr fortschrittlicher Mann, gebildet und gläubig, soweit ich das in der Kürze der Zeit feststellen konnte. Allerdings hat er auch deutlich gemacht, dass er dich vor der Heirat gern besser kennenlernen würde. Davon wird morgen jedoch nicht die Rede sein, er wird sich mit aller Kraft dafür einsetzen, dass von Wartenberg leer ausgeht. Wir werden uns den Vorwurf gefallen lassen müssen, dass wir das nicht früher kundgetan haben, aber das lässt sich nicht ändern. Die Verträge sind zwar aufgesetzt, aber nicht unterschrieben.«

»Die größte Herausforderung wird es sein, eine ordentliche und juristisch lückenlose Aufhebungsvereinbarung zu erwirken«, warf Herr Henner ein. »Die gnädigste Gräfin und meine Wenigkeit werden uns bis tief in die Nacht mit den Details befassen müssen.« Er rieb sich erwartungsvoll die Hände, was Mutter einen weiteren Seufzer entlockte.

»Kann ich helfen?«, fragte ich besorgt.

»Nein. Ja. Lass uns allein und sorge dafür, dass wir etwas zu essen bekommen. Wir haben viel zu tun.«

»Natürlich, Mutter. Danke. Vielen Dank, auch Euch, Herr Henner.« Ich wandte mich zum Gehen.

»Ernestine?«

»Ja?«

»Es wäre sicher besser, wenn du morgen bei den Verhandlungen gar nicht anwesend sein wirst.«

»Nicht?«

»Nein. Ich ...« Sie sah mich traurig an. »Ich möchte dir diese Erniedrigung ersparen«, fügte sie dann leise hinzu. »Es werden eine Menge böser Worte fallen.«

Das war ein ungewöhnliches Eingeständnis und berührte mich tief. Trotzdem straffte ich die Schultern. »Das weiß ich zu schätzen, Mutter, aber es geht um meine Zukunft. Ich will dabei sein.«

»Wie du wünschst.«

Rettung

Von Wartenbergs Faust krachte mit solcher Wucht auf den Tisch, dass das Tintenfass hochhüpfte und die Feder herausfiel. Einige Tintenklekse spritzten auf die Aufhebungsvereinbarung.

»Das ist eine bodenlose Frechheit!«, wetterte er.

Ich war zusammengezuckt, aber Mutter stand hinter dem Schreibtisch wie eine Heiligenstatue, ruhig und unnahbar.

»Ihr habt der Heirat zugestimmt und ich werde es nicht dulden, dass Ihr mich an der Nase herumführt!«

»Wenn ich die Erinnerung seiner hochwürdigsten Exzellenz etwas auffrischen dürfte …«, warf Herr Henner ein. »Die gnädigste Gräfin war bereit, über eventuelle Details eines Heiratsvertrages zu verhandeln, wobei sie allerdings nie äußerte, einer solchen Regelung zustimmen zu wollen. Es ging lediglich um das Ausloten von Möglichkeiten …«

»Schweig, Wiesel!«, knurrte der Bischof und Herr Henner klappte den Mund zu.

Ferdinand von Wartenberg stand mit verschränkten Armen neben dem Kamin und überließ seinem Onkel das Feld. Er wirkte sehr jung, jünger noch als Graf Salentin, aber das lag meiner Meinung nach allein an seiner Haltung. Vermutlich waren sie gleich alt. So schüchtern Graf Salentin mir gestern noch begegnet war, so beherrscht und selbstbewusst trat er heute auf.

»Es will mir nicht einleuchten, Eure bischöfliche Gnaden, mit welchem Recht Ihr davon ausgeht, diese Entscheidung allein treffen zu können«, sagte er betont ruhig, was den vor Wut schnaubenden Bischof der Lächerlichkeit preisgab.

»Der Kurfürst von Köln hat mir zugesichert –«

»Der Kurfürst von Köln ist nicht dafür bekannt, sich in eheliche Angelegenheiten einzumischen«, fiel Graf Salentin ihm ins Wort. »Mit wem die werte Gräfin Louise Juliane ihre Tochter verheiratet, hat allein *sie* zu entscheiden.« Er nahm die Feder und steckte sie wieder in das Tintenfass.

»Dieses ränkeschmiedende Weibsbild gehört eingesperrt! Es ist unnatürlich für eine Frau, über so viele Jahre ohne die führende Hand eines Mannes zu sein. Landgraf Georg hätte längst dafür Sorge tragen müssen, dass sie wieder heiratet …«

»Und was hätte das Eurer Meinung nach bewirken sollen?«, fragte Mutter ungerührt. »Glaubt Ihr etwa, ein Mann wäre durch Eure plumpen Drohgebärden leichter einzuschüchtern gewesen?« Sie zog spöttisch eine Augenbraue hoch.

»Plumpe Drohgebärden? Frau, Ihr wisst wohl nicht, mit wem Ihr hier sprecht!«

»Verschont mich bitte mit einer Auflistung Eurer Titel. Sie haben für mich keine Bedeutung.« Sie kehrte ihm den Rücken und stellte sich vor Graf Ferdinand, den sie abschätzig von oben bis unten betrachtete. »Könnt Ihr eigentlich sprechen?«, fragte sie dann.

Der junge Graf lief knallrot an, während Herr Henner einen plötzlichen Hustenanfall in seinem Taschentuch erstickte.

»Lass dich nicht von diesem hinterlistigen Stück vorführen, Ferdinand!«, fuhr der Bischof dazwischen.

»Das reicht.« Graf Salentin verließ seine relativ sichere Position neben dem Schreibtisch und baute sich vor dem Bischof auf, den er um einen halben Kopf überragte. »Euch muss bewusst sein, Exzellenz, dass Ihr Euch mit jeder Beleidigung, die Ihr hier ausstoßt, weiter disqualifiziert. Für einen Gottesmann und Hirten der Gläubigen lässt Euer Mundwerk einiges zu wünschen übrig. Vielleicht sollte ich dem Kurfürsten einen Bericht über Euer Benehmen schicken. Ich bin mir sicher, er würde ihn äußerst interessant finden.«

»Droht Ihr mir etwa?«, zischte der Bischof und richtete sich so hoch auf, wie er konnte.

Graf Salentin tat ihm den Gefallen, sich etwas herunterzubeugen, sodass sie fast Nase an Nase standen. »Ich konfrontiere Euch mit Euch selbst«, erwiderte er leise. Er wich kein Stück zurück, egal wie sehr der Bischof vor ihm schnaubte und nach Worten rang.

Ich presste beide Hände auf den Mund. Gleich würde der Bischof Graf Salentin an die Gurgel gehen, und was dann? Korporal Quast stand mit mehreren Mitgliedern der Leibgarde vor der Tür bereit. Wir mussten nur rufen, dann würde er eingreifen.

»Meine Herren, ich bitte um etwas mehr Sachlichkeit«, ertönte die Stimme des Advokaten.

Der Bischof fuhr herum.

»Darf ich vorschlagen, dass wir eine Pause einlegen, damit sich die Gemüter beruhigen? Ein wenig Bedenkzeit über das weitere Vorgehen ist sicherlich angebracht.«

Den Vorschlag ignorierend, trat der Bischof dicht an Mutter heran. »In was für dreckigen Löchern habt Ihr gewühlt, um diese Witzfigur auszugraben? Dieser dahergelaufene Bengel –«

»… zeigt deutlich mehr Contenance als Ihr«, unterbrach Mutter ihn. »Ihr habt Euch lange genug an meinem Eigentum bedient. Ob es Euch nun passt oder nicht, Ihr werdet meiner Grafschaft nicht habhaft werden.«

»Ihr wollt es so, ja? Ihr lehnt eine Verbindung mit einem der mächtigsten Fürstenhäuser Europas ab?«

»Mit dem größten Vergnügen«, antwortete Mutter feindselig, ging zum Schreibtisch, nahm die Aufhebungsvereinbarung und drückte sie dem Bischof gegen die Brust.

Er griff danach und zerknüllte sie in der Hand.

»Das werdet Ihr bereuen.« Mit einem Nicken schickte er seinen Neffen zur Tür. »Komm. Wir sind hier fertig.« Vor mir blieb er noch einmal stehen und sah mich hasserfüllt an. »Mit der Brut eines solchen Weibes hättest du sowieso nur Ärger.« Ein letztes Mal drehte er sich zu Mutter um. »Ihr werdet von meinen Anwälten hören.«

Dann verließen sie den Raum. Draußen hörten wir den Bischof die Diener auffordern, sein Gepäck zu holen und die Kutsche anzuspannen. Im Empfangszimmer schienen alle die Luft anzuhalten. Keiner rührte sich, bis Korporal Quast eintrat und Mutter fragend ansah. Sie nickte ihm nur zu, aber er schien genau zu wissen, was zu tun war, und eilte wieder hinaus.

Auf Graf Salentins Gesicht breitete sich ein triumphierendes Lächeln aus. »Das lief besser als erwartet«, stellte er fest. Sein Blick sprang zu mir, als würde er nach Anerkennung suchen, kehrte aber direkt zu Mutter zurück.

Sie atmete langsam aus und nickte. »Ich hatte auch mit deutlich mehr Aufruhr gerechnet.« Sie sank auf einen Stuhl.

Mir schlug das Herz noch immer bis zum Hals. Es fiel mir schwer zu glauben, dass es nicht zu Handgreiflichkeiten gekommen war.

»Darf ich äußern, dass ich die Beleidigungen des Bischofs als unzumutbar empfunden habe? Eine so tapfere und starke Persönlichkeit wie Ihr …«

Mutter brachte Graf Salentin mit einer Handbewegung zum Schweigen. »Euch hat er auch beleidigt, aber was schert es uns? Es ist das wütende Gebell eines angeketteten Hundes. Er kann uns nicht beißen, nicht wahr, Herr Henner?«

»Damit hat die gnädigste Gräfin vollkommen recht«, bestätigte der kleine Anwalt. »Wollen wir den Heiratsvertrag mit von Wartenberg als Grundlage für ein Abkommen mit dem werten Herrn Grafen Salentin verwenden?«

»Wir wollen jetzt einen Tag der Ruhe einlegen und uns darüber freuen, dass dieser Kelch an uns vorübergegangen ist, mein lieber Herr Henner«, erwiderte Mutter mit einem etwas gequälten Lächeln.

»Natürlich, wie die Gräfin wünscht. Möchte der Herr Graf vielleicht mit mir über seine Vorstellungen sprechen? Ich könnte dann für übermorgen schon einen Entwurf anfertigen …«

»Es hat noch Zeit«, wies auch Graf Salentin den Arbeitseifer des Advokaten zurück, der etwas geknickt seine Papiere ordnete und seine Schreibutensilien verstaute.

»Gut, dann … ja. Dann ziehe ich mich zurück. Natürlich stehe ich der Gräfin jederzeit zu Diensten.« Er verbeugte sich, nahm seine Sachen an sich und ging.

Draußen waren Schritte und Händeklatschen sowie gebellte Befehle zu hören. Der Bischof trieb seine Dienerschaft zur Eile an.

Vielleicht war es albern, aber ich mochte den Raum nicht verlassen, solange sich der Bischof noch im Schloss befand. Als könnte er mich in letzter Minute schnappen und doch noch in seine Kutsche werfen wie ein Plünderer seine Kriegsbeute. Auch Mutter machte keine Anstalten zu gehen, folglich blieb auch Graf Salentin. Wir lauschten alle drei auf die Geräusche und atmeten erst auf, als sich Hufgetrappel und das Knirschen der Wagenräder entfernten.

»Würdet Ihr es mir gestatten, liebe Gräfin Louise, mit Eurer Tochter ein wenig im Schlossgarten spazieren zu gehen?«, fragte Graf Salentin höflich.

Mutter nickte. Sie wirkte abgrundtief erschöpft. Hatte sie letzte Nacht überhaupt geschlafen? Ich selbst hatte kaum ein Auge zugetan vor Aufregung.

»Ich werde mich zurückziehen und etwas ruhen. Ich rufe Christina, dass sie euch begleitet«, sagte Mutter und erhob sich.

»Sie soll mir meinen Mantel mitbringen«, bat ich.

»Natürlich. Graf Salentin?«

Er reagierte mit einer leichten Verbeugung.

»Ihr habt mich beeindruckt.« Damit öffnete sie die Tür und wies einen Diener an, mit uns im Zimmer zu bleiben, bis meine Zofe eintraf.

Graf Salentin starrte ihr reglos hinterher. Ein Augenblick verstrich, dann noch einer. Er schaute zu mir, fragend.

Ich lächelte. Mich hatte er auch beeindruckt. So viel Mut und Standhaftigkeit im Angesicht eines so mächtigen Mannes hatte ich ihm nicht zugetraut. Es war die reinste Offenbarung gewesen. Sein Versprechen, uns beizustehen, hatte ich für mehr oder weniger rhetorisch gehalten. Aber dass er den Bischof rügen und letztendlich sogar niederstarren würde, damit hätte ich nie im Leben gerechnet.

Mein Lächeln schien seine unausgesprochene Frage zu beantworten. Er senkte den Blick und wandte sich dem Kamin zu, vielleicht, um sein stolzes Grinsen vor mir zu verbergen. Ich ging langsam zu einem der Stühle und setzte mich. Jetzt, wo die Anspannung aus meinen Gliedern wich, wurde mir etwas flau.

»Kennt Ihr den Kurfürsten wirklich?«, fragte ich, um das Schweigen zu brechen.

»Durchaus«, antwortete er, fügte aber weiter nichts hinzu. Offensichtlich hatte er seine kindliche Angeberei abgelegt.

»Es war also keine leere Drohung?«

»Nein. Beschwerden über das Verhalten seiner Amtsträger nimmt der Kurfürst überaus ernst, vor allem, wenn sie von vertrauenswürdiger Seite kommen. Trotzdem wage ich zu bezweifeln, dass es für den Bischof irgendwelche Konsequenzen gehabt hätte. Ich wollte ihm nur verdeutlichen, dass er sich hüten sollte, sich in seiner Machtgier der Willkürlichkeit hinzugeben.«

»Ihr habt ihm die Stirn geboten.«

Er drehte sich zu mir um und ich sah sein Schmunzeln. »Ich habe ihm einen Spiegel geboten. Soll er sich mit seiner eigenen knurrenden Fratze auseinandersetzen. Mein Knurren reicht da nicht heran.«

Ich blinzelte. Das war ein ungewöhnlicher Ansatz. Klug, effektiv und doch gleichzeitig bescheiden.

»Manchmal hilft es, nicht so zu reagieren, wie andere es von einem erwarten. Eine Taktik, die Eure Mutter ebenfalls beherrscht, wenn ich mich nicht irre.«

»Das stimmt wohl«, erwiderte ich mit einem Lachen. »Jeder hat von ihr erwartet, dass sie klein beigibt. Ganz besonders der Bischof.«

»Ihr bewundert sie.«

Es war eine Feststellung, keine Frage. Trotzdem hatte ich das Gefühl, darauf antworten zu müssen. »Ja, das tue ich. Obwohl ich zugeben muss, dass das nicht immer so war.«

Das schien ihn zu überraschen. Bevor er etwas erwidern konnte, trat Christina ein. Sie half mir in meinen Mantel und ich führte Graf Salentin hinaus in den Garten.

Es war kalt und bedeckt, ein typischer, ungemütlicher Märztag im Westerwald, doch ich war froh, mich ein paar Schritte an der frischen Luft zu bewegen. Die ersten Schneeglöckchen und Krokusse streckten bereits ihre Köpfchen aus der Erde und verkündeten das Nahen des Frühlings. Graf Salentin passte sich meinem Tempo an. Christina folgte uns mit einigen Schritten Abstand.

Der Graf schien nicht geneigt, unser Gespräch direkt fortzusetzen. Sein Blick huschte über die Schlossanlage, die Wehrmauern und Türme, die Stallungen. Alles war in gutem Zustand. Der Bischof hatte während seiner Residenz hier nichts verkommen lassen, worüber ich sehr froh war.

»Schloss Hachenburg ist ein wertvolles Anwesen«, sagte ich. »Die Stadt hat während des Krieges viele Einquartierungen hinnehmen müssen, was zwar einerseits sehr kostspielig war, andererseits wurde sie deswegen nicht angegriffen. Der Markt und die Zölle bieten ein gutes Einkommen.«

Er nickte bedächtig. »Das war mir bereits bekannt. Die Lage ist wirklich hervorragend. Allerdings sehe ich in der Stadt dringenden Reformbedarf, ebenso wie in der Umgebung. Das Land ist ausgeblutet, die Menschen sind völlig verarmt und hungern. Was gedenkt Ihr zu tun?«

»Mutter hat im letzten Jahr eine Lohnordnung erlassen, damit Handwerker und Landarbeiter ein vernünftiges Einkommen haben. Die Menschen haben teilweise für eine Schüssel Suppe gearbeitet. Es ist noch schwierig, aber allmählich kommen die Gewerke wieder in Schwung.«

»Habt Ihr über Steuererlasse nachgedacht?«

»Steuererlasse?«

»Um den Wiederaufbau zu fördern. Die Leute brauchen Handlungsspielraum, den sie nicht haben, wenn ihnen ihre geringen Gewinne direkt wieder abgenommen werden. Ich habe das an verschiedenen Stellen in meiner Grafschaft eingerichtet und sehr gute Erfahrungen damit gemacht. Natürlich nicht uneingeschränkt für alle, sonst habe ich selbst keinen Handlungsspielraum mehr.« Er sah mich an, als befürchtete er, ich könnte ihn für einen Trottel halten. »Ausgewählte Personen mit gutem geschäftlichem Geschick können auf diese Weise gefördert werden. Es zieht Kreise. Ich habe einige Wollweber angeworben, sich bei uns niederzulassen. Die Bauern können ihnen ihre Wolle verkaufen und mit den Einnahmen Saatgut für die Felder bezahlen, die Handwerker bauen Webstühle, die Bevölkerung hat Kleidung …«

»Ich verstehe schon«, sagte ich. »Ein guter Ansatz, den ich sicherlich mit Mutter besprechen werde. Bisher kämpfen wir noch darum, dass die Beschlüsse des Friedensvertrages umgesetzt werden. Mein Onkel hat Altenkirchen noch immer nicht geräumt, die Freusburg ist noch in der Hand von Kurtrier. Außerdem wird die Grafschaft zwischen mir und meiner Schwester aufgeteilt. Da ist auch noch nicht alles geregelt.«

»Es freut mich sehr, dass Ihr in diesen Dingen Bescheid wisst.«

»Ach ja?« Wir hatten den hinteren Teil des formellen Gartens erreicht und ich blieb stehen. Von hier aus konnte man den Teil der Mauer sehen, über den damals der Sack mit dem Brot geworfen worden war. Der Baum dahinter war weg.

»Ist alles in Ordnung? Ihr seid plötzlich so blass.«

Ich sah ihn an und riss mich zusammen. Das war über zehn Jahre her. Es gab absolut keinen Grund, jetzt diese Beklemmung zu fühlen oder sich an den nagenden Hunger zu erinnern, der damals unser ständiger Begleiter gewesen war. Ich wandte mich ab und steuerte wieder auf das Schloss zu. »Es ist nichts«, murmelte ich ausweichend. Ein kalter Windstoß zerrte an unserer Kleidung und brachte einige Regentropfen mit. »Wir sollten wieder hineingehen, es wird doch recht ungemütlich hier draußen.« Ohne auf seine Zustimmung zu warten, beschleunigte ich meine Schritte.

Sobald wir im Haus waren, drehte ich mich zu ihm um. »Ich fürchte, ich werde mich auch etwas ausruhen müssen. Darf ich Euch einladen, heute Abend mit uns zu speisen? Es wäre uns eine Ehre.«

»Sehr gern, Gräfin Ernestine. Ich freue mich auf das Wiedersehen.« Er verbeugte sich und wurde von einem Diener zum Ausgang begleitet.

»Bringst du mir einen heißen Tee aufs Zimmer, Christina?«, wandte ich mich an meine Zofe.

»Wie die Komtess wünscht.«

In meinem Zimmer hüllte ich mich in eine Decke und setzte mich vor den Kamin. Er hatte mich Gräfin genannt, obwohl ich offiziell noch Junggräfin war. Ein Zeichen des Respekts oder eine Unachtsamkeit? Zum ersten Mal seit seinem unerwarteten Auftauchen versuchte ich, die Frage einer Ehe mit ihm ohne die Bedrohung durch den Bischof zu betrachten, was gar nicht so leicht war. Was wusste ich schon von ihm? Ich hatte keinerlei Ahnung, woher er eigentlich kam. Weder Manderscheid noch Blankenheim sagten mir etwas. Außerdem war er katholisch, was mir an sich schon suspekt war. Während des gesamten Krieges waren die Katholiken unsere Feinde gewesen. Mutters Offenheit in dieser Hinsicht überraschte mich jedoch nicht, hatte sie doch dafür gesorgt, dass in der strikt reformierten Grafschaft Sayn auch der lutherische Glaube praktiziert werden durfte. Ihr ging es immer um die Herzenshaltung, um den Gehorsam Gott gegenüber, nicht um die äußere Form. Und in Sachen Herzenshaltung konnte ich nach der Konfrontation heute Morgen eindeutig sehen, dass Katholik nicht gleich Katholik war.

Was wusste ich noch? Graf Salentin war in Köln zur Schule gegangen, hatte also eine fundierte Bildung erhalten. Das war gut. Ich schmunzelte vor mich hin, während ich an den Jungen in

Regensburg dachte, der so verzweifelt versucht hatte, mich zu beeindrucken. Was ihm im Gegensatz zu heute nicht im positiven Sinne gelungen war.

Er war vier Jahre jünger als ich. Damals war dieser Altersunterschied eklatant gewesen. Heute hatte ich davon wenig gespürt. Graf Salentin war deutlich gereift, ein erwachsener Mann mit einem klaren Bild von sich und seiner Position in der Welt. Ein Vertrauter des Kurfürsten von Köln? Er hatte das so anklingen lassen und es war ein Aspekt, der politisch gesehen unbedingt Gewicht hatte, gerade im Hinblick auf unsere erklärte Feindschaft mit Bischof von Wartenberg.

Amüsiert stellte ich fest, wie nüchtern und sachlich ich mich mit seiner Person befasste. In diesem Moment kam Christina mit meinem Tee, den ich dankbar entgegennahm. Mir war kalt und ich merkte, wie eine bleierne Müdigkeit sich allmählich über meine Glieder legte. Die schlaflose Nacht forderte ihren Tribut.

»Christina, ich habe Graf Salentin für heute Abend zum Essen eingeladen. Gibst du bitte in der Küche Bescheid? Die nächsten paar Stunden brauche ich dich nicht, ich werde mich noch etwas hinlegen.«

»Natürlich, wie es der Komtess beliebt.« Sie verabschiedete sich mit einem Knicks.

So förmlich. So distanziert. Ich seufzte. Mit Catharina war alles so anders gewesen. Sie hatte diese kriecherische Untergebenheit nie an den Tag gelegt und hatte es mir damit ermöglicht, sie als Freundin zu betrachten. Mit Christina war das undenkbar. Die bekam ja schon hektische Flecken im Gesicht, wenn ich sie nur nach ihrer Meinung fragte. Hätte Catharina mich auch dann betrogen, wenn ich sie anfangs nicht so gedemütigt hätte? Ach, was war ich nur für ein unausstehliches, eingebildetes Huhn gewesen! Beim nächsten Gedanken verschluckte ich mich fast an meinem Tee. War ich das vielleicht immer noch? Wollte Graf Salentin mich deswegen erst einmal kennenlernen, bevor er über einem Heiratsvertrag brütete? Mutters Bemerkung über mein Temperament, für das man ein dickes Fell brauchte, um damit zurechtzukommen, beruhigte mich da nicht gerade. War das etwa der Grund, warum kein Graf in Regensburg Interesse an mir bekundet hatte?

Ich warf die Decke weg und ging zum Spiegel. Eindringlich sah ich mir in die Augen. »Wer bist du?«, fragte ich mein Spiegelbild.

Die Tochter der Hungergräfin, schoss es mir durch den Kopf. Erbin. Eine gute Partie, jetzt, wo die Grafschaft wieder uns gehörte. Dann hallten die hässlichen Worte des Bischofs durch meine Erinnerung: *Mit der Brut eines solchen Weibes hättest du sowieso nur Ärger.*

Ich presste die Lippen aufeinander und schloss die Augen. Hatte jemals jemand etwas Gutes über mich gesagt? Es war dunkel hinter meinen Augenlidern und bunte Punkte tanzten wie glühende Funken über einem Feuer. Ein Gesicht erschien im Schatten, eine raue Hand legte sich an meine Wange. *Ernestine, Ihr seid mir wie eine Tochter.*

Ich lächelte erleichtert, denn die nächste Erinnerung war das Gefühl der Freude, nachdem ich Gott meine Herzenstür geöffnet hatte. Seither betete ich oft und es hatte mich verändert.

Wieder sah ich in den Spiegel. »Ernestine Salentine von Sayn und Wittgenstein, du bist eine gute Regentin.« Und das war die Wahrheit. Auch wenn ich nicht völlig allein hatte regieren müssen wie Graf Salentin, so hatte ich doch viele Entscheidungen getroffen und Dinge vorangebracht. In Friedewald, aber auch hier in Hachenburg. Ich fürchtete mich nicht vor der Verantwortung. Und wenn kein Mann mich würde ehelichen wollen, dann würde ich eben allein regieren. Das hatte Mutter schließlich auch jahrelang getan.

Ich stellte meinen Becher ab und legte mich ins Bett. Mein Körper fühlte sich noch immer hundemüde an, aber meine Gedanken waren hellwach. Warum hatte Graf Salentin es für gut befunden, dass ich mich in Regierungsgeschäften auskannte? Wir hatten das Thema wegen meiner hereinbrechenden Erinnerungen nicht weiter verfolgt. Sollte ich ihm erzählen, was wir alles durchgemacht hatten? Die ganze erniedrigende Wahrheit? Vielleicht würde das meinen Spott in Regensburg wettmachen.

Ich habe Euch nie vergessen.

Ich wälzte mich auf die Seite und zog mir die Decke bis über die Ohren, sodass nur noch meine Nasenspitze herausschaute. Hätte er mich bei diesen Worten nicht so sehnsüchtig angeschaut, hätte man den Satz auch ganz anders verstehen können. Mir war unter diesem Blick sehr warm geworden. Danach war das allerdings nicht wieder passiert. Würde ich es unangenehm finden, wenn dieser Mann mich berührte? Schwer zu sagen. In der Hinsicht hatte ich keinerlei Erfahrung, mit Ausnahme der Tänze bei den Bällen in Regensburg. Würde ich mit Graf Salentin tanzen? Ich lachte leise, weil ich wieder an den Jungen von damals denken musste. Energisch schob ich den Gedanken beiseite.

Ja, heute würde ich ohne Bedenken mit Graf Salentin tanzen. So. Und seine Ausstrahlung heute Morgen bei der Konfrontation mit dem Bischof hatte mir auch gefallen. Er war höflich und respektvoll, sowohl Mutter als auch mir gegenüber. Sein Erscheinungsbild war adrett und ordentlich, die Kleidung von guter Qualität, aber nicht übertrieben prunkvoll. Obwohl er auf Brautschau hergekommen war, hatte er sich nicht herausgeputzt wie ein eitler Gockel. Das sagte mir auf jeden Fall zu, ebenso wie die Tatsache, dass er keine Perücke trug.

Zusammenfassend konnte ich also sagen, dass eine Menge für ihn sprach. Ich gähnte und drehte mich wieder auf den Rücken. Zum Abendessen würde ich ein anderes Kleid anziehen müssen. Ich hätte mich wirklich nicht voll bekleidet ins Bett legen sollen. Na ja, Christina war ja immer froh, wenn sie mich anziehen und frisieren konnte. Sie hatte Freude daran.

Von Mutter kam keine Kritik bezüglich meiner Einladung, zumal ich mich um alles gekümmert hatte und unser Gast vorzüglich bewirtet wurde. Das Gespräch war sehr angeregt, fand aber hauptsächlich zwischen Graf Salentin und meiner Mutter statt. Ich saß dabei, hörte zu und erfuhr so einiges über seine Grafschaft und seine Pläne. Sein Anliegen, mich besser kennenlernen zu wollen, schien er vergessen zu haben. Ich hatte eher den Eindruck, dass er meine Mutter regelrecht hofierte. Natürlich hatte sie weit mehr Erfahrung in Regierungsdingen als ich und konnte seine Ideen und Vorhaben durch hilfreiche Vorschläge ergänzen oder auch mit handfester Kritik hinterfragen, was er augenscheinlich sehr schätzte. Es ging so weit, dass er sich von einem Diener Papier und Feder bringen ließ, um sich Notizen zu machen.

Mutter hatte ihre helle Freude an seinem Interesse und begann, ihrerseits gehegte Gedanken darzulegen, um seine Meinung zu hören. Was da nicht alles auf den Tisch kam: der Bau von Schulen und Hospitälern, die Frage der freien Religionsausübung aller Konfessionen, die Einrichtung von Zünften, Förderung von Bergbau und Eisenhütten, Ansiedlung neuer Handwerke in verlassenen Dörfern, Zolleinnahmen, Handel – es nahm kein Ende.

Einerseits war es interessant zu beobachten, wie die unterschiedlichen Ansichten sich gegenseitig befruchteten und neue Erkenntnisse hervorbrachten, andererseits fühlte ich mich zunehmend ausgeschlossen und überflüssig. Bis ich die neuen Gedanken verarbeitet hatte und etwas dazu hätte äußern können, hatte sich die Diskussion schon einem anderen Thema zugewandt, was mich immer mehr ärgerte.

Schließlich erhob ich mich, denn das Essen war beendet, der Tisch längst abgeräumt und nur eine Karaffe mit Wein stand noch zur Verfügung. Graf Salentin zuckte merklich zusammen.

Ich nickte ihm höflich lächelnd zu. »Wenn es Euch nichts ausmacht, werde ich mich jetzt zurückziehen. Es ist schon spät.«

Hastig schob er seinen Stuhl zurück, stand auf und verbeugte sich. »Meine liebe … Komtess, ich …« Er warf Mutter einen betretenen Blick zu, die sich ebenfalls erhoben hatte. »Ich hoffe inständig, dass ich Euch nicht gelangweilt habe mit …« Eine hilflose Handbewegung folgte.

»Sorgt Euch nicht, Graf Salentin, es war überaus aufschlussreich«, erwiderte ich, schaffte es aber nicht ganz, meine Bitterkeit aus meinen Worten herauszuhalten.

Mutter presste die Kiefer aufeinander, rügte mich jedoch nicht. Vielleicht fiel ihr jetzt auch auf, wie einnehmend sie sich verhalten hatte.

»Darf ich so frei sein, Euch morgen vor meiner Abreise noch einmal aufzusuchen? Es wäre mir ein großes Anliegen und natürlich auch Vergnügen, sofern Ihr keine Einwände habt, werte Gräfin.«

Wie merkwürdig, dachte ich. *Jetzt ist er plötzlich wieder der unsichere Junge.*

Mutter gab, ohne zu zögern, ihre Zustimmung.

Ich wünschte beiden eine gute Nacht und ging zügig in mein Zimmer. Christina erwartete mich bereits. Sie half mir in ihrer gewohnt schweigsamen Art beim Auskleiden und ich schickte sie unmittelbar darauf hinaus. Einen Moment lang stand ich noch am Fenster und schaute über die Stadt, in deren Fenstern nur noch wenige Lichter brannten.

Was für ereignisreiche Tage lagen hinter mir. Die Sorgen und Ängste, die mich über Wochen und Monate gefangen gehalten hatten, waren mit einem Schlag von mir abgefallen und ich konnte wieder durchatmen. Nach dem Abend heute hegte ich keinen Zweifel daran, dass Mutter auf einer Heirat mit Graf Salentin bestehen würde, aber dieser Gedanke erfüllte mich nicht mit Schrecken. Auch wenn ich nicht so ganz aus ihm schlau wurde, war mir doch klar, dass Graf Salentin von Manderscheid-Blankenheim ein anständiger Kerl war und ich mich mit ihm würde arrangieren können. Seine Ansichten zur freien Religionsausübung fand ich revolutionär. Jahrzehntelang hatten Katholiken und Reformierte um die Vorherrschaft gekämpft, Fürsten hatten die Rekatholisierung ganzer Landstriche vorangetrieben und hier war nun ein Mann, der der Auffassung war, man sollte es den Menschen selbst überlassen, welcher Konfession sie sich zugehörig fühlten. Es entsprach seiner Idee eines mündigen Volkes, das seine Vorstellungen in die Gemeinschaft aller einbringen sollte und so mit eigener Motivation für einen Aufschwung sorgen würde, anstatt dem Willen der Grafen und Fürsten schutzlos ausgeliefert zu sein. Damit hatte er Mutter aus der Seele gesprochen.

Wie würde es sein, mit einem solchen Denker verheiratet zu sein? Würde er wie Mutter in seinen Plänen und seiner Korrespondenz versinken und darüber alles andere vergessen, einschließlich seiner Ehefrau? Würde ich als Gräfin an seiner Seite dazu verdammt sein, Kinder in die Welt zu setzen und mich um die Haushaltsführung zu kümmern? Oder erwartete er mehr von mir, als die Speisen zu planen und Tischdecken zu sticken?

Fröstelnd wandte ich mich vom Fenster ab, zog die Wärmepfanne unter der Bettdecke hervor und kuschelte mich selbst hinein. Ich sollte ihn bei unserem Treffen morgen danach fragen, wie er sich unsere Ehe vorstellte und was er von mir erwartete. Durfte eine Frau so etwas zu wissen fordern? Ich schmunzelte vor mich hin. Nachdem ich dem Bischof mit seinem rückgratlosen Neffen eine Abfuhr erteilt hatte, musste ich mir um meinen Ruf wohl keine Sorgen mehr machen.

Trauer

»Es ist Euch doch hoffentlich nicht zu kalt?«, fragte Graf Salentin besorgt, nachdem eine kräftige Böe einige Haarsträhnen aus meiner Frisur gezerrt hatte.

»Ganz und gar nicht«, erwiderte ich schmunzelnd, denn ich hatte auf Eitelkeit verzichtet und mir praktische, warme Kleidung angezogen. Unter meinen dicken Rockschichten fror ich mit Sicherheit weniger als er in seinen Seidenstrümpfen und Kniebundhosen.

Wie bei unserem letzten Spaziergang streiften wir durch den Schlossgarten, allerdings fehlte diesmal bemerkenswerterweise die Anstandsdame. Mutter schien es nach dem gestrigen Abend nicht für nötig zu halten, uns eine vertraute Zweisamkeit zu verwehren. Würde er das ausnutzen? Ich war nicht gewillt, ihm irgendwelche Freiheiten durchgehen zu lassen.

»Eure Mutter ist eine wirklich bemerkenswerte Frau«, sagte Graf Salentin. Seine Bewunderung war offensichtlich.

»Nun, ich fürchte, ich muss Euch enttäuschen, lieber Graf Salentin«, erwiderte ich trocken. »Ich denke nicht, dass Mutter zu einer Heirat bereit wäre.«

Sein schockiertes Gesicht war Gold wert. Er klappte den Mund auf und zu wie ein Fisch auf dem Trockenen, die Augen vor Entsetzen geweitet. Ich fing schallend an zu lachen.

Er blieb stehen, kniff die Lippen zusammen und verschränkte die Arme. »Ihr beliebt zu scherzen«, stellte er leicht säuerlich fest.

Ich ging glucksend weiter, sah mich aber nach ein paar Schritten um. Er hatte seine abweisende Haltung aufgegeben und folgte mir.

»Vermutlich muss ich mich bei Euch entschuldigen, Gräfin Ernestine«, lenkte er ein.

»Euch entschuldigen? Wofür?«

»Nun, der Austausch mit Eurer Mutter war für mich so bereichernd, dass ich fürchte, Ihr fühltet Euch vernachlässigt. Ihr wart sehr schweigsam. Dabei hätte ich Eure Meinung gern gehört.«

Ich wurde wieder ernst. »Ich will ehrlich zu Euch sein. Ihr seid so flink von einem Thema zum anderen gesprungen, dass ich kaum Gelegenheit hatte, mir eine Meinung zu bilden. Man merkte, dass Ihr Euch bereits viele Gedanken gemacht hattet. Für mich war einiges neu.«

»Es stimmt. Diese Themen bewegen mich schon lange, jedoch hatte ich nie die Gelegenheit, sie auf diese Art mit jemandem zu besprechen. Ich habe zwar Berater, aber die stimmen mir nur zu, egal wie oft ich sie auffordere, ihre eigenen Meinungen zu vertreten. Eure Mutter hat einen so reichen Erfahrungsschatz, und auch wenn unsere Ansichten sich ähneln, konnte sie mir doch manchen Fehler in meinen Schlussfolgerungen aufzeigen. Es war enorm hilfreich.«

Ich atmete tief durch. Natürlich liebte und bewunderte ich meine Mutter aus tiefstem Herzen, aber manchmal fragte ich mich, ob ich immer in ihrem Schatten stehen würde.

»Bitte grämt Euch nicht, ich … habe Euch schon wieder gekränkt, nicht wahr? Das war nicht meine Absicht. Ich …« Er verstummte.

»Es ist schon gut«, murmelte ich, was ihn jedoch nicht beruhigte.

»Ich fürchte, ich vergaß, dass ich mich bei einem festlichen Anlass befand, in Gesellschaft einer bezaubernden jungen Dame.«

Er hatte meine Anwesenheit schlicht vergessen? Das wurde ja immer schöner!

»Ich fühlte mich fast in Schulzeiten zurückversetzt. Die Disputationen mit den Lehrern haben mich schon immer gefesselt und jetzt so unverhofft ein solches Gegenüber zu finden … Ich sehe die Dinge nun so viel klarer und weiß genau, wo ich wie ansetzen muss.«

»Wie schön.«

Mir fiel erst an der nächsten Wegkreuzung auf, dass er wieder stehen geblieben war. Er schien völlig in den Anblick einer Osterglocke versunken zu sein. Nachdem ich eine Weile vergeblich auf ihn gewartet hatte, ging ich den Weg zurück. Ich hielt neben ihm an, verschränkte die Arme und zog eine Augenbraue hoch. Er sollte ruhig wissen, dass er nicht gerade dabei war, mein Herz im Sturm zu erobern.

Sein Blick, als er meinem begegnete, war teils hilflos, teils verzweifelt. »Auch ich will ehrlich mit Euch sein«, sagte er leise. »Ich weiß nicht, wie man mit Frauen umgeht. In der Schule waren nur Jungen, zu Hause war ich kaum und die paar festlichen Anlässe wie der Ball in Regensburg reichten nicht aus, um mir das nötige Wissen zu vermitteln. Ich merke wohl, dass ich alles falsch mache, aber ich weiß nicht, warum.« Er schaute zu Boden und ich hatte plötzlich das Gefühl, wieder den kleinen, unbeholfenen Jungen vor mir zu haben. Doch diesmal war mir nicht nach Lachen zumute.

»Und ich mache alles nur noch schlimmer«, stellte ich unumwunden fest. »Graf Salentin, ich fürchte, ich bin diejenige, die sich bei Euch entschuldigen sollte. Ich weiß, dass ich Euch damals verletzt habe.« Spontan griff ich nach seiner Hand.

Erst wirkte er erschrocken, doch dann umfasste er meine beiden Hände und hielt sie fest. Seine waren kühl und längst nicht so rau, wie ich erwartet hatte. Natürlich, er arbeitete auch nicht mit den Händen. Die langen schlanken Finger fühlten sich angenehm an.

»Könnt Ihr mir verzeihen?«, fragte ich sacht.

Er nickte, schien aber einen Kloß im Hals zu haben. Er sah mir nur kurz in die Augen, dann schaute er wieder auf unsere Hände. Die Berührung musste seine gesamte Aufmerksamkeit erfordern, denn es kam weiter kein Wort über seine Lippen. Sein Daumen zeichnete einen kleinen Kreis auf meinen Handrücken, was ich fasziniert beobachtete. Er tat das eine ganze Weile. Erst als ich wieder zu ihm hochblickte, wurde mir bewusst, dass ich lächelte. Und dass er nicht mehr auf unsere Hände starrte, sondern völlig verträumt mein Gesicht studierte.

Die Wärme, die im nächsten Moment meinen Puls nach oben schnellen ließ, traf mich gänzlich unvorbereitet. Ich zuckte zurück und entzog ihm meine Hände, während ein verwirrtes Lachen aus meiner Kehle schlüpfte. Oder aus seiner?

Wir gingen schweigend weiter. Keiner von uns schien passende Worte zu finden, um das Gespräch wieder aufzunehmen, bis wir an den Teil der Schlossmauer kamen, der bei unserem letzten Spaziergang die düsteren Erinnerungen zutage gefördert hatte. Diesmal erzählte ich ihm davon. Er lauschte schweigend, betreten. Ich konnte an seinem Gesicht ablesen, dass er bisher nichts darüber gehört hatte. Ich kämpfte mit den Tränen, als ich von unserer Flucht und meinem langen Schweigen berichtete, und er hörte mit der gleichen ungeteilten Aufmerksamkeit zu, die er gestern meiner Mutter gewidmet hatte. Hätte sie jetzt neben uns gestanden, hätte er *sie* ignoriert, dessen war ich mir sicher.

»Das alles habt Ihr durchgemacht, bevor wir uns begegnet sind?«, fragte er bestürzt. »Und doch wart Ihr so sorglos und unbeschwert …« Er schüttelte den Kopf. »Wie ist das möglich?«

Ich lächelte. »Ich schätze, das ist das Erbe meiner Mutter. Wir sind nicht dazu geschaffen aufzugeben.«

»Ein Grund mehr, Euch zur Frau zu nehmen.« Es war nur ein Flüstern, aber in meinem Inneren hallte es von allen Seiten wider. »Wenn Ihr mich wollt?«

Er fragte mich.

Mein Leben lang war über mich bestimmt worden, hatte ich Anforderungen erfüllen oder mich getroffenen Entscheidungen beugen müssen. Und auch wenn ich wusste, dass meine Mutter diese Ehe längst beschlossen hatte, bedeutete mir diese Frage alles. Es gab nur eine Antwort.

»Ja.«

Ich nahm Nanni in die Arme und hielt sie eng an mich gedrückt. Sie zitterte unentwegt, obwohl sie nicht weinte. Graf Johann lag in der Kirche aufgebahrt und ein nicht enden wollender Zug von Menschen schritt an seinem Sarg vorbei, um ihm die letzte Ehre zu erweisen.

Wir waren in aller Hast aufgebrochen, um noch rechtzeitig zur Beerdigung zu kommen und Nanni beizustehen. Sie wirkte wie betäubt und nahm die Beileidsbekundungen stumm und mit weit aufgerissenen Augen entgegen. Neben ihr stand Landgraf Georg mit starrem Gesicht, seinen Hut an die Brust gepresst.

Von ihm wussten wir, dass Graf Johann mehrere Schlaganfälle erlitten hatte. Nanni war nicht in der Lage gewesen, irgendetwas über den Hergang zu berichten. Sie hatte ihren Mann nach Ems zu einem Kuraufenthalt begleitet, in der Hoffnung, dass er sich erholen würde. Doch das war nicht der Fall gewesen, im Gegenteil. Der nächste Anfall hatte tödlich geendet.

Mit neunzehn Jahren Witwe. Es war wirklich unfassbar.

Dieses Ereignis warf meine eigenen Hochzeitsvorbereitungen zurück. Im Laufe des vergangenen Jahres hatte Graf Salentin mehrmals den weiten Weg aus Blankenheim auf sich genommen, um einige Tage mit mir in Hachenburg zu verbringen. Nicht nur der Ehevertrag war von Herrn Henner ausgeklügelt worden, auch die Teilung der Grafschaft hatte inzwischen deutliche Fortschritte gemacht. Eigentlich war geplant gewesen, dass die Verträge demnächst unterschrieben werden sollten, doch jetzt mussten aufgrund der neuen Situation Anpassungen vorgenommen werden. Es würde sich alles noch länger hinziehen, obwohl die Verlobung bereits bekannt gegeben war.

Ich seufzte und sah in Nannis blasses Gesicht. Meine arme kleine Schwester! Sie klammerte sich an mich wie an ein Rettungsseil. Auf der Herfahrt hatten Mutter und ich schon besprochen, dass wir sie mit nach Hause nehmen würden. Graf Georg hatte ohne Umschweife zugestimmt. Da aus der Ehe keine Kinder hervorgegangen waren und Nanni zu Hause ein Erbe anzutreten hatte, war es das Naheliegendste.

Ein wenig schämte ich mich dafür, aber gewissermaßen war ich froh, dass Graf Johann tot war und ich meine Schwester wieder bei mir haben konnte. Ich selbst würde nämlich nicht mit Graf Salentin nach Blankenheim ziehen, sondern weiterhin in Hachenburg residieren. Er würde im Wechsel in den Grafschaften sein. Nanni und ich konnten also zusammenbleiben und ich freute mich sehr, wieder voll und ganz für mein Schwesterchen da sein zu können.

Sie hielt sich wacker, solange die Zeremonien dauerten. Erst in der Privatsphäre unserer Gemächer gab sie ihrem Kummer nach und sackte erschöpft auf dem Bett zusammen. Sie wollte weder essen noch trinken und weinte auch nicht, aber ich durfte sie nicht allein lassen. Sobald ich mich von der Bettkante wegbewegen wollte, umklammerte sie meine Hand und schaute so ängstlich, dass es mir das Herz zerriss. Eine solche Furcht hatte ich das letzte Mal in ihren Augen gesehen, als wir aus Hachenburg geflohen waren. Das war nun schon fünfzehn Jahre her.

Ich strich ihr über den Kopf. »Hab keine Angst, Nanni. Wir sind bei dir und lassen dich nicht im Stich.«

»Ich weiß«, flüsterte sie.

»Vermisst du ihn so sehr?«

Sie schüttelte den Kopf und drückte ihre Wange gegen meine Hand. Ihr Blick wanderte zu den Zofen, die sich mit unserem Gepäck beschäftigten. Wir würden schon morgen wieder heimreisen. Mutter wollte die Grafschaft nicht länger als unbedingt nötig unbeaufsichtigt lassen, was ich durchaus nachvollziehen konnte. Nicht, dass es ihrem Schwager Christian in den Sinn kam, Hachenburg zu besetzen, während wir unterwegs waren. Versucht hatte er es schon einmal, war aber von Graf Georgs Truppen aufgehalten worden.

»Würdet ihr uns einen Moment allein lassen?«, bat ich die beiden Zofen, die daraufhin sofort das Zimmer verließen. Ich hatte Nannis Blick richtig gedeutet, denn sie atmete erleichtert auf.

»Es war so schrecklich«, fing sie sofort an zu erzählen. »Der erste Anfall hat die Hälfte seines Körpers gelähmt, sodass er nicht mehr sprechen konnte. Es war eine furchtbare Qual für ihn, denn auch schlucken konnte er kaum. Noch schlimmer war seine Wut.«

»Wut?«

Sie nickte und griff nach einem Taschentuch, das auf dem Nachttisch lag, für alle Fälle. Zum ersten Mal begannen die Tränen zu laufen. »Er war so wütend, weil er nicht mehr sprechen konnte. Wo er sich doch immer so gut ausdrücken konnte, so gebildet mit den Mitgliedern des Palmordens diskutiert hat, stundenlang bis tief in die Nacht! Nichts davon war mehr möglich. Es hat ihn rasend gemacht.«

Ihre Stimme brach und sie schluchzte in das Tuch. Ich streichelte ihren Rücken.

»Wochenlang gab es keine Besserung, egal was die Ärzte taten. Es war grässlich, ihn so hilflos zu sehen, diesen starken, stolzen Mann! Er hat … er hat oft um sich geschlagen, wenn ich ihm helfen wollte.«

»Er hat dich geschlagen?«, rief ich entsetzt.

»Nicht mit Absicht, aber er hat mich einige Male getroffen oder das Essen über mir ausgekippt, mit dem ich ihn füttern wollte.«

»Ihn füttern …«

»Einen Arm konnte er noch bewegen, aber er hat so gezittert, dass alles vom Löffel fiel. In kürzester Zeit ist er abgemagert. Die Diener haben sich gar nicht mehr an ihn herangetraut, nur ich …«

»Oh Nanni, du Tapfere.« Ich zog sie in meine Arme.

»Der zweite Schlag hat ihn noch weiter eingeschränkt und nach dem dritten war er kaum mehr als ein lebloser Körper mit irrsinnig rollenden Augen. Ich habe den Herrn angefleht, ihn zu erlösen. Ich hoffe, er vergibt es mir.«

»Er hat deine Gebete erhört«, stellte ich bestürzt fest. Wenn meine gutmütige kleine Schwester für den Tod ihres Mannes gebetet hatte, musste es unvorstellbar schlimm gewesen sein. »Es tut mir so leid.« Ich wiegte sie wie ein Kind hin und her und wartete, bis sie sich ausgeweint hatte.

»Ich sehe ihn immerzu vor mir, mit diesem anklagenden Blick«, schluchzte sie.

»Du konntest doch nicht mehr tun, als ihm zu helfen«, flüsterte ich.

»Er wollte keine Hilfe. Er wollte den Tod.«

»Das kannst du nicht wissen.«

Sie machte sich von mir los und sah mich verzweifelt an. »Nach dem ersten Anfall hat er es mühsam auf einen Zettel geschrieben.«

»Was?«

»Töte mich.«

Ich machte den Mund auf, klappte ihn aber unverrichteter Dinge wieder zu.

»Ich habe den Zettel verbrannt«, gestand mir Nanni. »Ich … ich hätte ihn seinem Bruder geben sollen oder … ich weiß nicht wem, aber ich konnte es nicht. Das wäre doch … Mord gewesen!«

»Oh, Nanni, meine arme kleine Nanni.« Ich drückte sie wieder an mich.

»Du hättest ihn doch auch nicht getötet, oder?« Ihre erstickte Stimme war kaum zu verstehen.

»Nein«, hauchte ich. »Nein. Es gibt nur einen Herrn über Leben und Tod.«

Ich saß an Nannis Bett, bis sie endlich vollkommen erschöpft eingeschlafen war. Meine Illusion, dass ich mir in all den Kämpfen, die Mutter und ich zu bestreiten hatten, wenigstens keine Sorgen um meine Schwester machen musste, war zerplatzt wie eine Seifenblase. Es war uns anscheinend bestimmt, die dramatischsten Leiden zu durchleben.

Mit geschlossenen Augen blieb ich noch eine Weile an ihrem Bett sitzen und betete still, dass wieder Frieden in ihr Herz einkehren möge. Als ich die Augen öffnete, hatten sich ihre Gesichtszüge entspannt und ihr eben noch stoßartiger Atem floss gleichmäßig und tief.

»Danke«, flüsterte ich und stand auf.

Im Gemeinschaftsraum unserer Herberge fand ich Mutter und Graf Georg vor dem Kamin sitzend. Zwischen ihnen stand ein Tischchen mit einer Karaffe Wein. Sobald ich eintrat, drehten sich beide zu mir um.

»Wie geht es ihr?«, fragte Mutter besorgt.

»Sie schläft.«

Graf Georg reichte mir ein Glas Wein und wies mit der Hand auf den noch freien Stuhl neben ihm.

Dankbar nahm ich Platz. »Die letzten Wochen waren eine sehr große Belastung für sie«, fuhr ich fort. »Sie war so tapfer, aber jetzt gerade ist alles aus ihr herausgebrochen. Der ganze Kummer, die Sorgen, die Ängste …« Ich seufzte.

»Aber du konntest sie trösten?« Auf mein Nicken hin lehnte Mutter sich in ihrem Sessel wieder zurück. »Das hatte ich gehofft. Ihr beide wart euch schon immer so nah.«

»Es ist gut, dass sie wieder mit Euch nach Hause kommt. Sie hat sich nie beklagt, aber die wenigen Male, die ich sie gesehen habe, war ihr anzumerken, dass sie Heimweh hatte. Ich fürchte, sie war sehr einsam, trotz des Trubels, der oft um sie herrschte.« Graf Georg warf Mutter einen entschuldigenden Blick zu.

»Das Leben fordert immer Opfer von uns«, erwiderte Mutter philosophisch. »Die Frage ist, ob wir uns dadurch beraubt fühlen oder sie in voller Bereitschaft annehmen.«

»Ihr denkt, es ist ein Unterschied, ob man ein Opfer freiwillig gibt oder aufgezwungen bekommt?«, fragte ich. »Das Ergebnis ist doch das gleiche.«

»Wenn ich willentlich etwas opfere, und sei es auch ein Teil meines Lebens, so werde ich selbst nicht zum Opfer. Der Mensch kann vieles ertragen, wenn er dazu bereit ist. Ist er es nicht, werden die Umstände ihm Kraft und Lebensmut rauben, auch wenn das Opfer vielleicht gar nicht so schwerwiegend ist. Was ich zu geben mich entscheide, das macht mich nicht geringer. Es ist Gewinn, denn es dient einem Zweck.«

Schweigend nippte ich an meinem Wein. Das waren keine leicht dahergesagten Worte. Sie erklärten viele ihrer Entscheidungen, mit denen ich lange Zeit meines Lebens gehadert hatte, wie zum Beispiel die Weigerung, Bischof von Wartenberg Schloss Hachenburg zu überlassen. Sie war bereit gewesen zu diesem Opfer, selbst wenn es den Hungertod bedeutet hätte. Ich nicht. Wie auch, als Kind? Ebenso war meine Schwester, so jung sie auch war, bereit gewesen, die Ehe mit Graf Johann einzugehen. Und hatte in diesem Zusammenhang ihre Opfer gebracht. Ohne sich zu beklagen.

Himmel, es schmerzte mich so tief in der Seele! Wie gern hätte ich ihr das alles erspart! Aber nein, ich hätte es ihr nicht abnehmen können. Ich war zu diesem Opfer nicht bereit gewesen und Mutter hatte das genau gewusst. Über den Rand meines Weinglases sah ich sie an. Durch die kleinen Fenster der Stube drang nur wenig Licht ein und im flackernden Schein des Kaminfeuers sprangen tiefe Schatten in ihr Gesicht und ließen sie alt erscheinen. Sie *war* alt, beinahe fünfzig. Viele Frauen erreichten dieses Alter gar nicht. Die Jahre hatten sie gezeichnet und doch war sie noch immer anmutig und besaß eine Ausstrahlung, die die Blicke auf sich zog. Selbst bei einem Anlass wie dem heutigen.

Graf Georg seufzte tief. »Ich wünschte, wir hätten unserem Volk viel mehr Opfer ersparen können.«

»Habt Ihr inzwischen Fortschritte mit dem Wiederaufbau gemacht?«, wollte Mutter wissen.

»Die Investitionen in Saatgut und Vieh zeigen Wirkung, ja. Es sind nur so wenige Menschen übrig, um das Land zu bestellen! Doch wer da ist, arbeitet fleißig und mit neuer Hoffnung.«

»Dass es Euch so hart getroffen hat, wo Ihr derart darum gerungen habt, den Krieg von Eurem Land fernzuhalten«, sagte Mutter kopfschüttelnd.

Graf Georg schnaubte. »Ich muss Euch wohl nichts darüber erzählen, was für Probleme man mit der eigenen Familie haben kann.«

»Nein, wahrlich nicht.«

»Wie werdet Ihr jetzt weiter verfahren?«

»Sobald wir zu Hause sind, wird Ernestines Hochzeitstermin neu festgelegt.« Sie prostete mir zu. »Dann kümmern wir uns um die Formalitäten der Teilung der Grafschaft, und wenn das alles geregelt ist …«

»Dann?« Graf Georg sah sie neugierig an.

»Dann, mein lieber Georg, setze ich mich zur Ruhe.«

»Ihr wisst doch gar nichts mit Euch anzufangen, wenn Ihr nicht überall Eure Finger im Spiel habt!«

»Da täuscht Ihr Euch gewaltig. Ich habe bereits Pläne.«

»Pläne?«

»Ja, ich werde einen riesigen Wandteppich knüpfen. Und Rosen züchten.«

»Rosen?« Nicht nur Graf Georg biss die Zähne zusammen, um nicht laut aufzulachen.

Auch ich verdeckte mein Gesicht schnell mit dem Weinglas. Meine Mutter und Rosen züchten? Das war lächerlich.

»Amüsiert euch ruhig. Ich finde, nach so vielen Jahren in Drangsal und Kampf habe ich mir einen friedlichen Lebensabend mehr als verdient.«

»Den wollt Ihr wo verbringen?«

»In Friedewald. Der Name dieses Ortes ist überaus passend. Ihr dürft mich gern besuchen.«

Graf Georg räusperte sich. »Das werde ich tun«, versicherte er. »Allein schon, um den Wandteppich zu bewundern.« Er konnte nicht verhindern, dass seine Mundwinkel sich zu einem breiten Grinsen verzogen.

Mutter grinste ebenfalls und ich war mir alles andere als sicher, wie ernst sie das gemeint hatte.

Am nächsten Morgen war Nanni deutlich gefasster. Der Schlaf hatte ihr gutgetan und ich vermutete, dass es auch eine Erleichterung gewesen war, mir ihr Herz auszuschütten. Sie aß zwar wenig, half aber bei den letzten Vorbereitungen und schien froh zu sein, als wir in der Kutsche Richtung Heimat saßen. Sie stellte viele Fragen über unseren Alltag, doch wenn Mutter von ihrer Erbschaft und den Regierungsgeschäften anfing, blockte sie alles ab und wechselte das Thema. Mutter ließ das zu, was mich beruhigte. Ihr musste klar sein, dass Nanni noch viel zu verarbeiten hatte, bevor sie sich selbst als Regentin sehen konnte, zumal sie nun keinen Mann mehr an ihrer Seite hatte.

Natürlich wollte meine Schwester alles über Graf Salentin erfahren. Mutter fielen fast die Augen aus dem Kopf, als ich von unserer Begegnung am Donauufer erzählte, denn diesen spontanen Ausflug hatte ich ihr bisher vorenthalten.

»Du hast dich ihm gegenüber so garstig verhalten und er will dich trotzdem heiraten?« Sie schüttelte den Kopf. »Vielleicht ist er doch nicht so ein kluger Kopf, wie ich dachte.«

»Doch, das ist er«, verteidigte ich ihn. »Wir waren noch Kinder …«

»Du warst vierzehn!«, fiel Mutter mir ins Wort. »Da kann man durchaus mehr Anstand erwarten.«

»Einem kleinen Lümmel gegenüber, der tut, als würde sich die ganze Welt nur um ihn drehen?«

»Das sagt genau die Richtige«, erwiderte Mutter spitz.

Nanni legte die Hand über den Mund und sah mich mit großen Augen an, aber ich winkte ab. »Abgesehen davon haben wir darüber gesprochen und er hat meine Entschuldigung gern angenommen. Wir haben inzwischen beide etwas mehr zwischenmenschliches Geschick.«

Das brachte Mutter zum Schmunzeln.

»Es klingt fast, als wärt ihr Freunde, wenn ich dich so reden höre«, sagte Nanni leise.

Ich dachte einen Moment nach, ehe ich antwortete. »Vielleicht hast du sogar recht. Er respektiert mich und ich ihn. Und wir haben vereinbart, dass wir immer ehrlich miteinander sein wollen. Es ist zwingend notwendig, dass wir uns darauf verlassen können.«

»Ist das nicht immer zwingend notwendig?«, wollte Mutter wissen.

»Johann hat mir nie alle Fragen beantwortet und bei vielem gesagt, das müsste ich nicht wissen, es ginge mich nichts an. Irgendwann habe ich nicht mehr gefragt.«

»Da ging es bestimmt um militärische Geheimnisse«, vermutete ich.

Sie sah mich traurig an. »Nein, nur darum, wo er gewesen war. Oder mit wem er sich getroffen hatte.«

»Oh.«

»Es gab Dinge, die habe ich eurem Vater auch nicht erzählt«, gab Mutter zögerlich zu. »Wenn er wieder so krank war und nur im Bett lag, habe ich ihm vieles verschwiegen. Nicht, weil es ihn nichts angegangen wäre, sondern weil es ihn überfordert hätte.« Sie strich über den Stoff ihres Kleides und ich zuckte unwillkürlich zusammen. Diese Geste – sie war vertraut. So hatte sie seine Decke glatt gestrichen, wenn sie von seiner Bettkante aufgestanden war. Ich hatte keine Ahnung, aus welchen Tiefen der Erinnerung dieses Wissen kam.

»Aber ich habe mich oft allein gefühlt, weil ich die Verantwortung nicht teilen konnte.« Sie schaute mir tief in die Augen. »Du und Salentin, ihr werdet euch gegenseitig stützen, da bin ich zuversichtlich.«

»Auch auf Distanz?«, fragte ich skeptisch.

»Auf Distanz? Wieso auf Distanz?«, wollte Nanni sofort wissen.

»Salentin wird viel Zeit in Blankenheim verbringen, während Ernestine in Hachenburg regiert. Es ist geplant, dass er zwei- bis dreimal im Jahr für einige Zeit zu uns kommt, je nach Bedarf und Möglichkeit«, erklärte Mutter.

Nannis Augen wurden rund. »Aber wenn sie Kinder bekommt ...«

»Was dann?«

Nanni verstummte und auch ich gab lieber keinen Kommentar dazu ab. Das Thema Kinder war mir noch etwas unheimlich. In einem ihrer Briefe hatte Nanni mir gestanden, dass sie ganz froh war, noch nicht schwanger geworden zu sein. Ob sie das immer noch dachte, wusste ich nicht. Ich hatte jedenfalls gehörigen Respekt vor der Schwangerschaft und vor allem vor der Geburt. Mutter hatte mir zwar schon mehrfach versichert, dass es erst gegen Ende der Schwangerschaft lästig wurde und dass die Geburt zwar ein hartes Stück Arbeit, aber kein Ding der Unmöglichkeit war, aber beruhigt hatte mich das nur bedingt. Dafür starben einfach zu viele Frauen dabei. Oder die Kinder starben. Mutter hatte sechs Kinder zur Welt gebracht, von denen nur Nanni und ich lebten. Neben meinem Bruder erinnerte ich mich vage an eine Schwester, die ein Jahr alt geworden war, ehe sie verstarb. Die anderen beiden waren bereits als Säuglinge gestorben. Wie sich das anfühlte, wollte ich mir nicht vorstellen.

»Kinder sind kein Hindernis. Es gibt Ammen und Kindermädchen, die sich um alles kümmern.«

»Lebt Marlene eigentlich noch?«, fragte Nanni.

Ich lächelte. »Ja, sie lebt noch und sie wird so froh sein, dich wiederzusehen. Ich fürchte, du wirst schrecklich von ihr verwöhnt werden.«

Die Aussicht hellte Nannis Miene deutlich auf. »Das wird schön. Und dann planen wir deine Hochzeit.«

In diesem Moment brachte ich es nicht übers Herz, ihr zu sagen, dass die meisten Planungen schon abgeschlossen waren. Es galt lediglich, den neuen Termin festzulegen. Wenn die Aussicht ihr Hoffnung gab, durfte sie meinetwegen alles noch einmal neu planen.

Hochzeit

Erst wollte die Zeit einfach nicht vergehen und der einundzwanzigste Oktober schien eine halbe Ewigkeit entfernt zu sein. Ich hatte das Gefühl, für immer warten zu müssen, doch dann schlug es plötzlich um und der Termin raste wie ein Pfeil auf mich zu.

Jetzt stand ich vor dem Spiegel und bewunderte die silbernen Stickereien, die sich über das Korsett zogen, welches vorn spitz zulief. Rechts und links auf dem Rock setzten sie sich in breiten Bändern fort, was den edlen, cremefarbenen Stoff des weit ausladenden Rockes noch aufwertete. Einige wenige blaue Fäden waren mit eingearbeitet worden, die die Farbe meiner Augen spiegelten. Meine Haare türmten sich kunstvoll auf dem Kopf und waren mit Perlen und einem Diadem geschmückt und um meinen Hals lag die Perlenkette, die Catharina einst gestohlen hatte. Würde ich sie je tragen können, ohne an meine ehemalige Zofe zu denken? Vermutlich nicht.

Christina zupfte noch hier und da an mir herum, obwohl ich wirklich nicht wusste, was sie noch zu bemängeln hatte.

Mutter hatte angeordnet, dass ich in einer Sänfte zum Eingang der Kirche gebracht werden sollte. Für die Kutsche war der Weg nun wirklich zu kurz, durch den schmalen Zugang vom Wehrturm aus wollte ich nicht gehen, weil er mich noch immer an die schreckliche Nacht unserer Flucht erinnerte, und über die schlammige Straße bis zur Kirche zu laufen, kam auch nicht infrage.

Es klopfte. Ich riss mich von meinem Spiegelbild los und ging langsam zur Tür. Die Unmengen von Stoff und der Reifrock hatten zusammen ein ziemliches Gewicht, das auf meinen Hüften lastete. Gleichzeitig fühlte ich mich darin wie in einer Festung, sicher und behütet.

Christina eilte mir voraus und öffnete die Tür. Draußen stand Korporal Quast in seiner Paradeuniform. Er hatte wohl etwas sagen wollen, was er jedoch nicht tat. Stattdessen blinzelte er mehrmals und schluckte, während er meinen Anblick förmlich aufzusaugen schien. Wenn er schon so reagierte, wie würde es meinem künftigen Gemahl ergehen? Mir hüpfte das Herz in der Brust, als ich mir vorstellte, wie Salentin vor dem Altar stand und auf mich wartete. Stand? Was redete ich! Er lief bestimmt vor Aufregung hin und her.

»Ist alles bereit?«, fragte ich lächelnd.

Korporal Quast nickte und bot mir seinen Arm an.

»Die Komtess hat den Mantel vergessen!«, rief Christina und kam mit dem Kleidungsstück angelaufen.

Korporal Quast nahm ihr den Mantel ab, legte ihn mir um die bloßen Schultern und ordnete ihn so, dass er mich gleichmäßig umhüllte. Noch mehr Gewicht. »Nicht, dass Ihr friert«, sagte er leise und lächelte mich zärtlich an.

Ich seufzte und hakte mich bei ihm ein, was dank der Breite des Reifrocks gar nicht so einfach war.

Auf der Treppe musste er zwei Schritte vorausgehen und hielt nur meine Hand. Es war nicht daran zu denken, nebeneinanderzugehen, obwohl die Treppe nicht gerade schmal war.

Die Sänfte stand unmittelbar vor den Eingangsstufen. Es dauerte etwas, bis ich mich und die Stoffberge hineinsortiert hatte. Die ganze Zeit über kämpfte ich mit einem hysterischen Lachanfall, denn meine Fantasie spielte mir wieder einmal Streiche. Vor meinem inneren Auge sah ich mich von einer kräftigen Windböe erfasst davonfliegen und erst in Frankreich wieder landen. Lediglich die ernsten Gesichter der prächtig uniformierten Leibgarde hielten meine Albernheit in Schach.

Endlich war ich so weit und die Männer hoben auf Korporal Quasts Befehl hin die Sänfte auf ihre Schultern. Er selbst ging hoch erhobenen Hauptes vor uns her. Jetzt war ich froh über den Mantel, denn es war wirklich kalt. Zum Glück regnete es nicht.

Was für ein seltsames Gefühl, von den Männern so getragen zu werden! Sie gingen langsam und gleichmäßig, um mir Erschütterungen zu ersparen. Durch die offenen Schlosstore sah ich schon die Menge der neugierigen Gesichter und hörte den aufbrandenden Jubel. Die Leibgarde hatte die Gasse zwischen Schlossmauer und Kirche für mich abgeriegelt, aber ober- und unterhalb wartete das Volk. Zum ersten Mal empfand ich den Jubel als etwas ganz Natürliches. Es war der Tag meiner Hochzeit, ein Freudenfest!

Ich schaute nicht zu dem Gang hinauf, der über meinem Kopf in die Kirche führte. Nichts sollte meine Stimmung trüben. Der Marktplatz war voller Menschen und ich winkte ihnen zu, bis die Sänfte vor dem Kirchenportal abgesetzt wurde. Korporal Quast half mir auszusteigen und begleitete mich in die Kirche hinein, wo Mutter auf mich wartete. Ich hätte es wunderschön gefunden, wenn er mich zum Altar geführt hätte, aber daran war nicht zu denken.

»Vielen Dank, lieber Herr Quast«, sagte ich daher leise und wurde mit einem strahlenden Lächeln belohnt.

»Es war mir eine Ehre«, erwiderte er und trat mit einer Verbeugung zurück.

Mutter hatte ein recht schlichtes, dunkles Kleid gewählt, was mein Brautkleid noch mehr in den Fokus rücken würde. Wir schritten nebeneinander den Mittelgang der Kirche entlang, begleitet von den erhabenen Klängen der Orgel. Ich hatte viel geübt und wusste, dass ich Mutters Art zu gehen endlich gemeistert hatte. Es wäre sicherlich angemessen gewesen, durch die Kirche zu schreiten, doch wir beide bewegten uns so, dass es aussah, als würden wir über den Boden gleiten.

Ein leises Raunen folgte uns, das mein Herz schneller schlagen ließ. Ich war so gefangen von all den Eindrücken, dass ich meinen Bräutigam erst wahrnahm, als ich schon die Hälfte des Saales durchschritten hatte. Er sah fabelhaft aus. Sein eleganter Rock entsprach dem Blau der Fäden in meinem Kleid, die weißen Rüschen des Hemdes unterstrichen sein dichtes, dunkles Haar und seine Hosen hatten die gleiche Farbe wie mein Kleid.

Er war blass, und als Mutter mich mit einem Knicks an ihn übergab und er meine Hände fasste, spürte ich, dass sie eiskalt waren.

Hoffentlich fällt er nicht in Ohnmacht, dachte ich und unterdrückte einen erneuten Lachanfall. Es war wirklich furchtbar. Ich kam mir vor, als wäre ich betrunken.

Die Worte des Pfarrers rauschten an mir vorbei und ich konnte mich glücklich schätzen, dass ich es schaffte, an den richtigen Stellen die richtigen Worte zu sprechen. Es war Salentin, der sich verhaspelte und vom Pfarrer korrigiert werden musste. Wenigstens war er danach nicht mehr so blass und auch seine Hände wurden wärmer.

Wir sahen uns in die Augen. Die Worte »Mann und Frau« drangen in mein Bewusstsein, während ich in dem tiefen Braun seiner Augen ein zärtliches Versprechen las, das mich viel inniger berührte als die gesamte Zeremonie. Das Versprechen, das aus einem »du und ich« ein »wir« machte. Wir kamen uns immer näher. Der Rest der Welt war vergessen. Kurz bevor unsere Lippen sich berührten, spürte ich seine ungläubige Freude und wusste, dass für ihn ein Traum in Erfüllung ging. Da erst merkte ich, dass Gleiches für mich galt.

Nach den Feierlichkeiten in Schloss Hachenburg reisten wir nach Blankenheim, um mich mit Salentins Heimat vertraut zu machen. Der Weg war weiter, als ich erwartet hatte, und dank des schrecklichen Wetters verzögerte sich die Fahrt noch mehr. Dichte Regenschleier behinderten die Sicht, wofür Salentin sich persönlich verantwortlich zu fühlen schien.

»Es tut mir so leid, dass du nicht mehr von der Eifel zu sehen bekommst«, sagte er nun schon zum dritten Mal. »Sie ist wirklich schön.«

»Das glaube ich dir gern.«

»Ja, aber …«

Die Kutsche rumpelte heftig und kam in Schieflage zum Stehen. Ich hielt die Luft an. Draußen hörten wir den Kutscher fluchen. Hoffentlich mussten wir nicht wieder aussteigen. Mein Mantel war noch feucht von der letzten halben Stunde, die wir unter einem Baum gestanden hatten, bis unsere Männer die Kutsche aus dem Morast befreit hatten, in dem sie stecken geblieben war. Stimmengewirr, ein vielstimmiges »Hau ruck!« und dann das »Heia!« des Kutschers und wir bewegten uns wieder vorwärts. Ich atmete erleichtert auf.

»Es wird bald besser. Ich habe an den schlimmsten Stellen der Strecke Befestigungen ausführen lassen und werde das auch noch weiter vorantreiben. Wenn ich zukünftig mehrmals im Jahr hier entlangfahre, möchte ich nicht alle paar Meilen stecken bleiben.« Er lächelte mich schüchtern an. »Ich hoffe, ich werde dir willkommen sein.«

Ich lachte überrascht auf. »Zweifelst du daran?«

»Nun, ich …« Er lief rot an und schaute betreten aus dem Fenster.

»Was?«, hakte ich nach, da er nicht weitersprach. Es war ihm anzusehen, dass er mit sich rang.

Schließlich fasste er sich ein Herz. »Nun, ich weiß nicht, welchen Eindruck ich in unserer Hochzeitsnacht bei dir hinterlassen habe. Es gibt so viele Ehepaare, die sehr entfremdet leben, und es würde mich betrüben, wenn es uns so gehen würde.«

»Ah.« Mehr bekam ich erst einmal nicht heraus. Seine Offenheit, egal wie schwer sie erkämpft war, rührte und schockierte mich gleichermaßen.

Er schaute wieder aus dem Fenster, obwohl es dort nichts zu sehen gab, da der Regen in dichten Schlieren an der Scheibe herunterlief.

Ich war ihm sehr dankbar, dass er mir Zeit gab, über eine Antwort nachzudenken. »Wir haben uns Ehrlichkeit versprochen, nicht wahr?«, fragte ich nach einer Weile.

Er nickte. »Ich denke, es lässt sich für alles eine Lösung finden, solange man nur miteinander redet.« Seine Stimme klang heiser.

Seine Worte waren weise, aber ich wusste auch, dass dahinter seine Unsicherheit wieder aufflammte. Ich musste sehr behutsam sein. Gar nicht so einfach, wenn ich selbst noch nicht so recht wusste, was ich von all dem halten sollte.

»Es ging … sehr schnell.«

Sein Blick sprang nur kurz zu mir, dann studierte er seine Hände. »Ja, ich … der Priester hatte gesagt, die Frauen sind froh, wenn man die ehelichen Pflichten nicht zu sehr ausdehnt.«

»Der Priester?« Ich traute meinen Ohren nicht. »Du hast dir Rat bei einem *Priester* geholt?«

Er verschränkte die Arme. »An wen sollte ich mich denn sonst wenden? Den Stallknecht werde ich wohl kaum fragen«, gab er trotzig zurück.

»Aber ein katholischer Priester hat doch keine …« Den Rest des Satzes verkniff ich mir.

»Ein katholischer Priester ist auch Seelsorger und hört viele Dinge. Ich finde es nicht so widersinnig, ihn um Rat zu fragen.«

Ich schwieg. Immerhin hatte er versucht, sich Rat zu holen, das war löblich. Es war nicht seine Schuld, dass ich mir das Ganze völlig anders vorgestellt hatte, und ich glaubte keine Sekunde, dass ich daran keine Freude haben könnte. Bevor mein Schweigen sich zu sehr ausdehnte, fragte ich: »War es denn so, wie du es dir erträumt hast?«

Sein Kopf schnellte hoch und er sah mich mit weit aufgerissenen Augen an. »Erträumt?«

»Hast du nicht vorher …?«

»Hast du etwa…?«

Ich lachte verlegen, zwang mich aber, ihm in die Augen zu schauen. In diese braunen Augen, die so unendlich verliebt gucken konnten. Die so viel Zärtlichkeit versprachen. Eine Zärtlichkeit, die ich in unserer Hochzeitsnacht schmerzlich vermisst hatte.

»N-nein«, stotterte er. Seine Atmung beschleunigte sich deutlich und nahm meinen Puls gleich mit. Am liebsten hätte ich mich direkt neben ihn gesetzt und wäre in seine Arme gesunken, aber das ging nun wirklich nicht.

Er räusperte sich. »Vielleicht sollten wir heute Abend weiter darüber sprechen«, sagte er ernst und schob einen Finger in seinen Kragen, als wäre er plötzlich zu eng geworden.

»Ja, das … das sollten wir. Unbedingt.«

Den Rest der Fahrt verbrachte ich damit, Pläne zu schmieden.

Ich war beeindruckt von Burg Blankenheim, die mit all ihren Nebengebäuden fast so groß war wie die Freusburg und Schloss Hachenburg zusammen. Wir wurden aufs Herzlichste empfangen und ich war heilfroh, nach einem köstlichen Abendessen vor einem warmen Kamin sitzen zu können. Salentin sprach das Thema aus der Kutsche nicht wieder an, sondern gestand mir, dass er zur Feier unserer Vermählung einen Ball ausrichten wollte. Das hatten wir in Hachenburg aus Kostengründen nicht getan.

»Bist du dir sicher?«, fragte ich daher, als er mir seine Pläne eröffnete.

»Ja, ich bin mir sicher. Allerdings …« Er beugte sich auf seinem Sessel vor und stützte die Ellenbogen auf die Knie. In der Hand hatte er ein Weinglas, das er langsam drehte, um das Funkeln im Lichtschein des Feuers zu beobachten.

Mir war inzwischen schon öfter aufgefallen, dass solche Kleinigkeiten ihn manchmal völlig gefangen nehmen konnten. »Allerdings?«, fragte ich, um ihn in die Gegenwart zurückzuholen.

Er lachte und richtete sich auf. »Allerdings wirst du mir Tanzunterricht geben müssen. Ich habe alles vergessen.«

»Dazu brauchen wir Musik«, stellte ich amüsiert fest. Tanzunterricht? Was für eine Idee!

Er sprang auf und eilte zum Tisch, auf dem eine Handglocke stand. Auf sein Läuten hin trat ein Diener ein. »Finde ein oder zwei Musiker, die uns zum Tanz aufspielen können«, wies er den Mann an. »Im kleinen Saal.« Dann hielt er mir die Hand hin. »Komm! Du kannst mir schon mal die Schritte erklären, bis die Musiker da sind.«

»Aber wir brauchen mindestens noch ein anderes Paar«, warf ich ein, während ich seine Hand ergriff und mich erhob.

»Wir stellen sie uns einfach vor«, flüsterte er mir ins Ohr.

Was die Musiker dachten, wollte ich lieber nicht wissen. Sie mussten uns für völlig verrückt halten, wie wir zu zweit durch den Tanzsaal stolzierten, der trotz seiner Bezeichnung alles andere als klein war. Je länger wir tanzten, desto geringer wurden die vorgeschriebenen Abstände, die richtigen Schritte gerieten mehr und mehr in Vergessenheit, statt aufgefrischt zu werden, und ich hatte das Gefühl, mein Blut würde kochen, obwohl der Saal ungeheizt war. Es wurde immer klarer, dass Salentins Gedanken mehr um mich und unser Gespräch in der Kutsche kreisten als um den bevorstehenden Ball. Schließlich blieb er dicht bei mir stehen und klatschte in die Hände.

»Ihr könnt gehen«, sagte er den Musikern, ohne seinen Blick von mir abzuwenden. Sie waren kaum zur Tür raus, da zog er mich an sich und küsste mich so leidenschaftlich, dass mir Hören und Sehen verging. »Du möchtest wissen, was ich mir erträumt habe?«, fragte er leise, als seine Lippen sich von meinen lösten.

Ich nickte.

»Dann komm, mein Herz.«

Das Fest war ein voller Erfolg und ich fühlte mich in Regensburger Zeiten zurückversetzt. Feste, Bälle und Feierlichkeiten waren in meinem Leben eher Raritäten gewesen und sosehr ich sie auch genoss, konnte ich mich eines schlechten Gewissens nicht erwehren. Dem Volk ging es noch nicht wieder so gut, dass es im Überfluss lebte.

Zum Glück war Salentin weit von der Verschwendungssucht vieler Grafen und Fürsten entfernt und hatte nicht vor, von nun an jede Woche einen Ball auszurichten. Viel mehr reisten wir in der Grafschaft umher, besuchten die Dörfer und er erklärte mir seine Pläne. Es fiel mir viel leichter, ihn zu verstehen, wenn ich direkt vor Ort war. Was damals in dem Gespräch mit meiner Mutter meine Vorstellungskraft noch weit überstiegen hatte, wurde jetzt greifbar und ich hatte keine Schwierigkeiten, meine Gedanken und Ideen einzubringen.

Diese Zeit schweißte uns zusammen. Die Tage verbrachten wir in intensiven Diskussionen, während die Nächte einem deutlich intimeren Kennenlernen gehörten. Ich konnte meinen Mann recht schnell davon überzeugen, dass die Ratschläge des Priesters wenig hilfreich, wenn nicht sogar schlichtweg falsch gewesen waren.

So bedauerte ich es tatsächlich, als die Zeit gekommen war, nach Hachenburg zurückzukehren. Würden wir je wieder so lange beieinander sein? Ich war selbst überrascht, wie wichtig mir Salentins Nähe in diesen zwei Monaten geworden war. Der Austausch mit ihm war etwas völlig Neues für mich und ich dachte schmunzelnd an Nannis Frage, ob wir Freunde seien. Das waren wir, definitiv. Freunde, Liebende, Weggefährten. Mein Herz war voller Dankbarkeit, dass ich nach all dem Elend, Leid und den schwierigen Kämpfen einen solch außergewöhnlichen Mann an meiner Seite haben durfte. Mir war vollkommen bewusst, was für eine Besonderheit das war.

Wir trafen im Januar 1652 nach einer ausgesprochen unangenehmen Reise wieder in Hachenburg ein. Ein plötzlicher Kälteeinbruch hatte nach wochenlangem Regen den Boden gefroren, sodass wir auf der Fahrt unsäglich durchgeschüttelt worden waren. Ich war heilfroh, als ich in einem regungslosen Sessel vor einem prasselnden Kamin saß und wieder auftauen durfte. Meine Ruhe war jedoch von kurzer Dauer.

Schon am nächsten Tag berief Mutter eine Besprechung ein, an der Nanni, Salentin und ich sowie der gute alte Herr Henner teilnahmen. Obwohl ich wusste, worum es ging, empfand ich die ganze Situation als unwirklich. Auf dem Tisch stapelten sich Papiere, Verträge in mehreren Ausfertigungen und Ankündigungen, die an die Behörden der gesamten Grafschaft verschickt werden sollten und unterschrieben werden mussten.

Ich konnte es Herrn Henners stolzgeschwellter Brust ansehen, dass er alles bis in die kleinste Einzelheit vorbereitet hatte: Meine Mutter trat von den Regierungsgeschäften zurück und übergab die Grafschaft an meine Schwester und mich.

»Ihr wollt es wirklich tun?«, fragte ich. Natürlich war das eine rhetorische Frage; sie hatte das lange zuvor angekündigt.

»Ja, ich will es wirklich.« Ihr Seufzen kam aus tiefster Seele.

»Aber Ihr werdet uns doch mit Eurem unschätzbar wertvollen Rat noch zur Seite stehen?«, fragte Salentin.

»Nur, wenn es absolut nötig ist.«

Das war nicht die Antwort, auf die er gehofft hatte. Mutter sah es ihm an und lachte. »Ich habe vollstes Vertrauen in die Fähigkeiten meiner Töchter und auch in die Euren«, beruhigte sie ihn. »Aber Ihr werdet es mir nachsehen, dass ich nach all den Jahren des aufreibenden Kampfes dringend Erholung brauche. Der Krieg ist vorbei, die Weichen in eine hoffnungsvolle Zukunft sind gestellt und Eure Zeit bricht nun an.« Sie sah uns der Reihe nach an, trat dann vor und nahm Nanni und mich bei der Hand. »Ich bin so unendlich stolz auf Euch, meine Töchter. In mir ist keinerlei Zweifel, dass ich die Grafschaft guten Gewissens in Eure Hände legen kann. Ich bin kein Mensch, der sich für so wichtig hält, bis zum bitteren Ende die Finger im Spiel haben zu müssen. Denn bitter muss ein solches Ende sein für jemanden, der nicht loslassen kann. Und für alle Nachfolger, die immer in dem Gefühl leben müssen, es nicht recht machen zu können. Das will ich euch nicht zumuten.« Sie zog uns heran und küsste erst Nanni, dann mich auf die Stirn.

Erst in dieser Nähe sah ich die Tränen in ihren Augen glänzen. Ob es doch Zweifel waren oder Erinnerungen oder die Freude über die Erfüllung lang gehegter Träume? Ich konnte es nicht sagen und war zu gerührt, um zu fragen. Aus den Gefühlen des Moments heraus küsste ich sie auf die Wange. Erstaunt sah ich, dass Nanni die Tränen frei über die Wangen liefen. Ich wollte sie trösten, doch dazu war keine Zeit.

Mutter wandte sich den Papierbergen zu. »Dann mal los«, sagte sie, nahm die Feder zur Hand, tauchte sie in die Tinte und unterschrieb das erste Dokument, das Herr Henner ihr hinschob.

Mir kam es vor, als würde sie in Gefechtsstellung gehen. Für jeden von uns lag eine eigene Feder bereit. Manche Dokumente mussten wir alle unterschreiben, andere brauchten nur eine oder zwei Unterschriften. Herr Henner wirkte wie ein Dirigent, wie er die Papiere bald hierhin, bald dorthin schob, die Tinte trocknete und Blätter sortierte.

»Werdet Ihr jetzt ebenfalls in den Ruhestand treten?«, fragte ich ihn.

»Noch lange nicht«, gab er zurück und reichte mir das nächste Blatt.

Eine Woche später war der große Tag gekommen. Schon weit vor Tagesanbruch sammelte sich das Volk auf dem Marktplatz von Hachenburg, trotz eisiger Kälte. Wie bei der letzten Huldigung würden wir durch den Bogengang in die Kirche gehen und von dort aus vor die Menschen treten. Mutter drängte auf Eile, als sie sah, wie viele sich schon versammelt hatten.

»Sie sollen nicht so lange in der Kälte stehen«, trieb sie uns an.

Ich frühstückte nur eine Kleinigkeit. Nanni hingegen ließ sich

Zeit. Mutters Ermahnungen schienen wirkungslos an ihr abzuprallen.

»Was ist los?«, fragte ich, als Mutter den Raum verließ. »Allmählich habe ich den Eindruck, du verzögerst alles mit Absicht.«

Sie antwortete mir nicht, schaute nur auf ihren Teller und kaute auf ihrem Brot herum.

Ich rückte einen Stuhl heran und setzte mich neben sie. Als sie zu mir herüberschielte, zog ich eine Fratze und brachte sie damit zum Lachen. »Gräfin Johannette von Sayn und Wittgenstein«, sagte ich in strengem Ton. »Wollt Ihr Eure Untertanen erfrieren lassen?«

Sie seufzte. »Am liebsten hätte ich gar keine Untertanen. Ich werde Mutter furchtbar enttäuschen. Für Regierungsgeschäfte habe ich einfach keinen Kopf.«

»Jetzt rede doch keinen Unsinn.«

»Die letzten Wochen seit deiner Hochzeit hat sie versucht, mir alles beizubringen, aber …«

»Aber was?«

»Es geht alles weit über meinen Horizont hinaus. Wie soll ich das nur schaffen?«

»Wir schaffen das gemeinsam, Nanni. Nur weil die Grafschaft geteilt ist, heißt das doch nicht, dass wir nicht mehr miteinander reden.«

»Du hilfst mir? Versprochen?« Ihr Blick zerriss mir das Herz, wie er es schon immer getan hatte. Meiner kleinen Schwester konnte ich einfach nichts verwehren.

»Versprochen. Und jetzt komm.«

Die Luft war kristallklar und eisig. Atemwolken stiegen vor unseren Gesichtern auf, während wir den Schlosshof überquerten. Die Strahlen der Sonne färbten den Kirchturm rosa und unsere Schritte knirschten auf dem gefrorenen Gras.

Ich nahm Salentins Hand. Seine Nähe würde die bösen Erinnerungen vertreiben, daran glaubte ich ganz fest. Die Aufregung hatte schon längst von mir Besitz ergriffen und ich fühlte mich wie ein temperamentvolles Pferd, das gegen die haltenden Zügel tänzelte. Diesmal hastete ich nicht durch den Bogengang, sondern schaute aus dem Fenster hinüber zum Marktplatz, wo die Menschen sich dicht an dicht drängten. *Wie Schafe, die einen Hirten brauchen,* schoss es mir durch den Kopf.

Salentin drückte meine Hand und ich lächelte ihn an. Wir würden gute Hirten sein, das hatten wir uns geschworen. Gestern Abend, als wir gemeinsam für den heutigen Tag gebetet hatten und für die große Aufgabe, die wir jetzt übernahmen. Und ich wusste mit einer Sicherheit so klar wie die Luft dieses Januarmorgens, dass der gute Hirte, dem wir folgten, uns die nötige Weisheit geben würde.

In der Kirche blieben wir alle vor dem Kreuz stehen und hielten einen Moment inne. Dann, als hätte jemand den Befehl dazu erteilt, drehten wir uns um und schritten auf das Kirchenportal zu. Die Türflügel wurden geöffnet und der Jubel aus Hunderten Kehlen stieg über die Dächer Hachenburgs.

Epilog

Gräfin Ernestine Salentine von Sayn und Wittgenstein regierte neun Jahre, ehe sie am 13. Oktober 1661 verstarb. Die Todesursache ist nicht bekannt. Sie bekam sieben Kinder, sechs Töchter und einen Sohn. Sie ist unter anderem mit Kaiser Wilhelm II., Baron von Richthofen und Prinz Charles verwandt.

Ihr Mann, Graf Salentin Ernst von Manderscheid-Blankenheim, regierte über fünfzig Jahre, gründete Klöster, Schulen und Krankenhäuser und brachte die beiden von ihm regierten Grafschaften durch innovative Förderung zu neuem Wohlstand. Er heiratete 1662 ein zweites Mal. Aus der Ehe gingen dreizehn Kinder hervor. Eine Statue von ihm steht noch heute im Kloster Marienstatt im Westerwald.

Gräfin Johannette von Sayn und Wittgenstein heiratete in zweiter Ehe den Herzog von Sachsen-Eisenach und brachte sieben Kinder zur Welt. Sie residierte mit ihrem Mann in Altenkirchen und verstarb 1701.

Die Gräfin Louise Juliane von Sayn und Wittgenstein unterhielt zeitlebens eine rege Korrespondenz, auch mit ihren Schwiegersöhnen. Sie wohnte bis zu ihrem Tod im Alter von 67 Jahren in Friedewald. Im Gedenken an sie wurden Münzen geprägt, die an Verwandte, Freunde und Bedienstete der Gräfin verteilt wurden. Darauf ist eine in einem Segelboot sitzende, im Gebet versunkene Frau inmitten eines bewegten Meeres zu sehen, darüber die durch Wolken hervorbrechende Sonne.
Die Umschrift lautet:

INVENI:PORTUM:SPES:ET:FORTUNA:VALETE:
Ich habe den Hafen gefunden. Hoffnung und Glück, lebet wohl!

Nachwort

Schon bei meinen ersten Recherchen über die Geschichte des Westerwaldes begegnete mir die Gräfin Louise Juliane von Sayn und Wittgenstein. Je mehr ich über sie las, desto mehr faszinierte sie mich. In einer von Männern dominierten und von Kriegsnöten geprägten Zeit wirkt sie wie eine strahlende Sonne, die auch das düsterste Dunkel nicht auszulöschen vermag. Ihr tiefer Glaube, ihre menschliche Haltung und ihr ungebrochener Kampfgeist ebenso wie ihre Klugheit sind in verschiedenen Quellen belegt. In den Staatsarchiven finden sich unzählige von ihr verfasste Schriftstücke.

Gegenüber dieser Fülle an Informationen wirkt die Aktenlage über ihre Töchter Ernestine und Johannette geradezu spärlich. Das bewog mich dazu, diese Geschichte aus Ernestines Sicht zu erzählen. Sie gab mir die dichterische Freiheit, die ich benötigte, und bot mir gleichzeitig die spannende Frage, wie eine junge Frau in dieser Zeit mit all ihren Zwängen im Schatten einer solchen Mutter aufwächst. Ihre Gedanken, die streckenweise depressiven Stimmungen, ihr Glaubensleben und ihr allmähliches Wachsen in die Verantwortung einer Regentin sind meine Interpretation dieser Lebensgeschichte. Ich habe keine Belege dafür, dass sie ihre Mutter nach Regensburg begleitet oder dass sie Graf Salentin dort getroffen hat. Es kam mir für die Beziehung zwischen den beiden allerdings sehr gelegen, ihnen ein Treffen dort anzudichten, und da der Reichstag *das* gesellschaftliche Ereignis schlechthin war, besteht zumindest die Möglichkeit, dass sie einander dort begegnet sind. Ob sie sich tatsächlich verliebt haben? Ich weiß es nicht, aber mein romantisches Herz ist absolut dafür!

Während einzelne Aspekte der Lebensgeschichten gut belegt

sind, gibt es andere Aspekte, zu denen ich keinerlei Informationen finden konnte, zum Beispiel, wie genau die Gräfinnen denn mitten in der Nacht aus Hachenburg und der Freusburg geflohen sind. Dass sie Unterstützung aus der Bevölkerung hatten, war naheliegend, denn auch die Liebe des Volkes zu seiner *Hungergräfin* wird in mehreren Quellen ausgedrückt. Aber der im Buch beschriebene Hergang ist reine Fiktion.

Ein anderes Rätsel waren die zwei geplanten, aber nicht zustande gekommenen Ehen von Ernestine. Hierzu gäbe es in den Archiven noch rund 200 Seiten starke handschriftliche Aufhebungsverträge zu durchforsten. Ob Friedrich Magnus tatsächlich krank war, weiß ich nicht. Es war äußerst schwierig, ihn überhaupt in den Ahnentafeln zu finden.

Mit Ausnahme von Korporal Quast, dem Kindermädchen Marlene, der Zofe Catharina und anderen Bediensteten sind alle im Buch vorkommenden Personen real. Sofern ich Porträts von ihnen finden konnte, orientieren sich die Beschreibungen im Buch daran.

Der Rechercheaufwand für dieses Buch war enorm, denn ich wollte möglichst dicht an der Realität bleiben. Eine meiner Hauptquellen war neben den Staatsarchiven und der Stadtchronik von Altenkirchen die Internetseite www.bendorf-geschichte.de, auf der nicht nur die Geschichte der Gräfin, sondern auch die ganzen politischen Zusammenhänge sehr ausführlich beschrieben sind. Hier findet sich auch eine Abschrift des Testamentes von Louise Julianes Ehemann.

Aus Briefen und Berichten zu einzelnen Ereignissen lassen sich einige Schlüsse über den Charakter einer Person ziehen. So war es für mich auch beeindruckend zu sehen, dass neben Louise Juliane ihr Beschützer Landgraf Georg ebenso wie Graf Salentin als tiefgläubige Menschen in Erinnerung geblieben sind und dass gerade sie es waren, die ihre Verantwortung dem Volk gegenüber wirklich ernst nahmen. Im beginnenden Absolutismus war das die Ausnahme.

Ich bin sehr froh, dass ich als Jugendliche gelernt habe, Sütterlin zu lesen und zu schreiben, auch wenn ich damals nicht im Entferntesten daran gedacht habe, dass ich jemals jahrhundertealte Handschriften in Archiven würde lesen wollen. Diese Vorkenntnisse haben mir jedoch geholfen, einige Dokumente wenigstens ansatzweise zu entziffern, was mir ein Gefühl für die damals herrschenden Gepflogenheiten vermittelt hat, inklusive blumiger Anreden. Auf die gängigste Anrede einer Gräfin mit »Ihro Gnaden« habe ich den Lesern zuliebe verzichtet. Das »Erzen« (die Anrede einer hochgestellten Persönlichkeit in der dritten Person) als Ausdruck tiefster Unterwürfigkeit kam übrigens bereits zum Ende des 17. Jahrhunderts wieder aus der Mode und kehrte sich in der Folge ins Gegenteil um.

Zum Abschluss möchte ich Ihnen, liebe Leser, noch einen persönlichen Eindruck meiner Schreibreise mitgeben. Die Beschäftigung mit dem Thema »Herrschen und Regieren« im Zusammenhang mit dem Dreißigjährigen Krieg hat mir sehr deutlich vor Augen geführt, welche Verantwortung auf den Menschen lastet, die regieren – egal ob sie das mit einem Geburtsrecht tun oder gewählt wurden. Zu allen Zeiten haben die Menschen über ihre Oberhäupter gestöhnt oder sie verehrt und daran wird sich auch in absehbarer Zukunft wohl nichts ändern. Es wird sich auch nicht ändern, dass es Oberhäupter gibt, die dem Volk dienen, und solche, die nur ihren eigenen Vorteil suchen.

Die Szene von Louise Julianes Sieg über alle Widersacher hat mir beim Schreiben Freudentränen in die Augen getrieben. Ich hatte mich so in die Geschichte, in ihre Situation vertieft, dass ich den Jubel selbst spüren konnte – den Jubel über den Sieg ebenso wie über das Ende des Krieges. Mich begleitete den ganzen Tag ein Lächeln. Eine Woche später marschierten Putins Truppen in die Ukraine ein. Ich kann meine Fassungslosigkeit darüber noch immer nicht in Worte fassen. Plötzlich erhält das Thema dieses

Buches eine Brisanz, die ich nie für möglich gehalten hätte. Den folgenden Abschnitt schrieb ich lange vorher.

> *»Alles um uns herum ist Mühsal und Hunger und Leid«, sagte ich bitter. »Warum lässt Gott all dieses Leid zu? Jahrzehntelang Krieg und dann noch die Pest, Heere, die alles verwüsten. Müsste er den Fürsten und Königen nicht Einhalt gebieten? Liebt er die Menschen denn nicht?«*
> *»Doch, aber die Menschen lieben ihn nicht. Wer Gott nicht liebt, tut grausame Dinge. Ihm fehlt die warme Stimme der Gewissheit im Herzen, dass die eigenen Opfer geringer wiegen als das Wohl der anderen.«*

Jetzt wird er mir zum Gebet – dass Gott einen Weg in die Herzen findet, sowohl der Opfer als auch der Täter. Denn auch das ist Thema dieses Buches. Ich gebe nicht auf.

Annette Spratte

Mehr von Annette Spratte

Die stumme Magd
ISBN 978-3-96362-124-6
318 Seiten, Paperback

Die Kannenbäckerin
ISBN 978-3-96362-190-1
399 Seiten, Paperback

Ein Sonett für die Müllerin
ISBN 978-3-96362-244-1
427 Seiten, Paperback

Das Holz, aus dem wir geschnitzt sind
ISBN 978-3-96362-353-0
304 Seiten, Paperback

Blumen im Schuh
ISBN 978-3-96362-436-0
400 Seiten, Paperback